LA CÁBALA DE LA LUZ

*Prácticas ancestrales para estimular
la imaginación e iluminar el alma*

CATHERINE SHAINBERG

LA CÁBALA DE LA LUZ

Prácticas ancestrales para estimular
la imaginación e iluminar el alma

EDICIONES OBELISCO

A mis alumnos pasados y futuros,
sin los cuales estaría muda

Si este libro le ha interesado y desea que le mantengamos informado
de nuestras publicaciones, escríbanos indicándonos qué temas son de su interés
(Astrología, Autoayuda, Psicología, Artes Marciales, Naturismo,
Espiritualidad, Tradición...) y gustosamente le complaceremos.

Puede consultar nuestro catálogo en www.edicionesobelisco.com

Colección Cábala y judaísmo
La cábala de la luz
Catherine Shainberg

1.ª edición: noviembre de 2023

Título original: *The Kabbalah of Ligth: Ancient Practices to Ignite
the Imagination and Illuminate the Soul*

Traducción: *Daniel Aldea*
Corrección: *Elena Morilla*
Diseño de cubierta: *Enrique Iborra*

© 2022, Catherine Shainberg
(Reservados todos los derechos)
Título publicado por acuerdo con Inner Traditions Ltd.,
a través de International Editors and Yáñez
© 2023, Ediciones Obelisco, S. L.
(Reservados los derechos para la presente edición)

Edita: Ediciones Obelisco, S. L.
Collita, 23-25. Pol. Ind. Molí de la Bast½ida
08191 Rubí - Barcelona - España
Tel. 93 309 85 25
E-mail: info@edicionesobelisco.com

ISBN: 978-84-1172-066-3
DL B 16951-2023

Printed in Spain

Impreso en los talleres gráficos de Romanyà/Valls S. A.
Verdaguer, 1 - 08786 Capellades - Barcelona

PREFACIO

«Sin los esfuerzos de la imaginación o de los sueños, perdemos la emoción de lo posible. Al fin y al cabo, soñar es una forma de planificar».

GLORIA STEINEM

Siempre me ha fascinado el subconsciente. Aunque al principio no sabía qué significaba, me sentía más atraída por lo que hacían mis amigos imaginarios que por lo que ocurría alrededor de la mesa de mi casa. De hecho, para mí no había ninguna diferencia entre los ángeles y las hadas que poblaban mi mundo y los niños con los que jugaba en Hyde Park. Mi madre era la encargada de recordarme con insistencia que debía prestar atención al mundo real y no pasarme el día soñando.

Concebí varias estrategias para prestar atención a lo que ocurría a mi alrededor, de modo que fui capaz de realizar las numerosas tareas que se me exigían tanto en casa como en la escuela. Pero, al mismo tiempo, no podía ignorar lo que ocurría en mi otro mundo. Tardé varios años en comprender que la mayoría de la gente sólo vive en el mundo real y presta escasa atención al otro mundo. Para mí aquello representaba una pérdida terrible. El flujo de mi imaginación era variado y dinámico, e infinitamente entretenido. Además, también servía para educarme. Una hoja seca grande podía recuperar el suave verdor de principios de la primavera, estar aún unida a la rama y ésta, a un árbol centenario cuya sabiduría resonaba en mi oído interno. Los colores brillaban y las voces cantaban. Las almas me pedían que las acompañara a su descanso celestial. Y las señoras que no tenían casa (había una que vivía en un descampado delante de la nuestra y yo la saludaba todas las tardes) necesitaban una luz protectora para mantenerse calientes por la noche. Mi vida estaba llena de una riqueza y de una belleza de las que nunca me cansaba. Devoraba cuentos de hadas e historias mitológicas. Oía voces que me contaban historias que después transmitía generosamente a mis compañeros de juego. Aquello hizo que, a veces, me acusaran de mentir y que me castigaran, por lo que no tardé en aprender a guardarme para mí lo que oía y veía. Me volví reservada y muda respecto a mi mundo interior, aunque su encanto era demasiado poderoso.

Cuando llegó el momento de ir a la universidad, rechacé las opciones prácticas (mi madre insistió en que debía ir a l'École Polytechnique, una prestigiosa facultad de ingeniería donde podría conocer a muchos chicos guapos) y decidí estudiar Historia del Arte en la Sorbona de París. Se puede decir que, en cierto modo, allí reviví. Los colores de los lienzos iluminaron los colores que había dentro de mí y mi imaginación no tardó en desbocarse. Quería estudiar cómo las imágenes cambian a las personas, pero mi profesor de tesis me recordó que estaba allí para convertirme en una académica. Según él, existían dos tipos de personas: las que viven y las que ven cómo viven los demás. Los historiadores del arte ven vivir a los demás. Me levanté y le dije que yo era una de esas personas que vivían. Abandoné una carrera que, en aquel momento, me parecía el único compás que me permitía navegar por el mundo real.

Después de pulular durante un tiempo por diversos trabajos que no me convencían, decidí solicitar plaza en las universidades americanas. Aunque me fue bien y conseguí una beca completa en Harvard, en 1971 renuncié a ella para seguir mi voz interior. La voz me dijo: «Ve a Oriente Medio». Y eso fue lo que hice. Recorrí toda la región. Mi intención era ir a Harvard para estudiar el uso de las imágenes en el diálogo político de los países de habla árabe, así que la voz interior tenía sentido. Pero entonces la voz empezó a decirme otras cosas menos sensatas: ve a Israel. Nunca me había sentido atraída por Israel ni por el pueblo judío. De hecho, no sabía prácticamente nada sobre los judíos. Mi madre era antisemita, como muchos *«pieds-noirs»*,[1] y yo era un subproducto de su sistema de creencias. Hasta entonces no

---

1. Nombre que recibían los franceses que vivían en Argelia.

había tenido motivos para cuestionar sus prejuicios y había vivido en el despreocupado abandono de la no confrontación.

La voz me despertó: «¡Ve!». Mi madre pensó que estaba loca y que iba a Israel para fastidiarla. Mi padre, al ser periodista, se mostró más tolerante. Pero, aun así, ¿iba a renunciar a una beca de Harvard? Intentó hacerme cambiar de opinión. Hoy en día, sigo preguntándome qué compulsión interna me hizo desoír sus amables y razonables consejos.

Esto me recuerda a la inscripción «Conócete a ti mismo» que estaba escrita en el pronaos[2] del templo de Apolo, en Delfos. Me imagino a los dos guardianes de las puertas sagradas gritando con las espadas en alto: «¿Te conoces a ti mismo?» Yo no tenía ni idea de quién era, ni de lo que quería, ni de lo que significaba la voz. Pero así estaban las cosas. Estaba comprometida con mi mundo interior y, para ello, iba a renunciar a una educación superior para ir a recoger fruta en un kibutz situado en el desierto del Néguev.

Dos años más tarde, durante la guerra de Yom Kippur, me tocó hacer guardia nocturna con un amigo. Para pasar el rato bajo el cielo estrellado, Yoav me leía fragmentos de la Biblia hebrea. Recuerdo especialmente el pasaje donde una voz le habla a Abraham: *«¡Lej lejá!»* Hay dos maneras de traducirlo: «¡Vete!», o «Ve a ti mismo». La voz le pide a Abraham (o Abram, como es conocido antes de que Dios haga un pacto con él) que abandone el hogar de su padre en el fértil valle mesopotámico para aventurarse en el desierto. ¿Hacia dónde? En el desierto no hay indicaciones. «Hacia donde te mostraré», es la única respuesta. Yo también me encontraba en aquel momento en una tierra de nadie, perdida en algún lugar de un desierto polvoriento con el sonido de los tanques retumbando cerca, esperando que me mostraran el camino.

En hebreo hay muchas señales ocultas; y no me refiero a puertas de piedra como la del pronaos de Delfos, sino puertas escritas. Las palabras *olam* (mundo) y *neelam* (oculto) tienen las mismas consonantes. En hebreo se denominan raíces. Cuando dos palabras comparten la misma raíz, están conectadas en su significado más profundo. Podemos imaginar estas dos palabras como los dos guardianes de la puerta. Uno dice: «Eres un mundo en ti mismo», y el otro: «¡Ese mundo está

_____
2. También conocido como «antepatio».

oculto! ¿Quieres cruzar el umbral? Al otro lado te espera lo desconocido». Aquella noche, escuchando la voz de Yoav leyendo la Biblia, los guardianes me dejaron cruzar el umbral que conduce al espacio sagrado donde se esconde todo un mundo de conocimiento secreto.

¿Qué hacía yo en mitad de la nada, viviendo con un pueblo al que no pertenecía, escuchando una voz incorpórea que leía antiguas historias? Estábamos tan cerca del Sinaí que durante el día podíamos oír el rugido de los cañones. ¿Y si los egipcios llegaban a nuestro kibutz? ¿Y qué era aquello que me invadía durante las noches? Se estaban abriendo espacios interiores, un mundo efervescente de emociones, impresiones, *déjà-vu,* un océano violeta de caos en expansión y contracción, lleno del *tohu va'bohu,*[3] que más tarde descubriría que era el principio de la creación.

Llevaba dos años sentada en una oscuridad de intención, sin comprender por qué había desperdiciado una oportunidad increíble para estar, literal y figuradamente, en el desierto. Éste fue el primer indicio de que la oscuridad se estaba disipando, pero no sabía cómo ni por qué me sentía así. Me sentía conmovida, pero mis pensamientos eran confusos. Finalmente, acepté de manera consciente que mi madre estaba equivocada: la mente racional no lo sabía todo. Una mente más profunda o superior estaba tramando mi destino. Aunque me sentía confusa, enfadada e inquieta, una parte de mí, mucho más sabia, confiaba en que toda esa confusión no sería en vano.

Unas semanas después del final de la guerra conocí a un hombre francés que vivía en Jerusalén y que, al pronunciar el desconocido nombre «Colette», me impulsó a cumplir el destino que mi subconsciente ya intuía. Describo mi encuentro con Colette Aboulker-Muscat, mi maestra de cábala y madre espiritual, en mi primer libro, *La cábala y el poder de soñar.*[4]

Un año después de conocer a Colette, mi tía vino de visita. Le presenté a Colette y, para mi asombro, las dos mujeres se abrazaron afectuosamente. Habían ido a la misma escuela en Orán, Argelia, donde

---

3. Génesis 1, 2, *tohu va'bohu*; sin forma y vacío. En otras palabras, deshabitado y desolado.
4. Publicado por ITI en español en 2009.

ambas habían crecido, al igual que mi madre. ¿Mi madre había ido al mismo colegio que Colette? De hecho, ¡vivían una enfrente de la otra! La voz me había hecho atravesar el mar para terminar delante de la puerta de una señora que, aunque inaccesible para mi mente consciente, mi subconsciente conocía perfectamente. ¿Cómo era aquello posible?

En el capítulo 9 te contaré cómo se desarrolla esta increíble historia, además de descubrir cómo mi subconsciente omnisciente atravesó ochocientos años para vincular mi encarnación actual con los antepasados de Colette.

¿Y si no hubiera hecho caso a la voz? Mi historia habría continuado, por supuesto, pero ¿habría descubierto mi verdadera vocación y el trabajo de mi vida? ¿Habría experimentado también la alegría y la capacidad de asombro que dominaron mi vida a partir de entonces? Creo que habría hecho realidad los sueños de mi madre, pero no los míos. Sé que mi vida habría estado incompleta y no habría tenido sentido. Al escuchar la voz, las historias que Yoav me leía y, después, al conocer a Colette, algo oculto en lo más profundo de mí estalló, y una avalancha de conocimientos hasta entonces desconocidos se proyectó en la pantalla de mi mente consciente.

¿Quién es Colette? Para mí fue uno de los grandes amores de mi vida, mi maestra, mi madre espiritual, mi hogar. Cuando me la presentaron por primera vez, no sabía que era maestra. Me pidió que me sentara frente a ella, me miró a los ojos y me preguntó: «¿Qué quieres?». Para mi sorpresa, de mi boca salieron palabras que no había ensayado ni pensado antes: «Quiero que me enseñes cómo las imágenes conmueven y transforman a la gente». Aquello era a lo que había estado dándole vueltas desde que era niña. Colette sonrió y dijo: «¡Llevo esperándote desde hace mucho tiempo!».

Así empezó mi aprendizaje. Tenía que llegar cada mañana a las 7:30 h, con mis sueños escritos e ilustrados (yo misma los pintaba). Colette los escuchaba y me pedía que cerrara los ojos. Me guiaba con precisión y maestría a través de mi subconsciente. En su primera lección, me hizo dibujar un círculo en el cielo. Lo dibujé y de él salieron miles de pájaros blancos, seguidos de un gran y poderoso ángel azul que me dijo que se llamaba Pursel. Me quedé maravillada.

Colette era una de las cabalistas más importantes que vivían en Israel en aquel momento. Para los muchos que venían de todo el mundo en busca de consuelo e iluminación, Colette era una venerada maestra espiritual. Para los que se pregunten qué hacía una mujer enseñando cábala, cabe decir que, ciertamente, los rabinos asquenazíes[5] exigían que los estudiantes de cábala fueran hombres, mayores de cuarenta años y casados.

A las mujeres no se les permitía indagar en las profundidades de su conocimiento. Sin embargo, Colette era de familia sefardí,[6] por lo que no tuvo que sufrir tales restricciones. Su abuela había sido una famosa maestra, reconocida por los rabinos y la comunidad judía de Argel. Su nieta se limitaba a seguir sus pasos.

Colette era la última heredera de una antigua tradición cabalística familiar, una tradición que se remonta al siglo XIII, pero que, al parecer, puede rastrearse hasta la época de los patriarcas y profetas que vagaban por la tierra de Israel en tiempos bíblicos. Su antepasado directo por parte materna fue el rabino Yaakov ben Sheshet de Girona, España. También aseguraba descender del rabino Itzjak Saggi Nehor, conocido como Isaac el Ciego, el hombre que acuñó el término cábala. Isaac el Ciego vivió en el sur de Francia, donde enseñó y fundó una academia de estudios y cábala llamada Posquières.[7] Su recuerdo permanece, hasta el día de hoy, en la memoria de los judíos como un gran faro de sabiduría y resplandor.

Shemá, «escucha», dice la principal oración judía. El pueblo escuchó. «Y el pueblo vio las voces».[8] Es posible que a Itzjak Nehor le llamaran El Ciego no porque hubiera perdido la vista, sino porque, como el patriarca bíblico Isaac, escuchaba con los oídos internos y veía con los ojos internos. El conocimiento transmitido por la familia

---

5. Originalmente, los asquenazíes eran los judíos que vivían en el norte y el este de Europa. En la actualidad, un asquenazí es aquel que sigue las prácticas y costumbres asquenazíes. Las normas de enseñanza de la cábala se han suavizado y hay rabinos contemporáneos (incluso ortodoxos) que enseñan cábala a las mujeres y a los menores de cuarenta años.
6. Los judíos que viven en la cuenca del Mediterráneo.
7. En la actualidad se llama Vauvert.
8. Éxodo 20, 15.

Sheshet tenía que ver con la capacidad de escuchar, con la visión, el sueño y la activación del subconsciente para revelar sus secretos.

Cuando leemos la Biblia, una de las cosas más sorprendentes es que todas las historias comienzan con un sueño nocturno, una visión diurna o una clarividencia auditiva. Las palabras de los profetas de Israel ocupan un tercio de los textos bíblicos. Entonces, ¿cómo aprendieron los profetas? Según un midrash,[9] después de que Isaac fuera salvado por un ángel del cuchillo de su padre Abraham, fue a estudiar a la academia de Shem y Ever. Este tipo de academias más tarde recibieron el nombre de academias de los *benei ha-neviim*, «los hijos de los profetas».[10] Estaban aprendiendo a desarrollar conscientemente la profecía.

Aunque mi madre intentó que dejara de soñar, yo era una soñadora. Soñar era demasiado irresistible como para renunciar a ello. Había seguido la llamada, pero había terminado agotada. Colette me devolvió la alegría y la confianza en el poder del sueño para regresar a mí misma. ¿Quién era yo? Estaba a punto de descubrirlo, y la verdad resultó ser mucho más grandiosa y magnífica de lo que jamás me había atrevido a imaginar. Estaba a punto de descubrir que soñar es el camino directo a la iluminación, y que el subconsciente tiene la llave de nuestro auténtico significado y destino.

---

9. Leyendas que sirven de exégesis a la narración de la Biblia hebrea.
10. 2 Reyes 4, 38 y 6, 1.

INTRODUCCIÓN

«Los especialistas del cerebro estiman que la base de datos inconsciente supera a la consciente en una proporción que supera los diez millones. Esta base de datos es la fuente de tus capacidades naturales ocultas. En otras palabras, una parte de ti es mucho más inteligente que tú. Los sabios consultan regularmente esa parte más inteligente».

MICHAEL GELB

Este libro trata del inconsciente. Más adelante me referiré a él como subconsciente; hay una razón para ello, que explicaré en breve. ¿Cómo se puede escribir un libro sobre algo que, si nos tomamos su nombre al pie de la letra, no se puede conocer? Al escribir, utilizo palabras, un lenguaje consciente relacionado con las actividades de un desarrollo cerebral mucho más reciente denominado neocórtex. Pero, al mismo tiempo, muchas de mis funciones corporales operan *sub rosa*, es decir, sin que mi mente consciente lo sepa. Tenemos dos cerebros, dos formas distintas de procesar la realidad. El cerebro más antiguo se denomina cerebro reptiliano. Los dos cerebros son como el aceite y el agua. ¿Por qué el inconsciente tiene tan mala reputación? Este antagonismo no es algo nuevo. Según la Biblia hebrea, los hermanos de José querían matarlo porque soñaba.[11] Los antiguos griegos representaban a Apolo, el dios del sol, traspasando con su flecha luminosa la oscuridad semejante al útero de la cueva de la Pitia,[12] guardiana de los mensajes

---

11. Véase Génesis 37. José era hijo del patriarca Jacob y de su esposa Raquel. Los sueños provienen del inconsciente.
12. Pitia era la sacerdotisa del Oráculo de Delfos. Se decía que canalizaba al dios Apolo y pronunciaba profecías en su nombre. Muchos peregrinaban a Delfos para consultarla.

del inconsciente. A partir de entonces, Apolo, la luz cristalina de la mente consciente, gobernó en Delfos.

La mente consciente es el antagonista natural del inconsciente. Está orgullosa de su observación precisa y de su objetividad. Le gusta separar, analizar y categorizar. Utiliza su poderoso ímpetu lógico para establecer pruebas científicas que denomina «hechos». Esta silla, esta mesa, el mar son hechos de la realidad en que vivimos. Los hechos dependen de las hipótesis, como, por ejemplo, el tipo de preguntas que nos hacemos y los puntos de vista desde los que los percibimos y examinamos. Nuestras certezas pueden cambiar cuando surgen nuevas preguntas e hipótesis. Si le preguntáramos a Albert Einstein si la mesa es realmente sólida, nos respondería que, al ser también energía pura, es a la vez sólida y no sólida. El mar es azul, pero los antiguos griegos lo veían de color rojo, como el vino. En tiempos de Homero, el azul aún no era un «hecho». El mundo era geocéntrico hasta que Copérnico demostró lo contrario. Al describir una rosa, un científico dirá que tiene tallo, espinas, hojas, pétalos, pistilos, color y olor, pero todo esto no son más que diferentes aspectos de una totalidad de la experiencia sólo accesible a través del inconsciente. En el inconsciente no caben las hipótesis; es un hervidero de experiencias. Cuando accedes a él, aparece una imagen onírica. El inconsciente sólo se ocupa de la revelación, y la revelación, al ser una experiencia, es, por definición, verdadera. Si al doblar una esquina me encuentro de repente con una magnífica puesta de sol sobre el océano, mi corazón no reacciona por el «hecho» de la puesta de sol, sino por la extraordinaria experiencia que se despliega ante mí. La mente consciente se ocupa de los hechos; la inconsciente, de la verdad.

Para llegar a la verdad de lo que realmente quieres, tendrás que acceder a tu inconsciente. El inconsciente es quien dirige las operaciones, y esto es un «hecho» que ha sido verificado por numerosas pruebas realizadas por psicólogos experimentales e investigadores. Algunos de estos señalan incluso que el inconsciente controla el 95 % de las funciones corporales. Es un «hecho» que la mayoría de nuestras decisiones, después de analizarlas de forma concienzuda, en última instancia termina por tomarlas nuestro inconsciente. Aunque las innovaciones fruto de nuestra creatividad surgen, totalmente formadas, del inconsciente, la mayoría de la gente no tiene la menor idea de cómo acceder a este gran potencial. A diferencia de la mente consciente, el inconsciente no se puede entender, analizar o controlar; sólo se puede recibir. Además, no podemos elegir la forma en que recibimos su información. Cábala, que literalmente significa «recibir», es la ciencia de dejar hablar al inconsciente.

Para saber quién eres, para descubrir tus motivaciones ocultas y hablar con tu cuerpo y tus células, tendrás que dejar atrás la percepción de seguridad que ofrece la mente consciente. ¿Podrás confiar en el inconsciente? Ése es el problema. La mayoría de la gente no aprecia su valor porque confunde las visiones con la fantasía. Sin embargo, la fantasía es lo contrario de la «auténtica imaginación», como le gustaba llamarla a William Blake. La fantasía es un producto de tu mente consciente al aprovechar la capacidad de tu cerebro para crear imágenes y retorcerlas para adaptarlas a su propósito. Supongamos que quieres creer desesperadamente que el atractivo hombre (o mujer) que está casado con tu mejor amiga está realmente interesado en ti. Fantaseas con la idea de que esa persona supera numerosos obstáculos para estar contigo, entre ellos, deshacerse de su actual pareja. Visualizas a esa persona abrazándote finalmente, y después los dos cabalgáis hacia la puesta de sol. Esto no tiene nada que ver con la verdad. Por desgracia, muchas de las visiones que se transmiten hoy en día están basadas en la fantasía. Nos dicen lo que tenemos que ver. Aunque puede llegar a ser entretenido, no es transformador.

El inconsciente es la fuente de la creatividad. En este libro aprenderás a acceder a tu creatividad, dialogar con tus imágenes y desencadenar la transformación. La metodología que utilizaremos es tan precisa como cualquier disciplina científica. La imagen celta que mejor representa esto es una espada desenvainada que una misteriosa mujer llamada la Dama del Lago hace emerger de las aguas oscuras. El agua, como habrás adivinado, representa el inconsciente. La espada ilustra la sacudida, las afiladas verdades a veces presentes en las imágenes que brotan de la superficie del inconsciente. Si quieres regresar al Jardín del Edén, debes enfrentarte a la espada giratoria en manos del ángel que custodia sus puertas. No te preocupes, no morirás partido por la mitad o, como lo veían los griegos, convertido en piedra por tus verdades de Medusa. Tal y como hizo Perseo,[13] aprenderás a desarmar y, lo que es más importante, a transformar esos aspectos de ti mismo que no te gustan. Sin embargo, la poderosa imagen celta de una espada sobre el agua se erige en la más incisiva representación de esa verdad que el inconsciente esgrime contra ti. ¡Qué mejor manera que enfrentarte a tus imágenes cara a cara y responder de ese modo a su impulso por provocar el cambio creativo! Te convertirás en el guerrero, el héroe, el galante caballero o la dama de tu propia historia.

Cuando Sigmund Freud acuñó el término «mente inconsciente» quizá no era consciente de que el concepto de esa vasta parte inconsciente de nosotros mismos, sumergida como un iceberg bajo la superficie de lo que comúnmente denominamos mente consciente, ha existido desde tiempos inmemoriales. Los pueblos antiguos sabían de la existencia de un reino inconsciente poblado por personajes peligrosos o semidivinos, feroces animales, híbridos de todo tipo y sobrecogedores obstáculos. Para Freud, el inconsciente era un almacén de recuerdos, emociones reprimidas y otros complejos atrapados en una tierra de nadie y que podían afectar negativamente tanto a nuestra vida cotidiana como a nuestro comportamiento. Freud creía que, para poder curar dichas emociones y recuerdos reprimidos, la persona debía ser plenamente consciente de ellos. Freud utilizaba indistintamente «inconsciente» y «subconsciente», hasta que finalmente se decantó por el término «inconsciente».

Aunque en la actualidad los psicólogos siguen debatiendo las diferencias entre ambos conceptos, el término «subconsciente» está prácticamente en desuso. Se prefiere «inconsciente» para todos aquellos «procesos no conscientes». Sin embargo, yo soy de la opinión que

---

13. Perseo fue un héroe griego que decapitó al monstruo llamado Medusa. Cualquiera que mirara a Medusa se convertía en piedra. Perseo utilizó la superficie reflectante de su pulido escudo para guiar la espada, cortarle la cabeza y meterla en una bolsa negra.

el término «subconsciente», acuñado por el psicólogo francés Pierre Janet (1859-1947), es más preciso. Janet creía en la existencia de un depósito de información bajo nuestra mente al que se puede acceder mediante la atención plena. Más adelante veremos en más profundidad el tema del subconsciente.

En la antigüedad, el reino que yace bajo nuestra conciencia recibía muchos nombres: «el otro mundo», «el mundo de los muertos», «las Islas Felices», «el Olimpo», etc. Los viajes de los héroes implicaban cruzar el «val» para llegar al otro mundo: *Perce la vallée*, «atraviesa el valle», es el significado del nombre de Perceval en las leyendas artúricas.[14] Un *ivri*, o hebreo, es aquel que cruza al otro lado. Los chamanes de todo el mundo aseguran que pueden viajar más allá de sus cuerpos para encontrar el conocimiento y la sabiduría ocultos. Los alquimistas tenían una forma muy divertida de ilustrar la relación que les unía al inconsciente: un hombre sentado sobre un enorme caldero al fuego. Del mismo modo, en China, el libro más antiguo del mundo, el *I Ching*, tiene un hexagrama llamado el caldero que dice lo siguiente: «La imagen sugiere la idea de nutriente... La revelación divina suprema aparece en los profetas y hombres santos». En otras palabras, sin resistirte, siéntate en el caldero de las fuerzas naturales y la información de tu inconsciente brotará para nutrirte e inundarte de profecía y santidad.

¿Es necesario que viajemos más allá de nuestro cuerpo? ¿O simplemente dejamos que el inconsciente ascienda y sumergimos nuestra mente consciente, lo que nos dará acceso al conocimiento oculto? He aquí otra forma en que se describe el proceso: «Y Dios se cernió sobre el *penei tehom* (la cara del abismo)»[15] y creó el mundo en siete días. Entiéndase *penei tehom* como el reino inconsciente de Dios. ¿Podemos, como Dios, planear sobre el vacío del inconsciente y dar vida a nuevas creaciones? De hecho, es lo que hacemos todas las noches cuando soñamos. Los cabalistas denominan a esta práctica «inmersión» (*yeridá*),[16]

---

14. Perceval era un caballero de la mesa redonda y el protagonista de *Perceval, la historia del grial*, escrita por Chrétien de Troyes.
15. Recuerda a Génesis 1, 2, *tohu va'bohu*, sin forma y vacío.
16. *Véase* Gershom Scholem: *Major Trends in Jewish Mysticism*. Los místicos de la *Merkabá* se describían a sí mismos como «descendientes de la *Merkabá*».

el descenso de la mente consciente a través de la sustancia informe de la mente inconsciente para provocar nuevas formaciones.

Las cosas han cambiado mucho en el mundo de la psicología desde Freud. La disciplina ha pasado por muchas reencarnaciones y se han sucedido diferentes escuelas. Sin embargo, en la actualidad ha surgido una nueva disciplina como respuesta a las críticas que aseguran que la psicología no es más que una ciencia menor. La psicología se ha vuelto experimental, y los psicólogos sociales son científicos que, entre otras cosas, realizan experimentos para demostrar el influjo de la mente inconsciente sobre la consciente. Según la mayoría de estos estudios —muchos de los cuales han sido repetidos con éxito— demuestran de forma concluyente que nuestra mente racional está profundamente condicionada por el inconsciente. La nueva disciplina, que recibe el acertado nombre de «el nuevo inconsciente», está basada en un modelo bipartito del cerebro. Leonard Mlodinow sugiere en *Subliminal,* el libro que publicó en el año 2012, que lo veamos como si fueran dos sistemas ferroviarios con líneas que se entrecruzan y que a veces comparten estaciones. Mlodinow también describe diversos experimentos científicos que dejan «perfectamente claro que, dentro de este sistema de dos niveles, el del inconsciente es el más fundamental». Las respuestas inconscientes que se desencadenan en nuestro interior cuando nos sentimos amenazados se producen *antes* de que intervenga la mente consciente. Ninguna especie animal de este planeta podría haber sobrevivido sin dichas respuestas inconscientes e instantáneas frente a las amenazas externas. Como hemos mencionado anteriormente, algunos científicos sugieren que el 95 % de todo nuestro sistema cognitivo tiene lugar más allá de nuestra consciencia. Piensa por un momento qué significa eso. Significa que el inconsciente es quien realmente maneja el cotarro. ¿No te gustaría descubrir en qué consiste el inconsciente? ¿Cómo podemos acceder a él sin convertirnos en chamanes, profetas o alquimistas? Dado que la creencia popular considera a estas personas monjes extravagantes o simples lunáticas, no son muchas las que se lo plantearían seriamente.

Según Freud, la mente inconsciente está llena de emociones reprimidas, recuerdos oscuros y embrollados complejos. La psicología social ha demostrado, en numerosos experimentos, que las reacciones están determinadas por la categorización, los estereotipos y los prejuicios engastados en el inconsciente. Pero ¿y qué hay del simple instinto de supervivencia del animal salvaje? Si el inconsciente es sólo el lugar donde se clavan las raíces de las enfermedades mentales, la neurosis y los prejuicios, ¿de dónde sacan la inspiración los hombres santos y los profetas? Esto pone en tela de juicio la propia concepción del modelo dual. La dualidad, es decir, la oposición entre la función consciente y la inconsciente, es una trampa de la que no podemos escapar. ¿Cuál de las dos es mejor? Vivimos en un mundo que considera que el pensamiento consciente es razonable, válido y sano, mientras que la mente inconsciente puede llevarnos a engaño o influirnos negativamente. Esto queda muy lejos del simple instinto de supervivencia del inconsciente. ¿Qué nos estamos perdiendo? Pensar que la mente funciona en dos niveles sólo servirá para confundirnos, del mismo modo en que nos confunden los prejuicios o los estereotipos; de hecho, también se trata de un estereotipo. ¿Alguna vez ha existido otro modelo?

Imagina que navegas a bordo de un bote muy frágil por el vasto océano. Lo que ocurre en el bote —el timón, las velas, los cabos, tu propio cuerpo, tu sentido de la observación— está contenido en el interior del casco del barco, así como encima de él, en la luz cristalina. Llamaremos al bote tu mente consciente. Si eres un marinero moderno, debajo del bote habrá una gran cantidad de restos flotantes y basura. De hecho, los océanos arrastran amalgamas de basura tóxica flotante tan grandes que algunas de ellas tienen el tamaño de un continente. Si equiparas toda esa basura con tus recuerdos reprimidos, traumas, complejos, estereotipos, prejuicios, expectativas y exigencias, comprenderás por qué es tan importante no confundir la basura con el océano. Llamemos subconsciente a esta masa de residuos contaminados. Bajo la basura, en las aguas que aún no han sido contaminadas, encontramos el hogar de la innumerable diversidad de vida marina, plantas acuáticas y corales, así como las grandes bestias de las profundidades. Según cuenta la leyenda, en lo más profundo del océano se esconde la gran serpiente, el Leviatán. Despertar al Leviatán es lo que ocurre cuando, tras haber eliminado la basura del subconsciente, éste se encuentra con la mente consciente en una explosión de luz, una revelación. Este proceso creativo cooperativo es lo que yo denomino manifestaciones de la tercera mente, o superconsciente.

Considerar que la mente tiene tres niveles encaja a la perfección con lo que las antiguas historias nos cuentan acerca de los personajes heroicos que exploran los tres niveles de la realidad: la tierra, el inframundo y el cielo. Al descender de la tierra al inframundo, el héroe Heracles se encuentra con Cerbero, el guardián de la puerta del inframundo. Para evitar que nos perdamos el significado profundo del mito, la historia nos dice que Cerbero tiene tres cabezas, tres niveles que Heracles debe dominar (cosa que hace con sus propias manos) para ascender al Olimpo, el cielo de los dioses griegos, y hacerse inmortal, un dios o bien una estrella en el firmamento. Osiris, Isis y Horus son la trinidad egipcia, el padre, la madre y el hijo, el activo, el receptivo y el aliento sagrado que debe dominarse para alcanzar la iluminación. El mismo tema resurge en la trinidad cristiana de Padre, Hijo y Espíritu Santo. Jesús de Galilea muere y resucita a los tres días. En la Edad Media, el viaje de Dante le lleva a través del infierno y del purgatorio hasta el paraíso. La Sacerdotisa del Tarot lleva una corona de tres niveles para recordarnos a lo que debemos aspirar. Para escapar de la prisión de la dualidad necesitamos el paso que *atraviesa* ilustrado por el número *tres*. Llamaremos a estos tres niveles consciente, subconsciente y superconsciente.

En el mito del arca de Noé, Dios, enfurecido por la maldad de los habitantes de la tierra, envía un gran diluvio para aniquilarlos. Antes, empero, advierte a Noé, cuyo nombre significa «descanso» o «consuelo», que debe construir un arca, un lugar de refugio contra el caos y la consiguiente inundación de las fuerzas indómitas del inconsciente de la gente. Según el midrash, el arca tiene tres niveles, uno para los animales, otro para los desechos y otro más para los humanos. Cada uno de estos niveles debe ser dominado para que resurja la creación, ya sea en forma de un nuevo mundo, una nueva vida o un cambio de personalidad. En todos estos casos, la percepción del superconsciente —en un destello brillante que serpentea más allá de los desechos y se adentra en la consciencia— puede transformar el curso de nuestra vida.

El Leviatán, según nos cuentan, es ese destello de percepción. La bestia se despierta ante la llamada de los santos, de aquellos que se atreven a sumergirse en el océano. Sus escamas relucen con colores radiantes, matices iridiscentes y relucientes blancos. Se ofrece a sí mismo, como la verdad, en una bandeja para deleite de los sabios. Las escamas iridiscentes del Leviatán nos recuerdan el resplandor multicolor del Santo Grial o de la piedra filosofal de los alquimistas. Es él –el cuerpo-mente que «sabe»– el que despierta como respuesta a las amenazas para tu supervivencia, ya sean externas o internas. Cuando el Leviatán despierta, la luz lo inunda todo. Y Dios dijo: «Hágase la luz, y se hizo la luz». Aquí no cabe nada que sea IN-consciente. Si sigues usando esa palabra, tu mente entenderá de forma subliminal que inconsciente significa «inalcanzable», incluso para la conciencia plena. Y como el subconsciente es tan poderoso, esto bloqueará el ascenso de la luz.

Dado que el subconsciente y el superconsciente a menudo aparecen juntos en un estado combinado, he decidido que a partir de ahora utilizaré el término **subconsciente** para referirme a ambos. El objetivo, por supuesto, será limpiar la basura del subconsciente para poder revelar el **superconsciente** en toda su gloria y darle la libertad necesaria para que pueda actuar a nuestro favor, para nuestra supervivencia y para nuestra dicha.

¿Podrás tú también, como los héroes de antaño, los serenos, los valientes hombres y mujeres santos, sumergirte en el inframundo donde la creación espera la sacudida de tu presencia para emerger, como la gran bestia del *tohu va'bohu*? ¿Cómo se saca a la luz la información oculta en el magma del caos? El objetivo de este libro es demostrarte que tú también puedes hacer lo que hicieron los héroes de la antigüedad guiándote a través de los pantanos, las selvas y los desiertos de tu subconsciente interior. Como Heracles, encontrarás las herramientas y los recursos para enfrentarte a tu león de Nemea, a tus establos de Augías llenos de excrementos y a los pájaros de Estinfalia chillándote al oído. Aprenderás a reaccionar ante la necesidad de las imágenes que afloran en tu mente, despejando de ese modo el camino para que emerja el superconsciente. ¿Encontrarás la luz? Sí, la encontrarás. Éste es un camino trillado y auténtico hacia la iluminación, un sistema basado en el conocimiento acumulado durante miles de años estudiando la inmersión y verificado por el éxito de muchos iniciados que han alcanzado la luz y lo que los sabios judíos denomina *devekut*, la unión del ser con lo divino.[17] Esta cábala de los sueños[18] también recibe el nombre de cábala de la luz o Saphire®.[19] Lo que distingue a Saphire de otras formas de cábala es que limita su práctica a la imaginación y a las visualizaciones para acceder a niveles superiores de consciencia. Mientras que otras escuelas utilizan letras y cánticos o mediaciones en el vacío, Saphire sólo trabaja con sueños, visiones diurnas, ensoñaciones y ejercicios de imaginación guiada para trepar por la escalera que lleva al *devekut*. Aunque la práctica incorpora conceptos judíos, no es necesario ser cabalista ni judío para practicarla; todo el mundo sueña.

Este libro proporciona sustento tanto para tu mente consciente como para tu subconsciente. Te guiaré paso a paso por la metodología y las herramientas que necesitarás para acceder a tu subconsciente, satisfaciendo de ese modo las necesidades de tu mente consciente. Simultáneamente, podrás sumergirte en la maravillosa experiencia de tu subconsciente a través de los ejercicios visuales que encontrarás en cada capítulo. No hay palabras, salvo las de los poetas, que puedan describir la experiencia de entrar en contacto con la luz interior. No cometeré el atrevimiento de intentar comunicar su poder o el asombro que provoca. Cada persona tiene una versión única de su mundo interior, como la firma personal que el mundo lleva tiempo esperando. Al activar tu visión interior, harás que tu mundo exterior se vuelva más real, vivo y emocionante. Prueba los ejercicios y quedarás fascinado con el poder

17. Estados místicos elevados que se alcanzan a través de métodos ascéticos puestos en práctica en círculos cabalísticos durante la Edad Media y el Renacimiento, y más tarde en el judaísmo jasídico.

18. Existen distintas prácticas meditativas en la cábala. *Véase* Kaplan, Aryeh: *Jewish Meditation: A Practical Guide* para una visión general de las diferentes variedades existentes.

19. El nombre que le puse al método para distinguirlo de otros que también usan imágenes. Me decidí por Saphire [*N. del T.*: en inglés, *Saphire* es prácticamente idéntico a *sapphire*, «zafiro»] porque cuando Colette fue elegida de niña para ser la siguiente titular de la estirpe familiar, sus dos abuelas le regalaron un zafiro. *Véase* Aboulker-Muscat, Colette: *Life Is Not a Novel*, Vol. 2. Aunque desconozco el motivo por el que se lo regalaron, se dice que el rey Salomón contemplaba las mesas de zafiro para adquirir sabiduría. También merece la pena mencionar que en la visión de Ezequiel se describe el trono divino semejante a la piedra del zafiro, y en Éxodo 24, 10 los pies de Dios son como un pavimento de zafiro.

creativo que te permitirá transformarte a ti mismo y –¡sorpresa!– cambiar tu mundo.

Existen metodologías ligeramente distintas en las ancestrales prácticas de la inmersión. Los chamanes ponen más énfasis en los rituales, el ayuno, los cánticos o el sonido de los tambores. En sus misteriosos rituales, a los griegos les gustaba encarnar los mitos de sus dioses, empleando para ello ilusiones teatrales, rituales y espejos. Los budistas tibetanos utilizan formas muy rigurosas y específicas de visualización de los Budas. Los sufíes siguen practicando los movimientos de la danza *dhikr* para inducir visiones místicas y la franca devoción al maestro, representante en la tierra del hombre perfecto. El fundador de la orden cristiana de los jesuitas, Ignacio de Loyola, instruyó a sus sacerdotes en la imitación de Jesús de Galilea, utilizando para ello imágenes que denominó «Ejercicios Espirituales».

Los santos y místicos judíos, sufíes y cristianos de todo el mundo se han sumergido a lo largo de los siglos en ensoñaciones para imaginar su conexión emocional con la alineación del mundo y con el primer hombre previo a la caída. Y, por supuesto, los cabalistas, cuyos métodos exploraremos en este libro, recurren a imágenes, cánticos, movimientos o permutaciones de letras para restaurar el Jardín del Edén en la Tierra. Todos los maestros de los sueños utilizan parábolas, alegorías y metáforas para desvelar el misterio oculto del mundo interior, *neelam,* más allá de lo que los maestros hebreos llaman *olam,* o mundo de la realidad.

Poner en práctica la imaginación, tal y como prescriben los cabalistas, no es tan difícil. Requiere muy poco tiempo, apenas uno o dos minutos por la mañana y por la noche. Sólo necesitarás un lugar donde sentarte y estar en silencio. Cierra los ojos y sigue los pasos que se indican en el libro; actúan como una especie de ventana que se abre a tu subconsciente. La respuesta de éste es instantánea y fluida. Contrariamente a las prácticas tibetanas, los cabalistas no se concentran en una sola imagen, sino que la ven y la dejan ir. La fuente de la creatividad brota y, paradójicamente, se produce una solidificación de la luz en tu interior, mediante la exploración de distintas perspectivas internas. La fuente de tu creatividad, liberada y proyectándose a borbotones hacia el cielo azul, será la encargada de conectar tus tres niveles interiores y a ti mismo con el resto del universo. Nunca más volverás a sentirte solo o abandonado.

Imagina que estás sentado en tu despacho, aletargado ante un informe complicado con el que llevas varias horas, y poco a poco te vas quedando dormido. De repente, un leopardo se abalanza sobre ti desde detrás de un arbusto; el animal, que huele a bestia salvaje, ruge y te enseña sus afilados caninos mientras sus manchas negras palpitan sobre su piel. Una intensa energía salvaje recorre tu cuerpo. Ideas subversivas cruzan tu mente. El leopardo es una experiencia, una sacudida, que consigue despertarte. ¿De dónde ha salido? No estás en la selva. O tal vez estés en la selva de tu subconsciente. A medida que diriges la mirada hacia tu interior, el magma del subconsciente se aglutina para dar forma a la revelación. Puede que mentalmente no comprendas la imagen, pero la poderosa experiencia te llena de energía y coraje. Empiezas a escribir sin parar, y las ideas son inesperadas y frescas.

La Biblia hebrea nos dice que, en el séptimo día, Dios dejó de crear para *laasot*, «hacer».[20] En otras palabras, debemos revolver el puchero, pero también debemos dejar que la comida repose para que alcance su perfección. Cuando dejas de angustiarte por el informe –con sueño, descanso o simplemente entrando en un estado de vacío mental–, el magma creativo se aglutinará y manifestará un aspecto de ti: el leopardo abalanzándose sobre la tarea. «El alma nunca piensa sin una imagen», dijo Aristóteles, y tu leopardo corrobora sus palabras.

Sin embargo, no debes obsesionarte con tu leopardo. No lo conviertas en una mascota ni en un arquetipo. Ya ha desempeñado su papel en tu aventura creativa. Deja que se vaya. Puedes estar seguro de que el flujo creativo se aglutinará en otra imagen, igual de potente y llena de creatividad, que te permitirá afrontar el siguiente desafío al que te enfrentes.

El subconsciente, como dijo una vez uno de mis alumnos, es un «enorme acertijo oceánico». Vamos a sumergirnos en este enigma oceánico y a jugar con las innumerables formas, colores, texturas, números, juegos de palabras, patrones y sutilezas emocionales que contiene.

---

20. Génesis 2.

Cierra los ojos, exhala tres veces y cuenta lentamente del tres al uno. Dirige la mirada hacia la oscuridad de tu cuerpo. ¿Qué ocurre?

Desciendo sin parar por un túnel misterioso, hasta que llego a una puerta cerrada.

¿Quieres abrirla?

¡Claro, tengo mucha curiosidad! Cuando abro la puerta... Entro en un mundo de luz, parecido a una gema, y me envuelve una cálida sensación de amor.

¿No te recuerda esto a Aladino de *Las mil y una noches*? Él también explora su cueva interior y la encuentra llena de tesoros. Cuanto más te aventures en tu subconsciente con los ojos bien cerrados,[21] más activarás tu campo onírico (DreamField™)[22] y «harás» o te manifestarás en la forma infinitamente creativa de tu alma. En otras palabras, más crecerá tu superconciencia.

Cuando tu mente consciente se vuelve hacia tu mente subconsciente, se activan mutuamente como si tratara de dos amantes, creando juntos un mundo de dicha y magia. Privada de su compañera, tu mente consciente vive en la unidimensionalidad; la rutina diaria, los problemas, los obstáculos, la muerte como el doloroso final, todo se torna cada vez más sofocante y agotador. La mente consciente vive en el mundo manifestado, *olam*. Sin embargo, al volverse hacia su compañero, el subconsciente, comienza a aflojar los lazos que la unen a los efectos causales y, en su lugar, ve más allá del argumento y se fija en los patrones, los efectos de luz, los cambios de textura emocional. El mundo oculto, *neelam,* el territorio secreto de su pareja, el subconsciente, emerge a la superficie de la consciencia. «Veo un templo, flanqueado por una columna a la derecha y otra a la izquierda. En el centro hay un estanque cristalino y dentro de él, ¡cinco flamencos rosas! Son de un rosa tan brillante que el corazón se me acelera. Estoy absolutamente asombrado». La vida se convierte en «algo esplendoroso»,[23] en

---

21. Referencia a la película de Stanley Kubrick, *Eyes Wide Shut* (1999).
22. Término acuñado por mí misma para enseñar este concepto.
23. Referencia a *Algo esplendoroso*, novela de Han Suyin de 1952.

una aventura amorosa que te dice: «Sigue tu dicha».[24] Sin embargo, si te dices a ti misma: «No puedo dejar a mi marido; tenemos un seguro médico, una casa, los niños, una vida llena de comodidades...»., entonces los flamencos rosas del estanque cristalino desaparecen, junto con la dicha, la capacidad de asombro y el amor. ¿Eres capaz de mirarle a los ojos a tu amado interior y aceptar que, de la mano de tus imágenes, puedes encontrar una salida creativa al desorden de tu vida? ¿O guardarás tus sueños en un cajón para no volver a pensar en ellos?

Estamos a punto de emprender la caza del tesoro, pues así es cómo lo llaman los cabalistas, *el sod,* el tesoro. Si aprovechas el tesoro de tu *neelam,* descubrirás la nueva configuración que tu alma está pidiendo a gritos. Tus imágenes te anclarán en la nueva configuración, y te ayudarán a que tengas el coraje para perseguir tus sueños. En poco tiempo notarás cómo el camino se abre fácilmente y sin dolor. No me creas si no quieres. ¿Por qué habrías de creerme? Sumérgete y compruébalo tú mismo. ¿Te he convencido para que al menos dirijas la vista hacia tu interior? ¿Me seguirás en este viaje hacia el reencuentro contigo mismo?

Tu guía será la historia del Leviatán, la cual trata sobre los movimientos subterráneos de tu psique y sus transformaciones. A mí también me guio, pues no fui yo quien decidió escribir este libro, sino que me eligieron. Mi voz interior me dijo que debía escribir un libro sobre el «Despertar del Leviatán». Y yo no lo cuestioné, ya que a estas alturas he aprendido a seguir siempre los impulsos de mi subconsciente. No obstante, debía aprender acerca del Leviatán, y su historia me indicó lo que se me había pedido que escribiera. La gran bestia de las profundidades, el Leviatán, es el subconsciente, el magma creativo que debemos hacer ascender hasta la consciencia y domar como parte de nuestra tarea en tanto ayudantes de Dios en la creación.

Como ocurre en los sueños, el mito presenta lo que aparentemente parecen afirmaciones contradictorias.

---

24. Frase acuñada por el mitólogo y escritor Joseph Campbell (1904-1987).

Se dice que el Leviatán no tiene principio ni fin. «Su cola se coloca en su boca»,[25] «girando y abarcando el mundo entero».[26] Aquí representa la unidad básica subyacente en todo el universo. Su nombre significa «el que se enrosca», aquel que entrelaza las numerosas hebras de una realidad subyacente que es a la vez energética, invisible y subconsciente.

«Si no fuera porque yace en las profundidades y hace presión sobre ellas, estas emergerían e inundarían el mundo, destruyéndolo».[27] En otras palabras, para nuestra supervivencia y cordura, es necesaria la clara separación entre la mente consciente y la inundación oceánica del subconsciente. Pues Dios dijo: «Júntense en un lugar las aguas que están debajo de los cielos, y que aparezca lo seco».[28] Necesitamos que nuestra mente consciente y nuestra mente subconsciente trabajen al unísono.

La única inundación que conocemos se produjo en la generación de Noé, «cuando la tierra se corrompió ante Dios» y Él permitió que «fueran rotas todas las fuentes del gran abismo»[29] e inundaran las tierras secas, ahogando a todos los que no habían escuchado a su subconsciente y se habían corrompido. En la historia de Noé se nos cuenta cómo podemos evitar la inundación. Construye un arca, entra en ella y dirige la mirada hacia tu interior. Como Noé, cuyo nombre significa «descanso», descansa en tu interior, sueña.

También se nos dice que las aguas de la inundación emergieron hirvientes, como (estoy uniendo las dos historias: en ningún otro lugar se habla de aguas hirvientes salvo en la historia de Noé y en la del Leviatán) un Leviatán indomable, aterrorizado y enrabiado, que «escupe por su boca un calor tan intenso que hace hervir todas las aguas del abismo».[30]

---

25. Zohar 2, 179a.
26. Rashi: Rashi sobre Baba Batra 74b.
27. Pesiqta Rabbati, 48.
28. Génesis 1, 9.
29. Génesis 7, 11.
30. Johanan bar Nappaha, Talmud de Babilonia, Baba Batra 75a.

Semejante ferocidad del monstruo marino, tales emociones indomables, «HaShem castigará con su espada dura, grande y fuerte a Leviatán, la serpiente escurridiza, a Leviatán, la serpiente tortuosa; y matará al gran pez que está en el mar».[31] Porque Leviatán no puede ser lineal ni estar enredado. Debemos apartarnos del pensamiento estrictamente lineal (la serpiente escurridiza) y también de nuestros enredos emocionales o mentales (la serpiente tortuosa) para reincorporar una realidad más amplia, holística y fenomenológica (la serpiente que se muerde la cola).

Fue creado para emerger y «retozar con» Dios.[32] Déjate llevar por los impulsos del subconsciente, juega en su océano con todas las formas que emergen a la superficie. Así es como Dios quiere que sea tu vida: espontánea y divertida.

Por tanto, cuando el Leviatán transforma sus emociones, «asciende. En pos de sí hace resplandecer la senda. No hay sobre la Tierra quien se le parezca; animal hecho exento de temor. Menosprecia toda cosa alta; es rey sobre todos los soberbios».[33] El Leviatán es nuestra kundalini, la poderosa energía divina femenina que los judíos llaman *Shejiná*. Al provocar que emerja el Leviatán, conectamos la Tierra con el cielo.

Y Dios ofrece la dulzura de la transformación del Leviatán, su carne transfigurada como «banquete para los justos en el tiempo venidero».[34] Seguir el camino del Leviatán trae consigo la iluminación.

Éste es un viaje de regreso a la luz pura del Edén, donde el ser humano y Dios se contemplan mutuamente y se convierten en uno. Esto sólo puede lograrse soñando.

✳

---

31. Isaías 27, 1.
32. Salmos 104, 24-26.
33. Job 41, 17 y 41, 24-26.
34. Baba Batra 75a.

El presente libro está dividido en tres partes.

En la primera parte abordaremos la metodología para acceder al subconsciente, las diferentes formas que existen para «cruzar», obtener respuestas a tus preguntas y regresar sano y salvo de tu viaje. También te enseñaré a dialogar con las imágenes y a abordar, a medida que avanzas, los obstáculos que irás encontrando en el camino. Esto recibe el nombre de *tikún*, «corrección», y es la principal herramienta para la transformación y el crecimiento. A medida que el subconsciente responda, aprenderás a reconocer cuáles son las señales de la transformación. Experimentarás en tu propia piel hasta qué punto el subconsciente es la fuente de toda creatividad, algo que conduce directamente a la manifestación.

En la segunda parte aprenderás a utilizar el poder del subconsciente para gestionar mejor tu vida. El subconsciente es la base de tu ser. Es una masa oceánica tan grande como el universo. Sus corrientes, remolinos, pantanos y tormentas son lo que la Biblia llama poéticamente Leviatán, la gran bestia de las profundidades. Sus vaivenes son una manifestación de tus emociones y recuerdos indómitos que debes reconocer y eliminar. Acallar los movimientos del Leviatán y aprender a domar a nuestra bestia es el objetivo de todo aquel que desea convertirse en una persona sabia. Tu niño herido, tus complejos enquistados, tus patrones ancestrales, tus bloqueos en las relaciones, tus problemas con el tiempo... toda tu sanación dependerá de lo que ocurra bajo la superficie de tu mente consciente. Los movimientos de tu subconsciente te indicarán si está perturbado o en paz. La premisa de este libro es que todo empieza con el subconsciente. Intentar transformarte a ti mismo cambiando tu mente consciente o tu comportamiento no funcionará. La raíz de los bloqueos, los sistemas de creencias y los comportamientos perniciosos se hunden en el subconsciente. Primero tienes que cambiar el subconsciente. En cuanto lo hagas, la vasta masa oceánica de movimientos, tu Leviatán, se volverá rítmica y pacífica. Las aguas se tornarán translúcidas. Cada capítulo abordará uno de los temas mencionados anteriormente.

En la tercera parte del libro sacaremos a la luz el superconsciente, el alma, el mapa con el que llegaste a este mundo. Es lo que denomino despertar al Leviatán. Mediante una técnica, que examinaremos detalladamente, llamada Plan Vital, la oración y el *devekut,* la unión con lo divino, pasarás de estar cegado por la mente consciente a sentirte exaltado ante la magnificencia intrínseca y la belleza de la creación. Espero que al terminar el libro te hayas transformado tanto que, como las personas santas, seas capaz de entrar en contacto con la carne de la gran bestia de las profundidades y conocer la dicha que trae consigo una consciencia iluminada.

Disfruta del placer de la inmersión. Juega y retoza en las olas del subconsciente oceánico y aprende a confiar y a hacerte amigo rápidamente de la fuente misteriosa de toda creatividad.

Cómo poner en práctica los ejercicios

Para ayudarte a experimentar y trabajar con tu subconsciente, en cada capítulo encontrarás una serie de ejercicios guiados con imágenes que puedes practicar por tu cuenta. Estos ejercicios están pensados para hacerse muy rápido. No deberías dedicar más de uno a tres minutos, a menos que se indique lo contrario. Hazlos una vez y no los repitas hasta después de tres meses, a menos que se indique lo contrario. Los ejercicios «formales» deben ponerse en práctica todos los días, por la mañana o por la noche, según se indique, durante veintiún días a partir de la luna nueva si eres hombre o mujer en la menopausia. Si eres una mujer más joven, ponlos en práctica desde el final de un período menstrual hasta el comienzo del siguiente. Los ejercicios formales crean nuevos hábitos. Realízalos tal y como se indica durante un solo ciclo. Si deseas continuar una práctica formal, cambia de ejercicio. Practica un ejercicio formal diferente en cada ciclo. De este modo, el subconsciente no se aburrirá y tendrá tiempo de coger el ritmo e incorporar las imágenes.[35]

Al principio, aprende a hacer sentado los ejercicios con la espalda recta, las manos y las piernas estiradas, como un faraón egipcio. A medida que adquieras más destreza, podrás hacer los ejercicios de pie o tumbado, con los ojos abiertos o cerrados. Pero, para empezar,

---

35. *Véase* «Para profundizar en el tema», al final del libro.

busca un lugar tranquilo donde nadie te moleste durante unos minutos. Siéntate recto, con los brazos y las piernas descruzadas para no mezclar las energías. Cierra los ojos. Abre ligeramente la boca y exhala lentamente mientras visualizas el número 3. Exhala y visualiza el número 2. Exhala y visualiza el número 1, alto y claro. ¿Por qué tienes que exhalar? Porque de ese modo eliminamos de nuestro cuerpo el dióxido de carbono y el exceso de gas. Cuando estás vacío, inhalas sin darte cuenta; no tienes que hacer nada. Contamos del 3 al 1 a modo de ligera inducción autohipnótica. Sólo se necesitan tres exhalaciones para llegar a lo más profundo del subconsciente.

La mayoría de los ejercicios son muy cortos y te ofrecen de treinta segundos a uno o dos minutos para mirar al subconsciente a través de la ventana metafórica creada por las palabras de la inducción. Cuando se hacen las cosas con rapidez, no hay tiempo para fantasear. Exhala, mira a través de la ventana, observa lo que hay delante de ti y abre los ojos.

Apuntes acerca de la terminología

Si no te sientes identificado con la palabra «Dios», sustitúyela por otra que te guste más. Por ejemplo, «consciencia universal».

A lo largo del libro utilizo las palabras «masculino» y «femenino» para representar energías arquetípicas y no tipos de personas. Por ejemplo, un hombre puede ser femenino en sensibilidad, una mujer masculina en intelecto. Cuando hablo de parejas, no me refiero exclusivamente a la clásica pareja hombre-mujer; las parejas de todas las orientaciones sexuales experimentan las mismas tensiones internas, tanto masculinas como femeninas. En el subconsciente, el cambio de género es algo habitual. Si eres una mujer en la vida real, puedes verte como un hombre en el mundo de los sueños, y viceversa, un hombre puede verse como una mujer. Estos cambios se producen hasta que aprendemos a equilibrar las energías masculina y femenina en nuestro interior y nos convertimos en uno, como el andrógino Adán antes de la expulsión del Edén.

El Leviatán,
la gran bestia de las profundidades

Pescando en el océano del subconsciente

«Llámame y te responderé, y te enseñaré cosas grandes y ocultas que ignorabas».

JEREMÍAS 33, 2

Existen formas muy sencillas de acceder al subconsciente. La metodología que veremos en los próximos capítulos sólo requiere de papel, un bolígrafo y la firme intención de cruzar el velo de nuestra realidad cotidiana. El subconsciente es escurridizo. Tienes que hacerle saber que andas tras él, pero sin recurrir a la violencia ni incurrir en el egoísmo. A veces llega como un niño al que no puedes engañar con falsas promesas de amor. A veces lo hace como una mujer que no responde bien a la intimidación, las presentaciones de PowerPoint, las pruebas lógicas ni las estadísticas, sino que quiere que la seduzcas, adores y veneres. Visualiza una puesta de sol. No te centres en el análisis científico sobre su resplandor multicolor. Sumérgete en ella y disfruta del momento. ¿Notas la diferencia?

El subconsciente es también el receptáculo de todo tu sufrimiento, de todos tus miedos, enfados, resentimientos y envidias. Te mostrará tus monstruos y fantasmas interiores, tus nieblas y agujeros negros, tus ciénagas e ilusiones, pero también te proporcionará magníficas herramientas para superar los obstáculos que bloquean el flujo de su océano de imágenes.

En sus variadas formas y rápidas transformaciones, el subconsciente es, al mismo tiempo, tanto su propio diagnóstico como su cura. Está en continuo movimiento, y en cuanto aceptes que «el cambio es lo único que nunca cambia»,[1] lograrás estabilizarte mientras disfrutas del maravilloso espectáculo de la luz y la dicha.

---

1. *I Ching.*

Aunque la metodología es sencilla, deberás dar un paso atrás, esperar y mantenerte despierto y atento. Trátalo con respeto y devoción, precisamente lo que tanto deseas de tu propia familia y amigos. Observa el misterio y responde con emoción, gratitud, asombro y admiración. El subconsciente se «abrirá sésamo»[2] para revelarte sus tesoros.

2. *Alí Babá y los cuarenta ladrones.*

1

EL MISTERIO DE LOS SUEÑOS

«Todo lo que un hombre hace de día, su alma testifica en su contra por la noche».

ZOHAR 92a

«La verdad es una región inexplorada».[1] Para acceder a la verdad del superconsciente todos y cada uno de nosotros debemos encontrar la región inexplorada. ¿Cómo llegar a ella? Nos enfrentamos a una tarea imposible: «Ve adonde yo te mostraré». ¿Pero dónde está eso? Aunque el abismo que separa la mente consciente del subconsciente parece insuperable, recibimos constantemente destellos, señales imprecisas e interesantes chismorreos. La mayor parte de esta información nos llega a través de los sueños, pero también mediante ensoñaciones diurnas o fragmentos de sonidos. Empezaremos la exploración que nos permitirá acceder al subconsciente por el lugar donde la entrada a él se produce de la forma más natural, es decir, a través de los sueños.

Dado que los sueños son un fenómeno universal, podemos hablar de ellos sin miedo a hacer el ridículo o parecer excéntricos. ¿Por qué soñamos? ¿Acceder al subconsciente aporta importantes beneficios para nuestra salud y equilibrio personal? ¿Qué función fisiológica tienen los sueños? ¿Qué intentan decirnos las ventanas emergentes de nuestros sueños? ¿Los necesitamos para sobrevivir? Y si es así, ¿por qué se presentan de una forma tan incomprensible? ¿Qué se supone

---

1. Parte del discurso del filósofo indio de veintiún años Jiddu Krishnamurti ante la Sociedad Teosófica en el que se negó a convertirse en su mesías.

que debemos hacer con esas extrañas e incomprensibles imágenes que se despliegan ante nosotros?

Los sueños son un fenómeno común a los seres humanos y a otros mamíferos. Los especialistas del sueño han demostrado que todo el mundo sueña, sobre todo durante la fase REM (movimientos oculares rápidos) del sueño. En los últimos años, algunos científicos han sugerido que los sueños representan la saturación de los procesos cerebrales. «Soñamos para olvidar»,[2] aseguran Francis Crick y Graeme Mitchison, y los sueños son simple basura a punto de ser eliminada de la memoria. El profesor Allan Hobson y su colega Robert McCarley consideran que soñar es el resultado de un repentino aluvión de estímulos justo antes de la fase REM que nuestro cerebro superior intenta darle sentido.[3] Su teoría de la activación y la síntesis ha sido refutada, dando paso a otras teorías, como la de la consolidación de la memoria (soñamos para recordar) y la teoría del cumplimiento de expectativas del sueño (los sueños son el proceso de excitación y relajación de una emoción cuyas expectativas se encarga de satisfacer el cerebro a través del despliegue de imágenes). Esto está a años luz de la teoría del cumplimiento de deseos de Freud, la cual se basaba en el significado simbólico de los sueños.

Un estudio de la función biológica de los sueños muestra que existen numerosos procesos fisiológicos implicados en el acto de soñar. Los patrones de la respiración, el flujo sanguíneo en el cerebro y la actividad cerebral cambian durante la fase REM del sueño. Muchos científicos prefieren pensar que los sueños son simplemente procesos biológicos sin significado consciente o psicológico. De ser así, podríamos decir lo mismo de los procesos vinculados al pensamiento, los cuales no son más que una simple actividad biológica. Reducir el significado de nuestras vidas considerando que todas las actividades que se producen en nuestro cuerpo responden a funciones biológicas no resulta muy útil. ¿Acaso un trozo de carne (una materia biológica) estaría interesado en estudiar el significado de los sueños? Dado que nuestra consciencia está viva y se hace preguntas, debemos suponer que en el interior o

---

2. Crick y Mitchison: «*The function of dream sleep*».
3. Hobson y McCarley: «*The Brain as a Dream State Generator*».

más allá del trozo de carne (o de nuestros procesos biológicos) ocurre algo más. Los planteamientos dualistas –o bien somos materia biológica o bien almas encarnadas– nos retrotrae a una discusión muy común entre los filósofos y teólogos de la Edad Media. Y aunque René Descartes,[4] el científico y filósofo del siglo XVII, trató de encontrar la manera de reconciliar estos dos conceptos aparentemente incompatibles –el cuerpo que funciona como una máquina y el alma/consciencia que es inmaterial– a través de la glándula pineal, seguía atrapado en la dualidad. Hoy en día, a pesar de haber dejado de buscar la sede fisiológica del alma, nuestro pensamiento no ha dejado atrás las opiniones encontradas. Los científicos se agrupan principalmente en el campo biológico y creen que el cuerpo no tiene consciencia. «Lo que está en juego aquí es una teoría de los sueños que sea científicamente válida», dice el Dr. Hobson, y a continuación procede a descartar la interpretación psicoanalítica de los sueños. El auténtico problema no es quién tiene razón, sino la tendencia a seguir enmarcando la cuestión dentro de una dualidad. Debemos salir de ese confinamiento. En lugar de eso, ¿no podríamos decir que la consciencia surge de procesos biológicos? ¿O viceversa, que los procesos biológicos surgen de la consciencia? ¿Podrían ser ciertas ambas afirmaciones?

En *DreamBirth* señalo que soñar es mucho más que las fases REM del sueño.[5] Aunque la fase REM puede contener momentos álgidos de actividad onírica, en realidad siempre estamos soñando. Soñar es una facultad de supervivencia del cerebro. Una vez más, Descartes dijo: «Pienso, luego existo». Lo que la gente suele olvidar es que esta frase la soñó. Tal vez quería decir que cualquier forma de consciencia debería considerarse pensamiento. En este sentido, ¿existe alguna diferencia entre pensar y soñar? Las dos son formas de comunicación que emplean lenguajes diferentes. ¿Podemos comparar el hecho de que nos digan «te quiero» al acto de recibir un beso? Participamos de intercambios tanto verbales

---

4. René Descartes (1596-1650) fue un filósofo, matemático y científico francés. En su obra *Meditaciones metafísicas* (1641), Descartes expone en profundidad el tema del dualismo entre la mente y el cuerpo.
5. Shainberg: *DreamBirth*.

como sensoriales. Leemos los intercambios sensoriales en la pantalla de nuestra mente como imágenes tridimensionales vinculadas sinérgicamente con el resto de nuestros sentidos. Los intercambios verbales son conceptos abstractos. En su origen describían intercambios sensoriales, pero hoy en día el vínculo entre nuestro cuerpo y los conceptos verbales es cada vez más tenue. ¿Qué fue primero? Gracias a la neuroimagen sabemos que, durante la fase REM del sueño, nuestro sistema límbico, una estructura cerebral más antigua (no tan antigua como el cerebro reptiliano, aunque sabemos que los reptiles sueñan) está muy activo. El pensamiento mediante las palabras se desarrolló mucho más tarde, con la aparición de la corteza prefrontal. En la actualidad, estamos programados para dar prioridad a la información verbal en detrimento de la experiencia.

Soñar es sinónimo de experimentar. Experimentar el mundo que nos rodea, así como nuestro mundo interior, significa que procesamos el mundo a través de nuestros sentidos. A través de ellos, sentimos, oímos, vemos, olemos y saboreamos. Esto no es información, sino in-**formación**, algo que proviene directamente de la aprehensión de la **forma**. Este enorme contenedor de experiencias sobre el que, como el alquimista, nos sentamos y del que estamos hechos, está vivo y conforma una matriz de conocimientos que yo denomino campo onírico. ¿Cómo sabemos que todas las experiencias y sus imágenes tridimensionales, sensaciones y emociones están contenidas en nuestra matriz cerebral? Uno de los modelos cerebrales es que desechamos las partes innecesarias de nuestros recuerdos y conservamos sólo lo que es necesario para nuestra supervivencia. Tal vez las ponemos a dormir o las archivamos para usarlas en el futuro. Sabemos que los recuerdos están agrupados en función de su forma y de patrones similares. Volveremos sobre esto al estudiar el lenguaje de los sueños nocturnos. Pero ¿significa esto que olvidamos y descartamos? A veces el recuerdo de alguna experiencia olvidada durante largo tiempo aparece de repente en momentos inesperados como consecuencia de un estímulo poco habitual. ¿Dónde había estado escondido todo ese tiempo? ¿Qué hace nuestro cerebro con ellos mientras nosotros aparentemente ignoramos su existencia? ¿O son nuestros cerebros simples consolas que se dedican a leer in-FORMA-ción procedente de nuestras células? ¿Acaso el recuerdo de las experiencias realmente desaparece para siempre? «Yo nunca olvido nada», le dice un amigo a otro, y este responde: «¿Y cómo lo sabes?». No podemos saberlo. Pero lo que sí podemos hacer es aprender a ver cómo afloran a la superficie. A continuación, tienes tres ejercicios para ver aflorar el subconsciente.

Ejercicio 1

Despierto mientras te quedas dormido

Cierra los ojos. Exhala lentamente tres veces mientras cuentas del tres al uno. Visualiza el uno alto, nítido y brillante.

Tumbado en la cama antes de dormirte, relájate completamente mientras sientes las extremidades y el tronco cada vez más pesados.

Exhala. Permanece despierto mientras te ves a ti mismo quedarte dormido. Empezarás a sentir como si flotaras. Si permaneces consciente mientras te quedas dormido, experimentarás un torrente de imágenes caóticas. No intentes darles sentido; limítate a observar hasta que te venza el sueño.

Es posible que hayas tenido una experiencia similar tumbado en una camilla de masaje. Esta fase en la que imágenes caóticas inundan tu mente consciente mientras esta se desvanece rápidamente se denomina etapa hipnagógica. Esta etapa similar al sueño también puede aparecer cuando se ha sufrido una experiencia terrible y el mundo deja repentinamente de tener sentido. Estás cruzando el velo, como Perceval, pero aún no has aprendido a hacerlo de forma consciente ni a mantener las imágenes estables en el ojo de tu mente. Aún no es momento de intentarlo. En su lugar, siéntate un momento contigo mismo y haz el siguiente ejercicio.

Ejercicio 2

Observa dentro de tu cuerpo

Cierra los ojos. Exhala lentamente tres veces mientras cuentas del tres al uno. Visualiza el uno alto, nítido y brillante.

Siente tu cuerpo en este momento. Dirige la mirada hacia tu interior. ¿Qué ves: constricción o expansión, luz u oscuridad, densidad o pulsación?

Exhala. ¿Cómo te sientes?

Exhala. ¿Qué pregunta quieres hacerle a tu cuerpo? ¿Te responde? Si lo hace, ¿qué te dice eso acerca de tu cuerpo?

Exhala. Abre los ojos.

Tu cuerpo no es lo que crees que es. Cuando diriges la mirada hacia el interior y observas tu propio cuerpo, este empieza a cambiar y a hacer cosas que no sabías que podía hacer. Tu cuerpo no es sólido ni inalterable. Sus límites son mucho más fluidos de lo que crees. Cuando tu consciencia presta atención a tu cuerpo, éste empieza a reconfigurarse. Es poroso y puede estirarse, contraerse, disolverse y rehacerse. La clave radica en la interrelación entre tu consciencia y tu cuerpo.

Ejercicio 3
· · · · · · · · ·
Entra en tu dedo pulgar

Cierra los ojos. Exhala lentamente tres veces mientras cuentas del tres al uno. Visualiza el uno alto, nítido y brillante.

Dirige tu mirada hacia el interior de tu cuerpo y baja por el brazo derecho hasta llegar al dedo pulgar. Reside sólo en tu pulgar. Sólo existe tu dedo pulgar y tu consciencia habita en tu pulgar. ¿Cómo percibes la experiencia de tu pulgar?

Exhala. Devuelve tu consciencia al resto del cuerpo.

Exhala. Abre los ojos.

Eres el observador que afecta a aquello que está observando: tu mirada es el diálogo que tu cuerpo necesita para reaccionar y cambiar. Si eres capaz de llevar tu consciencia al dedo pulgar y consigues que no exista nada más para ti en ese momento salvo tu pulgar, éste empezará a crecer, se convertirá en energía vibrante, después en luz y aumentará de tamaño. «El cuerpo organiza e incorpora la experiencia», comenta

Stanley Keleman en su maravilloso libro *Your Body Speaks Its Mind*.[6] O reparas tu cuerpo por la forma en que lo observas. Se adaptará según cómo lo veas, cómo hables de él o cómo pienses en él. Si crees que tu cuerpo tiene límites, entonces se adaptará a tu sistema de creencias, ajustándose a las historias que te cuentes a ti mismo. Tu campo onírico personal, así como el familiar o generacional (el compuesto por las experiencias de las historias y patrones familiares), son el tapiz o red en torno al cual tu cuerpo adquiere su forma. Observar un cuerpo es como leer un libro abierto, siempre y cuando estés atento a lo que intenta decirte.

También existe un campo onírico cultural, nacional y universal. Carl Jung denominó *inconsciente colectivo* al campo onírico universal, mientras que otros lo llaman registros akáshicos. Todos estos campos oníricos son redes interactivas de experiencia, calderos de imágenes que nos convierten en la persona que somos. El subconsciente es un contenedor sobre el cual se imprimen todas las experiencias que contiene. No tiene la capacidad de cambiar esas impresiones. Como el cuerpo forma parte de tu subconsciente, no puede cambiarse a sí mismo a menos que lo observes de forma consciente y le permitas que te muestre los sueños. El sueño es tu cuerpo que experimenta interactuando con tu mirada consciente.

Puesto que los sueños son la base de nuestro ser, debemos hacer un especial esfuerzo por comprenderlos. Si la consciencia sólo representa el 5% de nuestro ser, ¿cómo podemos interactuar con el 95% restante? ¿Cómo sabemos que estamos conectados con el inconsciente colectivo o con los registros akáshicos[7] si ambos se consideran procesos inconscientes? El misterio de conectar con el subconsciente empieza dirigiendo la mirada hacia tu interior. Disponemos de dos maneras de hacerlo: durante el día, con ejercicios guiados como los tres que acabas de probar, o a través de los sueños nocturnos. Profundizaremos en los ejercicios guiados en los capítulos siguientes; en este primer capítulo

---

6. Keleman: *Your Body Speaks Its Mind*.
7. Término utilizado por teósofos y antropósofos para indicar un compendio codificado de todos los acontecimientos, pensamientos, palabras, emociones e intenciones universales, tanto en el pasado como en el presente y el futuro.

nos centraremos sobre todo en los sueños que se producen durante la noche.

❋

La mayoría de los rabinos te dirán que Dios creó el mundo con el pensamiento. Una vez tuve la audacia de decirle a un gran erudito talmúdico que, en mi opinión, Dios había creado el mundo a través de los sueños. «¡Dios creó el mundo con el pensamiento!», declaró él enfáticamente, y luego dio media vuelta y se marchó. Si eres de su misma opinión, ¡tranquilo, no eres el único! Y te prometo que no te lo tendré en cuenta. Sin embargo, al ser una soñadora, una *ivri* o la que cruza,[8] estoy hecha a imagen y semejanza de Dios. Soy Su imagen especular. Y todas las imágenes especulares son sueños. Si me miro en el espejo y me pongo en la piel de Dios (aunque Él no tenga piel), me convierto en Su sueño hecho realidad. Regreso a mi cuerpo a través del espejo y leo en Génesis que Dios se cernió sobre el *penei tehom*. Y Dios dijo: «Hágase la luz». Y hubo luz».[9] Yo soy un producto de esa luz. Si soy un reflejo de Dios, ¿cómo puedo hacer lo que Él hace? Cuando me voy a dormir, eso es exactamente lo que hago. Me cierno sobre el subconsciente y creo luz.

¿Alguna vez te has preguntado cómo funciona la iluminación interior? Los rayos del sol no penetran en tu cuerpo y no hay bombillas eléctricas que iluminen el espacio interior. Dentro de ti sólo hay oscuridad. Y, sin embargo, cada vez que diriges la mirada hacia tu interior, se hace la luz y aparecen las formas. Los cabalistas llaman a esta luz la «luz de la creación», para diferenciarla de la luz solar. Según ellos, Dios creó con esta luz, pero como era demasiado intensa para los recipientes que la contenían, éstos se hicieron añicos. (Entonces), Dios creó el sol y las estrellas[10] para canalizar la luz y que, de ese modo, pudiéramos estar protegidos de su potencia excesiva y no fuéramos destruidos. Al parecer, sólo Moisés, el más grande de los profetas bíblicos, tenía un

---

8. *Véase* la «Introducción».

9. Una vez más, recordemos Génesis 1, 2.

10. Génesis 1. Dios crea la luz el primer día, pero el sol, la luna y las estrellas el cuarto día. Los cabalistas llaman a la luz del primer día la luz de la creación.

espejo perfecto que reflejaba la luz pura de Dios. Aunque nosotros no somos Moisés, nuestra tarea consiste en ir adaptando lentamente nuestros ojos a la auténtica luz. Empezamos con una sexagésima parte de esta luz,[11] la luz que creamos, como Dios, al observar la oscuridad. Plantéatelo así: cada vez que miras hacia tu interior, estás creando más luz. Por supuesto, a menos que prestes atención de forma consciente a la aparición de la luz, ésta desaparecerá. Si, por el contrario, conviertes en una práctica consciente el hecho de dirigir la mirada hacia tu interior, cuanto más lo hagas, más luz crearás y más se aglutinará dentro de ti. Se trata de una tecnología tangible y extremadamente práctica de crear luz y llegar a convertirse en una persona «iluminada».

Los sueños no sólo son uno de los caminos directos a la iluminación, sino que también son tu propia manifestación. Dios contempla el caos y crea la luz, y de esa luz emergen las formas. Adán aprende a hacer lo mismo que hace Dios. Llama a los animales por su nombre y éstos aparecen. Si quieres aprender el secreto de la manifestación, debes llamar aquello que deseas por su nombre. Pero ¿y qué pasa si no sabes lo que deseas? Abraham escuchó una voz que le dijo: «¡Ve!», pero no sabía adónde quería ir. Lo que sí sabía era que él y Sara, su esposa, eran estériles y hasta el momento no habían podido crear «nada». Si llamas a la creatividad por su nombre, volviendo la mirada hacia tu interior para crear luz, ésta tomará forma y descubrirás la forma que debe tener tu creatividad.

El subconsciente es mudo. Sólo le «hablará» a quien le haga una pregunta, del mismo modo que no puedes acceder a un programa informático hasta que no haces clic en él. Si estoy esperando ansiosamente la respuesta de mis editores y la pregunta ocupa un lugar preeminente en mi mente, el subconsciente me proporcionará gustoso una respuesta.

Sueño que estoy en una tumba egipcia y que las paredes están cubiertas con pinturas repetitivas de un sonriente Anubis. Todas las figuras de Anubis llevan mi libro bajo el brazo y lo señalan con el dedo índice de la otra mano.

---

11. Berajot 55b.

A la mañana siguiente, comprobé el logotipo de varias editoriales hasta dar con uno en el que aparecía Anubis: Inner Traditions. Llamé a mi agente y querida amiga Jane Lahr y le dije: «Anoche soñé que Inner Traditions publicaba mi libro. ¿Puedes ponerte en contacto con ellos?». Seguir el hilo de los sueños trae consigo su manifestación: en 2005, Inner Traditions publicó mi primer libro, *La cábala y el poder de soñar*.

Todos soñamos, nos guste o no. Pero ¿somos conscientes de nuestras preguntas y ansiedades? La mayoría de la gente no lo es, lo que no impide que los sueños continúen apareciendo. Los sueños responden a una ansiedad, a la necesidad de claridad, a una preocupación acerca de nuestro pasado o futuro, o sobre lo que ocurre en estos momentos en nuestra vida, o simplemente responden a las «protestas de varias partes del cuerpo porque el director no está dirigiendo bien la orquesta». Los dolores, las ansiedades o los anhelos desencadenan los sueños que tenemos durante la noche. Mientras dormimos, sobrevolamos el gran caos de imágenes y experiencias que conforman el caldero de nuestro subconsciente. Las preguntas suscitan una respuesta, y esa respuesta adquiere la forma del sueño. Los espejos nos muestran nuestro yo invertido. Del mismo modo, el sueño no nos muestra nuestra realidad cotidiana, sino una versión distinta, «del revés». La ley de la atracción dice que lo semejante tiende a atraer a su imagen especular. Uno de los errores que suele cometer la gente es creer que puede forzar al subconsciente a darles lo que desea su ego autoconsciente. No podemos hacernos millonarios simplemente porque nuestro ego lo quiera. Si le preguntamos a nuestro subconsciente si debemos hacernos millonarios y éste nos muestra una tienda en lugar de un palacio, sabremos que no estamos destinados a ser millonarios. No forma parte de nuestro campo onírico. No podemos obligar a nuestros sueños a que nos den lo que queremos. Lo que sí podemos hacer es pedirles que den forma a nuestros anhelos. «Espejito, espejito mágico, ¿quién es la más bella de todas?». Y el sueño responde con la verdad: «Blancanieves es la más bella». No es tu vanidad la que es bella, sino tu alma blanca como la nieve, dice el espejo onírico a nuestra madrastra interior. Aunque puede que no nos guste lo que vemos y oímos en nuestros sueños, el subconsciente sólo puede mostrarnos la verdad.

En hebreo, sueño es *jalom*; las consonantes J L M conforman la raíz de la palabra.[12] Imagina estas tres consonantes como las raíces de un gran árbol. A medida que el árbol crece, cada brote despliega una nueva palabra, siempre con las mismas tres consonantes. Una permutación diferente de letras, como *lejem*, L J M, crea un nuevo significado, pero uno que, a pesar de todo, está conectado por las mismas letras. *Lejem* significa «pan». ¿Qué tienen en común el sueño y el pan? Debe echarse un poco de levadura en la masa para que el pan suba antes de meterlo en el horno. En el sueño, la pregunta es la levadura, y tu cuerpo, el horno o el crisol. La pregunta convoca los diferentes ingredientes que se mezclan y se cuecen en el horno que es tu cuerpo durmiente. Cuando te despiertas, ¡tu sueño está listo! Los sueños y el pan tienen en común que ambos suben.

Al hacer una pregunta, inicias el diálogo con tus sueños, los cuales no son más que formas de comunicación. Cuando comprendas esto, te darás cuenta del gran potencial que tienes a tu disposición. Puedes «incubar» un sueño haciendo una pregunta específica, como si estuvieras pescando. Pones un jugoso cebo en el anzuelo y lanzas el sedal al océano. El pez más adecuado para el cebo en cuestión subirá a la superficie para tragarse el anzuelo. Despiertas a tu subconsciente a través de la pregunta. Pero no nos adelantemos. El proceso de incubación de sueños lo dejaremos para más adelante.

La primera pregunta que deberías hacerte es la siguiente: ¿recuerdas tus sueños? Si no los recuerdas, o si sólo los recuerdas de vez en cuando, debes demostrar el deseo de recordarlos. Muchas personas creen que los sueños son muy interesantes, así que eso debería ayudarte. Todo es una cuestión de intención. La gente suele decirme: «¿Cómo puedo trabajar contigo si no recuerdo lo que sueño?». Y yo siempre les respondo: «Tráeme un sueño la semana que viene». Ellos siempre aceptan el reto, así que la próxima vez que vienen a verme tienen un sueño que mostrarme.

Espero haber suscitado tu interés y que estés dispuesto a dedicar un poco de tiempo y esfuerzo a recordar tus sueños. Lo primero que debes

---

12. La Torá no tuvo vocales escritas hasta la Edad Media; antes de eso, se transmitían oralmente.

hacer es demostrarle a tu subconsciente que realmente deseas recordarlos. Para ello, hazte con tu Libro de Sueños; un diario, por ejemplo, cuya cubierta o papel te resulte estéticamente agradable. En la primera página, escribe «Libro de Sueños». En la segunda anota la fecha de esta noche. Deja el libro abierto sobre la mesilla de noche y un bolígrafo al lado. De ese modo manifestarás la intención de recordar tus sueños.

Si durante la primera semana tu intención es firme, es posible que te despiertes varias veces durante la noche y que recuerdes algunos fragmentos de sueños. Escríbelos en el Libro de Sueños. A medida que te acostumbres a recordarlos, volverás a recuperar el sueño profundo y no te despertarás durante la noche. Si tienes buena salud y vitalidad y no tomas somníferos, te resultará muy fácil aprender a recordarlos. Para soñar es necesario un buen nivel hormonal. Por eso los niños y los jóvenes, y especialmente las mujeres embarazadas, tienen tanta facilidad para recordar sus sueños. Mi médico chino llama «píldoras de los sueños» a las cápsulas hormonales que receta a sus pacientes más mayores. Si sigues teniendo problemas para recordar los sueños, prueba esta antigua práctica tibetana: imagina una pequeña bola de luz roja y brillante y colócatela en la tiroides[13] antes de quedarte dormido. También puedes masajear las glándulas suprarrenales,[14] situadas en el ojo de tu mente, mediante el siguiente ejercicio.

Ejercicio 4
· · · · · · · · ·
Arcoirís suprarrenal

Cierra los ojos. Exhala lentamente tres veces mientras cuentas del tres al uno. Visualiza el uno alto, nítido y brillante.

Visualiza un arcoirís en el cielo después de la lluvia.

Exhala. Alarga los brazos hacia el arcoirís; visualízalos alargándose sin parar. Agarra el arcoirís con ambas manos y acércalo a tu cuerpo hasta colocarlo sobre las dos glándulas suprarrenales.

---

13. Glándula endócrina situada en la parte delantera del cuello, debajo de la nuez de Adán. Segrega importantes hormonas.
14. Glándulas endocrinas situadas sobre los riñones que producen importantes hormonas.

Exhala. Visualiza tus dos glándulas suprarrenales convirtiéndose en una ancha cinta de colores.

Exhala. Siente el flujo de las hormonas que sale de la cinta de colores y recorre todo tu cuerpo en forma de luz de colores. ¿Qué color ves? ¿Cómo sientes tu cuerpo ahora?

Exhala. Abre los ojos.

Por la noche pasamos por cuatro períodos de sueño REM, cada uno de ellos más largo que el anterior a medida que se acerca la mañana. Al aproximarte a la consciencia, tu mente autoconsciente empieza a interactuar con el subconsciente y a poner algo de orden en el caos de imágenes que van surgiendo. Los sueños son una interacción entre tu mente subconsciente y la consciente. El subconsciente envía un revoltijo de imágenes y la mente consciente las organiza y ordena. Al despertar, lo que recordamos es una secuencia de imágenes. Aunque dicha secuencia pueda parecernos que no tiene ninguna lógica, sí tiene un argumento, por muy sutil que éste sea. Eso es lo que tienes que escribir en el Libro de Sueños. Los sueños matutinos son más importantes que los que tienes a medianoche porque la interacción que he mencionado antes es más activa.

Los recuerdos permanecen en el cuerpo. Por ese motivo, al despertar, debes quedarte en la misma posición en la que has dormido. Si te mueves, es probable que el sueño se desvanezca. Si desaparece, simplemente vuelve a la posición anterior. Despeja la mente de pensamientos y quédate muy quieto. Si el sueño no reaparece en uno o dos minutos, crea un espacio despejado en el fondo de tu mente, un vacío receptivo. Es posible que algún fragmento del sueño o el sueño entero reaparezca mientras estás en la ducha o en algún momento inesperado del día en que tu mente esté relajada. Dale la bienvenida y anótalo rápidamente en el Libro de Sueños. Al hacerlo, le estás diciendo a tu subconsciente que estás escuchando atentamente y que quieres saber más cosas de él.

Eres el pescador. Has lanzado el anzuelo. Ahora siéntate, espera, observa y escucha. Si pescas un pez dorado con el sedal y la red, cuando éste te ruegue que lo liberes, no lo devuelvas al mar como hizo el viejo pescador del cuento de Alexander Pushkin.[15] Pídele que te revele los poderes ocultos del subconsciente. ¿Qué significado tiene tu sueño? ¿Qué trata de decirte? «Los sueños sin interpretar son como cartas sin abrir»,[16] nos advierten los sabios del Talmud.[17] Cuando Perceval, el legendario caballero de la Mesa Redonda del Rey Arturo, famoso por su conformismo de «niño bueno», ve el Santo Grial en una visión, no pregunta: «¿Qué significa esto?». Por ese motivo es devuelto al principio y debe, mediante duros trabajos del alma, recuperar el derecho a ver la fuente a la que tanto despreció en su primera visión. Tú también recibirás sueños. Tu tarea es reflexionar y descifrarlos. Pero no te preocupes, te mostraré la puerta de acceso.

La siguiente es una historia talmúdica que te permitirá entrar.

Cuatro rabinos deciden visitar el Jardín del Edén. Entran en un estado de profunda meditación y ascienden al Jardín. El primer rabino, Ben Azzai, lo ve y se muere. El segundo, Ben Zoma, lo ve y se vuelve loco. El tercero, Elisha ben Avuya, conocido como Aher (otro), lo ve y pierde su fe. Sólo el rabino Akiva entra en paz y sale en paz.[18]

En hebreo, el Jardín del Edén recibe el nombre de PRDS.[19] Se pronuncia «PaRDeS» y es el origen de la palabra paraíso. Cada letra representa uno de los pasos necesarios para descifrar el significado de los sueños:

P representa a *Peshat,* el argumento.
R representa a *Remez,* el patrón.
D representa a *Drash,* la pregunta.
S representa a *Sod,* el secreto o el tesoro.

---

15. Pushkin: «El pescador y el pez dorado».
16. Berajot 55a.
17. El Talmud es el texto central del judaísmo rabínico, un compendio de leyes religiosas, comentarios y leyendas. Existen dos Talmud. El más utilizado es el Talmud de Babilonia, escrito entre los siglos III y VI a. e. c. El Talmud de Jerusalén fue escrito en Galilea en el siglo IV a. e. c.
18. Jaguigá 14b; Zohar 1, 26b; Tikunei Zohar, Tikún 40.
19. «*Pardes*» es una palabra que llega al hebreo del persa.

No te preocupes. La muerte, la locura y la herejía de los tres rabinos representan aquello que podría pasarte si te quedaras atrapado en uno de los tres niveles, pero no te pasará. Plantéate la búsqueda del significado de tus sueños como si fuera una caza del tesoro. El objetivo no es quedar atrapado en el nivel superficial de la historia (P). Los reflejos brillantes son sólo una ilusión. No te dejes seducir por los patrones (R). Los patrones son útiles para ordenar el argumento de la historia, pero si te quedas ahí, se convierten en pasto de los chismes (éste está relacionado con aquél porque ambos llevan la misma camiseta, y aquél está relacionado con éste ¡porque sus camisetas son rosas!). Preguntar por el significa de todo está bien, pero no lo es empezar a dudar que todo tenga un sentido (D). Mantén la mirada fija en tu objetivo, el secreto o tesoro (S) que buscas, y de ese modo podrás evitar los tres peligros en el camino hacia la verdad.

No todos los sueños son iguales. Algunos son pistas para la siguiente fase de tu viaje vital. Otros se adentran en la propia fuente y, como Perceval, te permiten vislumbrar el tesoro. Pero, también como él, es posible que no seas capaz de alcanzarlo. En el próximo capítulo examinaremos los diferentes tipos de sueños y cómo encajan en la escalera ascendente que conduce a la iluminación. Pero primero debemos acostumbrarnos a reconocer el argumento, el patrón y la pregunta principal del sueño. Si lo conseguimos, el pez dorado o tesoro secreto emergerá. Eso es lo que llamamos revelación. La revelación aporta mayor claridad y poder. El soñador verá cuál es el siguiente paso.

Los sueños siempre se refieren al Ahora; no les interesa el pasado. Sólo van al pasado para deshacer nudos y enredos que bloquean el flujo onírico. De hecho, cuando soñamos, no existe el pasado ni el futuro. Siempre es presente. Lo que veo es lo que es. Y sólo puedo ver una cosa a la vez. El nudo del pasado está aquí hoy, y eso es lo que el sueño me muestra. Lo que me permite deshacer el nudo y despejar el campo onírico. Los sueños nocturnos sirven para ayudarte a hacer precisamente eso. Merece muchísimo la pena dedicar algo de tiempo a ponerlos por escrito y después intentar deshacerlos. Es el hilo de oro de Ariadna.[20] Al abrir tus sueños conseguirás, con el tiempo, llegar

---

20. Mito griego del hilo de oro que Ariadna, princesa de Creta, regaló al héroe ate-

hasta la fuente, el Santo Grial, el paraíso que todos buscamos, aunque sea de forma inconsciente. La apertura de sueños (DreamOpening®)[21] es la puerta de entrada a la felicidad, la dicha, la salud y la abundancia que todos deseamos para nuestra vida.

Antes de adentrarnos en el proceso de lo que denomino apertura de sueños, establezcamos las reglas básicas. El soñador es muy valioso y sabe intuitivamente lo que es auténtico para su alma. Debemos respetar al soñador y aceptar que no estamos interpretando sus sueños ni indicándole qué significan. Lo que estamos haciendo es revelar sus diferentes facetas. «Había veinticuatro intérpretes de sueños en Jerusalén. Una vez tuve un sueño y fui a verlos a todos; cada uno de ellos me dio una interpretación diferente, pero todas se cumplieron».[22] El sueño es como un diamante. Cada intérprete iluminará una faceta del diamante, pero nadie por sí solo conocerá su significado completo. En la historia del pez dorado, la esposa del pescador quería ser la dueña de una mejor bañera, de una mejor casa y después de un palacio, pero cuando pidió ser la dueña del mar (es decir, la dueña del subconsciente) el pez dorado se alejó de ella y perdió todos sus poderes. El viejo pescador y su esposa volvieron a ser pobres y fueron despojados de la dorada abundancia de la que se habían beneficiado. Nunca mates a la gallina (o al pez) de los huevos de oro. Nunca sabrás, científicamente o de cualquier otro modo, de dónde procede la sabiduría. Sólo puedes respetarla, inclinarte ante ella y seguir sus consejos lo mejor que puedas.

❋

Es mucho más revelador abrir un sueño en compañía de otras personas que también sueñan. Diez personas es un buen número. No obstante, también puedes abrirlos solo o con un compañero de sueños. Elige con cuidado a tu compañero o grupo de sueños. Un compañero de sueños nunca debe mirarte a los ojos al abrir el sueño, sino que debe decir:

---

niense Teseo para que no se perdiera al volver de matar al Minotauro, el monstruo, mitad hombre y mitad toro, encerrado en el Laberinto.
21. Otro término de mi cosecha.
22. Berajot 55b.

«Como soñador secundario de este sueño, esto es lo que siento». No deben intentar interpretar de forma unilateral el auténtico significado del sueño. Al decir inequívocamente «esto es lo que significa tu sueño», estarían imponiendo su punto de vista y modificando el sueño. Devuelve siempre el sueño a la persona que lo soñó, pregúntale cómo resuena para él y respeta la interpretación de su propio sueño. Los sueños son aperturas a los movimientos delicados y vulnerables de la psique. Debemos avanzar con cuidado. El Talmud nos dice: «Todos los sueños siguen a la boca».[23] Esto significa que el modo de verbalizar la apertura afectará al soñador original. Encuentra siempre el modo de expresar la verdad de lo que ves y comprendes de un modo que afirme la vida y pueda conducir a resultados positivos. Nunca realices una apertura negativa; sigue siempre el hilo del sueño que conduce al bien. De este modo, seguirás la verdad del cuerpo que tiende al equilibrio y la vida. Los sueños son otro modo mediante el cual el cuerpo nos comunica información acerca de la supervivencia. Puede que nos advierta de algún peligro o que nos lleve por el valle de la muerte, pero siempre nos mostrará una salida. Incluso si la persona que sueña tiene una pesadilla en la que es asesinado, al despertar sabrá que está en peligro y que debe hacer algo al respecto. En el capítulo 2 veremos cómo puedes reaccionar a las necesidades del sueño. Considéralos una parte importante del proceso evolutivo.

Para alcanzar el paraíso, o al menos el camino hacia una mayor armonía y paz interior, veamos cómo trabajar con los cuatro niveles de la apertura de sueños.

Peshat, el argumento

Nuestra consciencia no ve las secuencias oníricas como un manojo sin sentido, sino con un argumento más o menos comprensible. Aunque la historia no sea lógica (en un momento dado estoy caminando de cabeza para abajo por una estrecha escalera que sube hacia el cielo y un

---

23. Berajot 55b.

momento después estoy agazapado en un sótano en las profundidades de la tierra), sigue teniendo una progresión lineal. Escribe el sueño tal y como lo recuerdas en el Libro de Sueños y evita los atajos. Es importante que tu lector –tu compañero o grupo de sueños– pueda «ver», es decir, seguir con el ojo de su mente las secuencias de imágenes que le describes.

Un hombre camina por una calle cuando oye el chirrido de los neumáticos de un camión detrás de él.

¿Puedes ver esta imagen? ¿Qué falta en la descripción? ¿Qué aspecto tiene el hombre? ¿Qué tipo de calle es? ¿Es de día o de noche? ¿Cómo sabes que es un camión? ¿Qué tipo de camión? Estas preguntas podrían hacer que la redacción de la secuencia del sueño terminara de la siguiente manera:

Desde la acera de la derecha veo cómo un hombre con gabardina negra cruza hacia la acera de la izquierda. Es de noche y no ve acercarse un camión blanco que frena bruscamente para evitar atropellarle. Oigo el chirrido de los neumáticos.

Describir detalladamente las imágenes que hemos experimentado requiere práctica. Y, gracias a ella, aprenderás a ser más preciso y a estar más arraigado tanto en tu cuerpo como en tu día a día. Por ejemplo, puede ayudarte a identificar lo que has olvidado explicarle a un amigo y que está provocando un malentendido entre vosotros, o lo que falta en el informe de un empleado sobre un incidente laboral. Ser preciso en lo que ves y en la forma de comunicarlo es una habilidad que aprenderás a valorar. Este aspecto del *Peshat*[24] de la apertura de sueños recibe el nombre de *clarificación*.

La segunda parte del nivel *Peshat* es la que denominamos *residuo diurno,* y consiste en descubrir qué parte o partes del sueño pertenecen a la realidad y cuáles son material onírico.

---

24. Se pronuncia «Pe-shat».

Observo desde la acera este, cerca de mi casa, en el número 73 de la Quinta Avenida, cómo un hombre que no conozco, vestido con una gabardina negra y la palabra FREEDMAN estampada en la espalda, cruza hacia la acera oeste. Es de noche y el hombre no ve acercarse un camión blanco que circula a toda velocidad por la Quinta Avenida de norte a sur y que frena de repente para evitar atropellarle. Oigo el chirrido de los neumáticos.

Mi escuela está en el número 73 de la Quinta Avenida, por lo que este detalle del sueño resulta menos impactante. No es material onírico, sino información transpuesta de mi realidad cotidiana al sueño. Los freudianos llamarían a este detalle «residuo diurno» de la realidad cotidiana y se pasarían varias horas tratando de identificar el motivo por el que ese residuo diurno en concreto ha aparecido en el sueño. Para nosotros, «no existe ningún sueño que no contenga elementos sin significado alguno»,[25] y los residuos de la realidad cotidiana son menos importantes para la transformación que el material onírico. Éste no es más que el material que tu subconsciente envía desde las profundidades cuando se le estimula adecuadamente. La transformación se produce cuando nos sumergimos en el subconsciente para después regresar a la consciencia. Aquí nos centraremos en esto último.

Remez, el patrón de los sueños

Todo argumento tiene un patrón. Aquí observaremos de un modo objetivo el patrón de nuestros sueños. Nuestra única intención debe ser la de identificar patrones; todavía no debemos tratar de comprenderlos.

El patrón puede ser un mapa. Las orientaciones este, oeste, norte y sur del sueño son patrones que debemos recordar.

Los patrones pueden ser opuestos: hombre y mujer (soy una mujer). Negro (abrigo) y blanco (camión); noche y camión blanco.

---

25. Berajot 55a.

También pueden ser números: el número 73 no es un patrón, ya que es el número real de mi edificio. Quinta Avenida tampoco. Pero en el sueño hay dos personas. Aunque no se menciona el número dos, está implícito.

Pueden ser juegos de palabras. La Quinta Avenida no lo es y tampoco parece ser otra cosa. Pero *Freedman* sí lo es. ¿El hombre está pidiendo que lo liberen? [26]

El lenguaje de las formas funciona por analogía, conectando en nuestra mente similitudes observadas: un puro, un calabacín y un pene tienen formas similares. No son símbolos el uno del otro, como dirían los freudianos; simplemente tienen formas oblongas muy parecidas. Las formas tienen una función: un cuenco recibe, un cuchillo corta. Estas dos formas no son análogas, son opuestas (en términos de su forma). Fisiológicamente, los genitales de un hombre están en el exterior del cuerpo, los de la mujer, en el interior. Ambos encajan como piezas de un puzle. Por ejemplo, una pelota de baloncesto encaja en el aro. El balón es el espacio positivo y el aro, su espacio negativo. Recuerda que el lenguaje onírico se basa en las formas, y éstas pueden referirse a diferentes niveles: físico, emocional, mental y espiritual. El sueño no establece esa distinción, ya que no es más que energía y luz expresándose con formas. En el plano emocional, la víctima atrae a su opuesto, el tirano. En el sueño, esto podría representarse con la pelota entrando en el aro o con el tirano dándole un puñetazo a la víctima, la cual se desploma hacia adentro. Sigue siendo la misma forma dinámica: algo que entra en otra cosa. El patrón de movimiento es importante, pero no sabremos si se trata de un escenario físico, emocional o ambos. Debemos interesarnos por el contexto emocional del sueño. Otra pista será la respuesta de la persona que sueña al identificar el patrón.

Aprender a leer patrones te dará acceso instantáneo a lo que le está pasando realmente a tu hija cuando un día llegue a casa y te cuente una historia incoherente sobre sus compañeros de clase y una piruleta que uno de ellos le ha robado. Si sabes identificar el patrón, estarás mucho más cerca de descubrir por qué está enfadada y, por tanto, más cerca de

---

26. En inglés, el nombre Freedman también significa «hombre liberado». (*N. del T.*):

resolverlo. Prueba este pequeño ejercicio. Un hombre siempre oscila alrededor de dos manías: el odio a su madre y el odio a la sinagoga. ¿Puedes descifrar el patrón? Una buena madre te protege con su amor, y una buena sinagoga es un centro donde te sientes acogido. El patrón señala el camino hacia el siguiente nivel de la apertura de sueños.

Drash, la pregunta

¿Cuál es la verdadera pregunta que el sueño intenta descifrar? Este es el nivel más difícil de abordar. El sueño tiene un propósito que lo mueve; intenta resolver algo. Volvamos al hombre que odia a su madre y la sinagoga. Pese a no ser un sueño nocturno, era un motivo que se repetía cada vez que venía a verme. Con el tiempo aprenderás que hay muy poca diferencia entre las historias y los sueños repetitivos. Las historias repetitivas de tus amigos son como pesadillas y, por ende, debes considerarlas como tales. ¿Cuál era la verdadera pregunta de esta historia? ¿Qué buscaba el hombre? El odio a su madre sugiere un rechazo por parte de ésta. El hombre equiparaba la sinagoga, adonde ella acudía regularmente, con su madre. En su mente eran lo mismo. Había metido ambas cosas en el mismo saco. La pregunta era la siguiente: ¿dónde puedo encontrar apoyo y afecto en un entorno fiable? Esclarecer la verdadera pregunta del sueño nos lleva de manera natural a lo que yo denomino «responder a la necesidad del sueño».[27]

Sod, el secreto o tesoro

En este punto los compañeros de sueño se mantienen al margen. Si han abierto el sueño adecuadamente (convirtiéndose en soñadores secundarios del mismo, describiendo cómo les hace sentir el sueño y cuál creen que es la verdadera pregunta), el soñador original estará conmovido. Su respuesta (la del soñador original) indicará si ha podido acceder o no al tesoro y si se siente aliviado e iluminado.

_____

27. Hablaremos de ello en el capítulo 2.

Recuerda que puedes abrir tus propios sueños. Después de escribirlo en el Libro de Sueños, subraya las palabras que indican los patrones y después pregúntate a ti mismo cuál es la auténtica pregunta del sueño.[28]

Los sueños son como el informe diario que recibe el presidente de un país. El informe diario, es decir, el sueño, te informa sobre la seguridad nacional (interna) e internacional (externa) y te advierte de los peligros inminentes. Si descuidas tus sueños, los problemas de seguridad podrían implosionar (problemas de salud) o estallar (dificultades en tu vida cotidiana y en tus relaciones). Las pesadillas y otros complejos mensajes oníricos están diseñados para llamar tu atención. En este capítulo hemos visto cómo podemos sumergirnos en el verdadero significado de un sueño. En el próximo veremos cómo podemos dialogar con nuestros sueños para empezar a trabajar juntos en aras de una mejor salud y armonía. Los sueños son nuestros mejores consejeros. Debemos aprender a colaborar con ellos en beneficio mutuo.

---

28. *Véase* «Para profundizar en el tema», al final del libro.

2

EL TIKÚN Y LA ESCALERA A LA LUZ

«Si alguien está perturbado por un sueño que ha tenido, debe
corregirlo en presencia de tres personas».

BERAJOT 55b

¿Los sueños se agitan en las aguas del subconsciente debido exclusivamente a algún tipo de impulso aleatorio del mundo subterráneo o alguna ansiedad momentánea? ¿O hay algo más? ¿Un argumento, un tema o incluso una reiteración que aparece en varios sueños
nocturnos? Mientras nos cernimos sobre el *penei tehom* de nuestro
subconsciente y vemos aparecer los sueños, ¿acaso decimos, como dijo
Dios: «Esto es bueno»?[1, 2] En el sexto día, Dios califica de *tov meod*,
«muy bueno»,[3, 4] todo lo que ha creado. Según un midrash, Adán, la
creación definitiva de Dios, contiene toda Su creación, convirtiéndose a su vez en Su espejo. Adán es luz y color puros.[5] Por tanto, pasa
de ser translúcido a tener un cuerpo desnudo, y su espejo se vuelve
opaco. Nosotros somos sus descendientes. ¿Cómo podemos trabajar
con nuestros sueños para volver a ser el espejo cristalino que éramos
originalmente cuando Dios nos creó, Su sueño hecho perfección? Si
existe un proceso de retorno al *tov meod*, lo muy bueno, será necesaria
nuestra participación consciente en el desarrollo de dicho propósito.

---

1. Génesis 1, 12.
2. *«Ki tov»*.
3. Génesis 1, 31.
4. *Tov meod* se pronuncia «tof me-od».
5. Jaguigá 12a.

Los sueños se desarrollan en un presente atemporal que se disuelve en cuanto lo experimentamos. Entonces, ¿cómo puede haber un continuo? Parece que estamos hablando de la cuadratura del círculo. Y, sin embargo, estoy convencida de que es posible establecer un diálogo para crear un continuo. Todos los diálogos implican un toma y daca en el tiempo. ¿Puede el diálogo y la experiencia convivir en el mismo universo? Aunque podemos dialogar sin parar acerca de nuestras relaciones sentimentales, la experiencia del amor es algo completamente distinto. Es algo atemporal y revelador, fresco como un manantial. Las incontables basílicas son prueba más que evidente de que es posible encajar, aunque no de forma perfecta, la cúpula celeste en las rectas paredes terrenales, y de que el esfuerzo merece la pena. La altísima cúpula sostenida sobre columnas cuadradas hace que nos sintamos conectados a la tierra, pero también consigue elevarnos. Hablamos de nuestras relaciones (las columnas cuadradas), pero también las vivimos (la cúpula). Ambos movimientos son enriquecedores. Renunciar a una parte de la ecuación conlleva la reducción de las opciones o sentimientos.

¿Existe algún modo de dialogar o de hablar a través (*dia*) de la barrera? Y si la hay, ¿cuáles son sus ventajas? Podemos permanecer de este lado de la barrera y «analizar» nuestros sueños. Podemos consultar diccionarios de sueños para saber qué significan las imágenes. Aunque esto puede parecer más seguro, es infructuoso: no podemos analizar la experiencia sin exprimir su significado. No puedes quedarte de este lado de la barrera. Entonces, ¿debes precipitarte al abismo? ¿Cómo podemos dialogar en el mundo del sinsentido y que después, al regresar, nuestro discurso tenga un sentido lógico? ¿Cómo interactúan el sentido y el sinsentido? La respuesta está en la interfaz. La autoconciencia habla con palabras (las columnas cuadradas), pero el subconsciente habla con imágenes (la cúpula). Debemos aprender a integrar estos dos lenguajes, y el poeta es el más indicado para esa tarea, pues sus palabras hablan en imágenes y experiencias. Al escuchar la voz del poeta, la revelación nos llega como les llegó a los hebreos al pie del monte Sinaí. «Y el pueblo *vio* las voces».[6] En el capítulo 3 veremos cómo utilizar las

---

6. Éxodo 20, 18.

palabras para acceder al subconsciente y «ver las voces», y cómo esas imágenes, a su vez, suscitan palabras descriptivas, palabras que están basadas en la experiencia real de nuestro cuerpo interior. Mientras tanto, al *ver* las voces, podemos participar de la experiencia e interactuar con las imágenes. **Dialogamos respondiendo a la necesidad de las imágenes**, un proceso que recibe el nombre de *tikún*, «rectificación» o «corrección». El objetivo, como recordarás, es volver a ser un auténtico espejo de Dios.

Dialogar con el sueño es una acción subversiva que ha sido reiteradamente desvirtuada. «Aquí llega el soñador, venid ahora y matémosle»,[7] dicen los hermanos mayores de José, el epítome del soñador en la Biblia, al verlo. Somos muchos los que, como los hermanos de José, hemos querido matar nuestros sueños o al menos ignorar su relevancia. Los hermanos empujan al soñador a una fosa, otra forma de decir que desean enterrar los sueños para olvidarlos.

José tiene diecisiete años cuando tiene dos sueños trascendentales:

«Oíd ahora este sueño que he soñado: He aquí que atábamos manojos en medio del campo, y he aquí que mi manojo se levantaba y estaba derecho, y que vuestros manojos estaban alrededor y se inclinaban al mío».[8]

Soñó aún otro sueño, y lo contó a sus hermanos, diciendo: «He aquí que he soñado otro sueño, y he aquí que el sol y la luna y once estrellas se inclinaban ante mí».[9]

A juzgar por estos dos sueños no sería descabellado pensar que el soñador sufre un grave caso de narcisismo. José, según nos cuenta la Biblia, era un joven vanidoso. Y, sin embargo, los dos sueños hablan de un futuro que tiene poco que ver con la vanidad, un futuro que ya existe y está encarnado en el presente. «Sus hermanos le tenían envidia, mas

---

7. Génesis 37, 10-20.
8. Génesis 37, 5.
9. Génesis 37, 9.

su padre meditaba en esto»,[10] porque su padre reconoció la simetría perfecta y la repetición de los dos sueños, una de las señales de la profecía.[11] Se estaba revelando el potencial de su hijo –por un instante en perfecto alineamiento, pero aún no satisfecho–, el mapa del alma de José que presagiaba un futuro posible, como la semilla que contiene su futura floración. A éstos solemos llamarlos «grandes sueños». Todos somos grandes sueños en potencia. A veces, como le ocurrió a José, somos agraciados con una visión de la imagen que tiene nuestra alma de nosotros mismos. Profundizaremos en este tipo de sueños dentro de un momento.

Dado que somos el sueño de Dios, podemos considerar que nuestra vida no es más que un prolongado sueño dentro del cual tenemos sueños nocturnos. Ésta es precisamente la perspectiva que usaremos para interpretar la historia de la vida de José: un sueño dentro del cual se producen sueños nocturnos y donde la rectificación es posible. Es decir, un mito. ¿Cuál es la diferencia entre sueño y mito? «Los mitos son sueños colectivos que no deben interpretarse de forma literal. Son metáforas».[12] La historia de José no es la historia de un joven llamado José, con todas sus particularidades; por el contrario, es la historia de todos los jóvenes. Los mitos y, como veremos más adelante, los cuentos de hadas son sueños compartidos por la humanidad a través del subconsciente colectivo. A diferencia de un sueño personal, en los mitos o cuentos de hadas se han eliminado todos los acontecimientos superfluos, los héroes o heroínas son genéricos y la aplicación de la necesidad forma parte del proceso narrativo y del diseño de escenarios similares. José, cuya raíz es YSF, significa «aquel que añade»; el que añade lo necesario para transformarse y crecer en la vida. Añadir significa responder a la necesidad del sueño. «Utilizarte de una forma distinta es la clave de la salvación»,[13] y los mitos (o los cuentos de hadas) preparan el camino mostrándote cómo se hace. Utilizaremos el mito de José como ejemplo de la apertura de sueños.

---

10. Génesis 37, 11.
11. Berajot 55b.
12. Campbell: *El héroe de las mil caras.*
13. Keleman: *Myth & the Body.*

Dado que consideramos toda la historia de la vida de José como su sueño, aplicaremos las reglas de la apertura de sueños a la historia considerando que todas las partes en que está compuesto el sueño son una parte de la persona que lo sueña. Así, los hermanos celosos de José son una parte de él. Las partes de sí mismo representadas por los hermanos (celos, indiferencia, envidia, competitividad, vanidad) destruyen sus grandes sueños y provocan que termine en un hoyo donde no hay agua ni esperanza. «Lo arrojaron a un hoyo lleno de serpientes y escorpiones junto al que había otro hoyo sin usar, lleno de despojos».[14] La oscuridad, la aridez, las serpientes, los escorpiones y los despojos dan una sensación de destino terrible. Y entonces José es sacado del hoyo y vendido como esclavo. En otras palabras, se trata de una pesadilla. El mito es fácilmente trasladable a la historia del vecino de al lado que cae en la adicción a las drogas y se convierte en esclavo de ésta. Finalmente, una parte mejor de sí mismo (en la historia de José, esta parte está representada por Potifar, el hombre que lo convierte en capataz de su casa) supera la adicción, reconstruye su vida y pone orden en su familia. Al salir de la pesadilla (el hoyo), José inicia un viaje lineal que le llevará a la plasmación del potencial que le fue momentáneamente revelado en los dos primeros sueños. Simultáneamente, emerge (del hoyo) como el buen pan, o el «buen» sueño, en un viaje vertical hacia la libertad. Recuerda que «pan» y «sueño» en hebreo tienen las mismas letras, *JaLoM* y *LeJeM*.[15]

Los hermanos –las partes de José que niegan y destruyen su «bondad»– desgarran su colorido manto, lo manchan con la sangre de un animal salvaje (sus emociones) y se lo muestran a Jacob, su padre, como prueba de que su hijo favorito ha muerto. Imagina que tus hermanos del sueño son tus emociones. Eres el adolescente enojado, rebelde, maleducado y desagradable que se comporta de un modo prediciblemente imposible con su padre, haciéndole saber que no le importan sus consejos ni su forma de vida. El colorido manto es el caleidoscopio de tu visión interior. Naciste con él, además de ser la herencia de todos

---

14. Ginzburg: *Legends of the Jews*.
15. Véase el capítulo 1.

los seres humanos. Desgarrar el manto es una forma imaginaria de decir que estás saboteando el instrumento más preciado de tu transformación: tus sueños.

En la historia, el trabajo continúa en secreto: el subconsciente no puede extinguirse del todo. José añade al sueño dejándose llevar allí adonde le lleva el lenguaje del subconsciente y respondiendo a su necesidad. Se convierte en el portavoz del sueño, una función de gran poder, ya que como se dice: «Todos los sueños siguen a la boca».[16] José, en su papel de revelador de sueños, abrirá los sueños de sus compañeros de presidio, el copero y el panadero,[17] verbalizando su significado.[18] Y al hacerlo, expresará el resultado predicho por los propios sueños: uno de ellos vivirá y el otro morirá.[19] Curiosamente, es el panadero quien pierde la cabeza. ¡Nuevamente, el tema recurrente del pan! El pan del sueño no puede estar en la cabeza del que sueña. Los sueños no son mentales, sino vivenciales, ya que «la imagen mítica es el cuerpo hablándose a sí mismo sobre sí mismo».[20] El que finalmente vive es el copero, pues es el que le ofrece el vino de la experiencia al faraón.

«Interpretar» un sueño es una enorme responsabilidad que casi todo el mundo emprende, casi siempre ignorantes del poder que tienen las interpretaciones.[21] Pero José está protegido, pues lo guía su conexión con Dios. Por eso pregunta: «¿No son de Dios las interpretaciones?».[22] He aquí un intérprete que ha aprendido a escuchar a Dios a través de los sueños. En otras palabras, ha aprendido a escuchar a su subcons-

---

16. Berajot 55b.
17. Génesis 40.
18. *Patá,* «abrir», y *patar,* «interpretar», son palabras homófonas (suenan igual, pero se escriben de forma diferente) y en gematría están ligadas, como los juegos oníricos de palabras.
19. Los dos hombres tienen un sueño la misma noche. El copero sueña que una vid tiene tres ramas que brotan, florecen y producen racimos de uvas maduras. Exprime las uvas en una copa y se la ofrece al faraón. El panadero sueña que lleva tres cestas de pan sobre la cabeza y que los pájaros se lo comen.
20. Recuerda Génesis 1, 12, *Ki tov.* Dios ve «que es bueno».
21. Al decir: «Eres una niña estúpida; ningún hombre querrá casarse contigo», estás programando a tu hija para que visualice y atraiga sobre sí ese desafortunado destino.
22. Génesis 40, 8.

ciente. La apertura de sueños surge del soñador secundario (tú no eres el soñador original) que sueña el sueño.

El faraón, al descubrir sus habilidades,[23] saca al soñador de la prisión y le da el poder de utilizar sus habilidades oníricas para hacer el «bien».

El faraón tiene dos sueños: uno de siete años de abundancia y otro de siete años de hambruna. José actúa según la necesidad de los sueños: en los años de abundancia almacena el grano necesario para alimentar al pueblo durante los años de hambruna. Hace acopio de provisiones para evitar la hambruna. ¿Qué tipo de hambruna? «Cuando se sintió el hambre en toda la tierra de Egipto, el pueblo clamó al faraón por pan».[24] José sueña con espigas de **trigo**[25] cuando es joven y distribuye **grano** para hacer pan cuando es mayor. Esto podría interpretarse como que José recoge el **poder de los sueños** cuando es joven y distribuye el **significado de los sueños** cuando es mayor. ¿Te sorprende que la historia nos diga que, por culpa de la **hambruna** en Canaán, los hermanos de José viajan a Egipto en busca de grano? Lo que los hermanos encuentran es al propio José, **el pariente perdido, el soñador, el que tiene la llave del grano o del almacén de los sueños**. Los hermanos acuden a Egipto en busca del «pan del sueño» que habían perdido al separarse violentamente de la fuente del significado. Al reunir las partes dispersas de sí mismos consiguen poner fin a la hambruna. La historia del sueño nos dice que matar nuestros sueños no es la solución. Permitir que suban como el pan nos llena de bondad y significado. José obtiene su poder, sólo superado por el del faraón, porque sigue sus sueños y responde a su necesidad.

Las historias míticas, al igual que los sueños, nos conducen a verdades más profundas. También podríamos decir que se trata de sueños despojados de detalles personales y adoptados por el subconsciente colectivo. Consideremos otro mito que nos dice por qué y cómo debe entablarse el diálogo. Perceval, a quien hemos conocido antes,[26] em-

---

23. Génesis 41.
24. Génesis 41, 55.
25. Las palabras en negrita muestran los patrones de la historia del sueño de José.
26. *Véase* la «Introducción».

prende un viaje para ir a visitar a su madre. Por el camino, se encuentra con el moribundo Rey Pescador, quien le invita a comer en su mansión. Jóvenes y doncellas de gran belleza portan extraños objetos por el comedor. Un joven sostiene una lanza manchada de sangre y una hermosa doncella lleva una copa elaboradamente decorada. Perceval no entiende lo que ve, pero como le han advertido que no debe cuestionar a las personas mayores, no hace ninguna pregunta. Al marcharse de la mansión, se entera de que su madre ha muerto. Más tarde, en Camelot, una mujer detestable se encara con él y lo reprende por no haber hecho estas preguntas: ¿A quién sirve el grial? ¿Por qué está ensangrentada la lanza? Según la mujer, **estas preguntas habrían curado al rey moribundo.**

Siempre que escuches una historia, ya sea la historia de un amigo, de un sueño, de un mito o de un cuento de hadas, considérala como un sueño que debe ser abierto. Esa es su primera necesidad. Todas las historias son sueños que brotan del flujo de tu imaginación, también las que te cuentas a ti mismo o las que te cuentan tus amigos. Al abrirlas como sueños, revelarás sus secretos. En el cuento, el Rey Pescador está herido, y sólo la pregunta puede curarle. Ya hemos tocado el tema de la pesca, del hecho de lanzar el sedal al océano del subconsciente para encontrar el tesoro escondido, *sod.* También hemos hablado de hacer una pregunta al subconsciente y recibir un sueño como respuesta. En este caso el que pregunta debe ir un poco más allá. Tras haber recibido el sueño, debe dialogar con él. Esto, según la anciana, es lo que te curará. Para hacerlo, tienes que volver a considerar cada parte del sueño como si fueran aspectos de la persona que sueña. El soñador Perceval, el Rey Pescador herido, la lanza manchada de sangre, el grial y la madre; todos estos elementos son partes del soñador, ya que es el subconsciente del soñador el que crea el sueño. Las historias míticas, los sueños y las visiones surgen de lo que nuestro cuerpo nos dice que está experimentando. «La imaginación humana se fundamenta en las energías del cuerpo».[27]

Al escucharlas, nos convertimos en los soñadores secundarios de esas historias, en todas y cada una de sus partes. Sabemos que el Rey

---

27. Campbell, citado en Keleman: *Myth & the Body.*

Pescador de nuestro subconsciente está herido, por lo que nuestra intención de pescar en el subconsciente se ve comprometida. Al final de la historia, la madre –nuestro *mare*, nuestro océano, nuestras aguas subconscientes–, quien normalmente nos cuida y alimenta, muere. La historia nos está diciendo que el soñador ha perdido el contacto con su subconsciente, la fuente de la verdad. Se encuentra en una peligrosa encrucijada y nuestra mente consciente debe actuar antes de que sea demasiado tarde.

La lanza manchada de sangre indica que alguien está herido.

El grial es un recipiente pensado para contener, pero aún no sabemos qué.

Como oyente de la historia, ¿no estás ansioso por descubrirlo? Un niño –Perceval es descrito como un simplón, un niño bueno– hará las preguntas sencillas:

¿De quién es la sangre en la lanza? ¿Qué contiene la copa?

Estas sencillas preguntas son la necesidad del sueño. El sueño nos pide que indaguemos en las cuestiones inconclusas del mismo. Cuando despiertes, debes regresar al sueño y responder a la necesidad que el sueño te presenta.

Al fin y al cabo, el sueño forma parte de ti. ¿Por qué deberías darle la espalda a lo que intenta decirte?

El hecho de que te hable en imágenes no lo hace menos digno de tu atención.

Ejercicio 5
. . . .

La gota de sangre

Cierra los ojos. Exhala lentamente tres veces mientras cuentas del tres al uno. Visualiza el uno alto, nítido y brillante.

Recoge con el dedo índice una gota de sangre de la lanza y levanta el dedo hacia la luz del sol.

Exhala. ¿Qué imágenes surgen de este lugar maltrecho? Observa las imágenes. ¿Qué edad tienes en esos recuerdos? ¿Quién está contigo? ¿Qué ocurre?

Exhala. Acepta las imágenes. Pídele al sol que limpie las imágenes inundándolas de una cálida luz dorada.

Exhala. Ponte la gota de luz dorada en la lengua y trágatela mientras le pides que reintegre su papel fundamental en el funcionamiento saludable de tu cuerpo.

Exhala. Abre los ojos.

El subconsciente te mostrará el momento en que la gota de sangre se integra en tu campo onírico. Al responder a la necesidad del sueño habrás sanado esa parte herida de ti mismo.

¿Y el grial?

Ejercicio 6
. . . .
El Grial

Cierra los ojos. Exhala lentamente tres veces mientras cuentas del tres al uno. Visualiza el uno alto, nítido y brillante.

Estás en la mansión del Rey Pescador. Una hermosa joven te muestra una copa ornamentada que lleva en la mano. Acércate a ella y mira en el interior de la copa. ¿Qué ves?

Exhala. Si no te gusta lo que ves, responde a la necesidad de las imágenes hasta que el subconsciente te muestre imágenes que te hagan sentir bien.

Exhala. Abre los ojos.

El mejor modo de relacionarse con el subconsciente es responder siempre a sus imágenes, pero nunca forzarlas.

Veo una serpiente saliendo de la copa del grial.

¿De qué color es? **Verde.**

¿Qué tono de verde? **Verde oscuro.**

¿Te gusta el color? **No.**

Pregúntale a la serpiente qué hace aquí. **La serpiente sisea.**

Pregúntale a la serpiente por qué está enfadada. **Me muestra que no me enfrenté a mi jefe, ni tampoco a mi padre cuando era niño.**

Pregúntale a la serpiente cómo puedes aprender a hacerlo. **La serpiente abre la boca y me muestra un sol radiante. Sopla el sol en mi plexo solar. Mi plexo solar se expande y me siento muy fuerte.**
Vuelve a mirar la copa. ¿Qué hay en su interior? **Un sol brillante.**
Exhala. Abre los ojos.

Al mirar en el grial, cada persona descubre algo diferente y único. Lo realmente maravilloso del subconsciente es que te habla, en imágenes, del misterio de tu alma. Recuerda respetarlo siempre y dejar que te revele sus imágenes. Al responder en su mismo lenguaje –el de las imágenes–, y al observar cómo se abre, como si fuera una flor luminosa, te sentirás embargado por una creciente sensación de asombro e intención.

Cuando estuve en Japón, tuve la suerte de conocer al Sr. Obata, el líder de un linaje de artes marciales llamado Yin Yang. Como parte del proceso de fortalecimiento, el Sr. Obata enseña a sus discípulos a soñar. El trabajo que realizamos ambos tiene mucho en común. Yo también les enseño a mis alumnos técnicas del sueño para que se fortalezcan. Por ejemplo, un plexo solar fuerte protegerá y dotará al alumno de la fuerza de voluntad y el magnetismo necesarios para enfrentarse al mundo. El Sr. Obata me explicó que, según su tradición, cuando tienes una pesadilla, debes ir a ver al maestro, pues éste compra las pesadillas a cambio de uno de sus buenos sueños. Me dijo con orgullo que él era el mayor experto de Japón en la compraventa de sueños. ¿Un mercado de valores onírico? Al parecer, el maestro es capaz de transformar los malos sueños en buenos, como hizo el rey David, quien cada noche soñaba las pesadillas de su pueblo. En la tradición judía, *hatavat jalom*, la mejora del sueño continúa siendo una práctica habitual. Si has tenido una pesadilla, debes pedirles a tres amigos que te digan lo siguiente: «Has tenido un buen sueño; es bueno y espero que se convierta en bueno y que el Misericordioso lo transforme en bueno».

En la antigua estirpe cabalística a la que pertenezco, respondemos a la necesidad del sueño cada mañana después de ponerlo por escrito. No hacerlo sería perjudicial para el bienestar personal. ¿Cómo puedes identificar la necesidad? Del mismo modo en que la identificarías en la vida cotidiana: si la puerta está abierta, entra; si está cerrada, pregúntate a ti mismo si deseas abrirla. Si la mesa está sucia, límpiala. Si hay un espejo, mírate en él. Si hay un nudo, desátalo. Si ves un libro cerrado, lee el título y ábrelo. Si tu faceta masculina y femenina están enfrentadas, descubre lo que debes quitar o añadir para reconciliarlas. Cuando hablemos de los sueños repetitivos, te ofreceré más ejemplos de necesidad y reparación. Un sueño no es algo fijo, sino que entabla un diálogo contigo, pidiéndote que continúes el movimiento hacia el bien que te está indicando. Imagina que abres un programa informático, que encuentras un virus y que no haces nada para arreglarlo. Sin tu contribución, no puede corregirse solo. Pues con los sueños pasa lo mismo. Noche tras noche, te ofrecerá repetidamente las mismas imágenes hasta que elimines el virus. Aunque no todos los sueños parecen malos, muchos de ellos te pedirán que los mejores.

Como hemos dicho anteriormente, no puedes transformar arbitrariamente el sueño para hacer que sea bueno. Tienes que leer las imágenes, seguirlas a donde te lleven y responder a ellas. Dialogamos en imágenes con el sueño hasta que el subconsciente encuentra una solución al problema. Se trata de un movimiento orgánico, intrínseco a la propia verdad del soñador, y mucho más poderoso. Los sueños, como el sistema inmunitario, del cual son un reflejo, siempre andan en busca de un mayor equilibrio, una mayor bondad y expansión de la consciencia. Saber cómo responder a la necesidad de tus imágenes oníricas te proporcionará herramientas que podrás usar por tu cuenta. También descubrirás que, respondiendo a la necesidad de tus sueños, aprenderás a hacer lo mismo durante el resto del día. En concreto, aprenderás a no perder el tiempo y a responder de inmediato o lo antes posible. Visualizar con el ojo de tu mente cómo toma forma tu propia transformación te dará la esperanza y la fuerza que necesitas para seguir subiendo por la escalera de los sueños.

Desde la oscuridad del hoyo hasta la luz del poder supremo, José navegó la escalera del crecimiento gracias a su capacidad para comprender y mejorar los sueños. Su padre, Jacob, había puesto la primera piedra. Jacob también era un soñador. Al huir de su tierra, se tumbó para dormir en medio del desierto y tuvo un sueño trascendental. El sueño que define la propia finalidad del hecho de soñar. Jacob ve un camino vertical, una escalera que asciende de la tierra al cielo. En la parte superior de la escalera está Dios, el ser trascendente y fin último. Mensajero angélicos, formas oníricas, fluyen de Jacob a Dios y de Dios a Jacob, comunicándonos que los sueños son flechas de intención, un medio de alcanzar lo divino y la forma que tiene la divinidad de comunicarse con nosotros.

El velo del subconsciente en el alma de Jacob se ha levantado y su alma refleja a Dios. Durante un momento, «lo que está abajo es como lo que está arriba».[28] Dios bendice a Jacob, y también a todos los soñadores que se atreven a descorrer el velo del subconsciente: «Te extenderás al occidente, al oriente, al norte y al sur; y todas las familias de la tierra serán benditas en ti y en tu simiente. He aquí, yo estoy contigo, y te guardaré por dondequiera que fueres, y volveré a traerte a esta tierra».[29]

Los cinco niveles del alma ascienden desde el denso cuerpo físico hasta la sutil forma etérea. Son *nefesh*, el cuerpo y la conciencia de las sensaciones físicas; *ruaj*, el espíritu y las emociones; *neshamá*, el alma y el intelecto; *jayá*, la anulación del ego y la fusión con lo divino, y *yehidá*, la consciencia divina del primer humano, Adam haRishon.[30]

Piensa en los niveles como si fueran capas de ropa, como una metáfora de las capas de la consciencia. A medida que te quitas una prenda de ropa, te acercas cada vez más a la desnudez, a la verdad, y reflejas la forma divina. Más adelante veremos que los cinco peldaños de la escalera de los sueños son un reflejo de los cinco niveles del alma. La forma de soñar que expondremos te permitirá acercarte a la consciencia divina.

---

28. *La Tabla Esmeralda.*
29. Génesis 28, 14-15.
30. La noción de los distintos niveles del alma se desarrolló gradualmente en el Tanaj y, posteriormente, en el Talmud. Los sabios jasídicos hablaban de cinco niveles del alma.

El primer nivel: los sueños de *nefesh*

La pesadilla

El manto colorido, como ya hemos dicho, es el caleidoscopio de tu visión interior. Naciste con él y es tu herencia. Sus colores iluminan tu mundo interior cuando diriges la mirada hacia dentro. Al subir la escalera de los sueños, devolvemos esos colores a nuestra vida interior. Si has perdido a un ser querido o has sufrido un trauma, seguramente habrás experimentado cómo el color desaparece de tu vida y el mundo se vuelve gris.

Las personas de luto solían vestirse con ropa de arpillera y cubrirse la cabeza con ceniza. Cuando no seguimos los dictados internos de nuestro superconsciente —es decir, de nuestra alma—, nuestro mundo interior se apaga y nuestros sueños se vuelven oscuros. Sólo vemos la basura en la superficie del océano que cubre los radiantes colores del superconsciente.

Los colores más habituales en las pesadillas son el negro, el rojo o el verde fluorescente, como el del ácido.

Recuerda que estás tratando con tu mundo interior, donde no existe la linealidad. Una noche puedes tener una pesadilla y, a la siguiente, un sueño de colores claros. Los colores indican en qué punto de la escalera te encuentras. No te vengas abajo. José tuvo dos sueños extraordinarios y, poco después, cayó a un hoyo (pesadilla). Al salir del hoyo, fue vendido como esclavo (esclavo de sus bajos instintos) y tentado por una mujer.[31], [32] En la confusión subsiguiente, volvió a perder sus sueños radiantes y acabó en prisión (otro hoyo). Todo el mundo sube y baja por la escalera hasta que algo se consolida y puede «aferrarse» a la luz. Los cabalistas llaman a esto *devekut*. José alcanzó el *devekut* cuando perdonó a sus hermanos y los acogió a todos entre sus brazos. Hablaremos más acerca del *devekut* más adelante. Según Maimónides, el objetivo del soñador es llegar a ser como una constelación o una

---

31. Génesis 39, 1-20.
32. La esposa de Potifar.

estrella en el firmamento. Como habrás supuesto ya, la parte superior de la escalera está compuesta de luz pura. Por un instante, en tanto luz pura, te conviertes en la imagen especular de Dios.

Según el Talmud, las pesadillas son nuestros mejores sueños. Nos despiertan, nos sacuden y nos recuerdan que debemos prestar atención. El rey David tenía pesadillas todas las noches para poder limpiar la basura interior de su pueblo. Como el rey David, tú también debes responder a la necesidad de tus pesadillas si deseas ascender por la escalera.

Ejercicio 7
. . . .
Cómo protegerse en una pesadilla

Cierra los ojos. Exhala lentamente tres veces mientras cuentas del tres al uno. Visualiza el uno alto, nítido y brillante.

Levanta la vista hacia el cielo azul y encuentra el sol. Atrapa un rayo de luz y envuélvete en una crisálida luminosa. Si es necesario, construye armas hechas de luz, como un escudo y una espada.

(Si en el sueño es de noche, dirige la mirada al cielo nocturno y capta la luz de la Vía Láctea).

Exhala. Cuando te sientas protegido, aborda la necesidad del sueño.

Exhala. Abre los ojos.

Pero ¿y si te despertaras de una pesadilla y dijeras: «¡Sólo era un sueño!», como hacen tantas personas? Al descartar un sueño, lo más probable es que tu vida onírica se vuelva menos vívida, o que tus sueños se desvanezcan.

Sueños repetitivos

Cansados de intentar despertarte, tus sueños se volverán repetitivos. Como un disco rayado, soltarán el mismo mensaje hasta la saciedad. Éstos son algunos ejemplos de sueños repetitivos:

Voy a perder el tren; tengo que hacer un examen y no he estudiado; he perdido la cartera; se me caen los dientes; no encuentro mi casa y busco sin parar otras casas, pero ninguna me convence; el inodoro está atascado; caigo y no parece haber fin y he perdido los pantalones y voy desnudo por la calle.

¿Hace falta que siga? Todos hemos tenido sueños repetitivos. Lo que nuestros sueños repetitivos nos están diciendo es que hay una gran acumulación de basura que empaña nuestra lente interior. Estar atascado nos produce ansiedad y, como consecuencia de ello, la mayoría de nuestros sueños repetitivos son muy inquietantes. Pero hay esperanza, como demuestran los trabajos de Heracles (Hércules, en latín). Algunos de sus trabajos, como limpiar los establos de Augías (inodoros atascados) y deshacerse de las aves del Estínfalo[33] (mente de mono) nos recuerdan a los sueños repetitivos.

Ejercicio 8
Responder a la necesidad de los sueños repetitivos

Para responder a la necesidad de los inodoros atascados, tira de la cadena y límpialos. Para los dientes caídos, vuélvelos a colocar en la encía como haría el dentista en la vida real. Si llegas tarde al tren, retrasa la hora en el reloj y verás cómo tienes todo el tiempo del mundo.

Al responder a la necesidad de los sueños repetitivos, lograrás despejarlos y de ese modo no volverán a reaparecer. Al final de sus trabajos, tras haber realizado con éxito cada una de las tareas que le habían encomendado, Heracles se convierte en una estrella. Él también tuvo su *devekut;* se aferró a la luz.

Los sueños repetitivos suelen tener colores variados y turbios: caqui, amarillo mostaza o gris teñido de púrpura.

---

33. En la mitología griega, el quinto y sexto trabajo de Hércules, héroe que acabó siendo divinizado.

Sueños ajetreados

No prestar atención a tu vida nocturna, o simplemente estar demasiado ocupado con la realidad cotidiana y no sumirse en un sueño profundo, hace que tengamos sueños ajetreados. Es decir, sueños superficiales que deambulan en busca de sentido. «Donde abundan los sueños, también abundan las vanidades».[34] Se parecen mucho al trajín cotidiano: ir de un lado al otro, compras continuas, viajes interminables, dar vueltas sin parar en el mismo sitio, desplazarse continuamente por la pantalla del móvil...

Los sueños ajetreados suelen tener colores apagados, grises o mezclados.

Esto es lo que debes hacer con este tipo de sueños.

Ejercicio 9
• • • • • • • • •
Despejar los sueños ajetreados

Cierra los ojos. Exhala lentamente tres veces mientras cuentas del tres al uno. Visualiza el uno alto, nítido y brillante.

Imagina que estás viendo el sueño ajetreado en una pantalla. Con la mano izquierda, desplaza las imágenes del sueño hacia la izquierda hasta que dejes de verlas.

Exhala. Inhala la luz azul del cielo a través de las fosas nasales y llénate la boca de luz azul. Sopla la luz azul sobre la pantalla y visualízala mientras se vuelve azul y clara como el azul brillante del cielo.

Exhala.

Ahora concéntrate en tu respiración y deja que encuentre su propio ritmo. No olvides en ningún momento que cuando la respiración encuentra su ritmo, aquello que está fuera de lugar tiende a regresar a su sitio.

Exhala. Lleva tu consciencia hasta el pecho. Concéntrate en tu respiración y deja que encuentre su propio ritmo. No olvides en ningún

_____

34. Eclesiastés 5, 4.

momento que cuando la respiración encuentra su ritmo, aquello que está fuera de lugar tiende a regresar a su sitio.

Exhala. Lleva tu consciencia hasta el abdomen. No olvides en ningún momento que cuando la respiración encuentra su ritmo, aquello que está fuera de lugar tiende a regresar a su sitio.

Exhala. Deja que tu consciencia inunde todo tu cuerpo, hasta la punta de los dedos de los pies y de las manos, el pelo, la capa superficial de la piel y más allá. Abre los ojos.

Las pesadillas, los sueños repetitivos y los sueños ajetreados son el primer peldaño de la escalera. Como hemos dicho, su nivel del alma es *nefesh,* el nivel del alma animal. Todo el mundo tiene este tipo de sueños, así que no te sientas mal. Recuerda que, como Heracles, debes abordar la tarea que tienes entre manos y responder a su necesidad hoy mismo. Si lo haces, no tardarás en empezar a soñar más a menudo en la parte alta de la escalera de los sueños.

El segundo nivel: los sueños de *ruaj*

El sueño nítido

El segundo peldaño de la escalera es el sueño nítido. También podríamos denominarlo sueño de limpieza porque muestra el camino a través de la basura acumulada en el subconsciente.

Los sueños nítidos nos piden que perfeccionemos su trabajo. No te mostrará claramente cómo debes hacerlo, pero te señalará el camino. Su nivel de alma correspondiente es *ruaj,* el aliento. Se trata de un nivel activo. Tu respiración y tus emociones están íntimamente relacionadas, hasta el punto de que tus emociones cambian tu ritmo respiratorio. Tienes que hacer un esfuerzo, interactuar con el sueño y dejarte llevar por las imágenes. Si hay una puerta cerrada, ábrela, atraviesa el umbral y mira lo que hay al otro lado. Si hay un puente roto, repáralo y crúzalo. Responde siempre a su necesidad. Al hacerlo, tus emociones se calmarán. Los sueños nítidos son amistosos. No son ni aterradores ni aburridos. La mayoría de los sueños que tenemos son nítidos. Los sueños nítidos son del color de la vida cotidiana: colores claros, pastel y naturales.

El tercer nivel: los sueños de *neshamá*

El gran sueño

Ya estamos en el tercer peldaño, donde tiene lugar el gran sueño. El nivel de alma correspondiente es *neshamá*. A partir de este momento no tendrás que responder a una necesidad porque no habrá ninguna. Es como si las aguas se hubieran separado y pudieras ver con claridad tu superconsciente. Por un momento, tras haber alcanzado el alineamiento perfecto, eres capaz de entrever tu auténtico potencial, tal y como hemos visto en los sueños de José. El gran sueño te muestra la *neshamá,* el alma, con todos sus vivos e intensos colores. Un gran sueño nunca se olvida y su recuerdo queda indeleblemente grabado en la memoria.

En el gran sueño dominan los colores azules intensos, los esmeralda profundos, los rojos y amarillos brillantes. La pureza de los colores y su intensidad es sorprendente.

El cuarto nivel: *jayá*

En el cuarto peldaño, el sueño te inunda de luz blanca. Es lo que se conoce como *jayá*. Todas las imágenes, si las hay, serán de un blanco intenso. Vuelves a ser como Adán antes de la expulsión del Edén.

El quinto nivel: *yehidá*

Y llegamos al quinto nivel. ¿Te lo imaginas? Se llama *yehidá*, la fusión con la unidad. Por un instante te conviertes en el espejo puro que refleja a Dios.

El *devekut* se alcanza cuando, tras haber llevado a cabo la limpieza necesaria, finalmente te adhieres a los peldaños superiores de la escalera. Todas las noches, tus sueños se convierten en luz pura. Cuando nuestra facultad imaginativa alcanza un estado de máxima perfección, todas las imágenes desaparecen. Aunque no podamos seguir subiendo por la escalera, ahora disponemos de las herramientas que nos permiten dialogar para alcanzar un mayor bienestar interior. Si respetamos los sueños...

> escribiéndolos cada mañana,
> abriéndolos,
> respondiendo a su necesidad

...iniciaremos el diálogo. Y, poco después, verás aparecer un continuo. Si el montón de basura está conectado a tu padre, los sueños, noche tras noche, se enfrentarán a ese problema hasta que elimines la basura y te liberes de ella. Si formas parte de un grupo de sueños, no tardarás en comprobar cómo un soñador que se enfrenta a un problema con su padre provoca que otros soñadores también hagan lo mismo con los suyos. Se pone en movimiento una danza fascinante que involucra a todos los participantes, hasta que todos los soñadores del grupo han resuelto sus problemas paternofiliales.

Provocar que los sueños o las imágenes suban desde el subconsciente no sirve de nada a menos que respondamos a la necesidad de las imágenes. El trabajo de *tikún* (TKN: «arreglar»), «rectificar»/«corregir», es similar al del sastre que arregla y ensambla diversas piezas para crear una prenda perfecta. Al igual que José, hemos perdido o se nos ha roto la prenda interior, el manto colorido. Hemos visto que podemos arreglarlo añadiendo nuevas piezas y colores. Podemos subir la escalera lentamente, a través de nuestros sueños nocturnos, reparando la prenda interior hasta restaurar nuestro manto de luz multicolor. «En la cábala... se enseña que el "poder de la imaginación", rectificado hasta la perfección, puede equipararse al poder de la profecía».[35] Pero ¿existe una forma más rápida de meterse en faena?

El próximo capítulo abordará directamente esta cuestión. En lugar de confiar exclusivamente en nuestros sueños nocturnos, ¿podemos acceder al subconsciente cuando queramos, incluso durante el día a día, y acelerar de este modo el trabajo de *tikún*?

---

35. Ginsburgh: *Body, Mind and Soul.*

3

INCUBACIÓN E IMÁGENES SAPHIRE

«Deja que lo vea en un sueño o que lo descubra por adivinación o que lo declare un «sacerdote/sacerdotisa mediante inspiración divina o que todos descubran por incubación lo que yo les exija».

ORACIÓN DE LA SEGUNDA PLAGA DE MURSILI II

¿Podemos hacer surgir imágenes desde el subconsciente de una forma más proactiva? En lugar de confiar exclusivamente en los sueños nocturnos, ¿podemos acceder al subconsciente cuando queramos, incluso durante el día a día, y acelerar de ese modo el trabajo de corrección? Si la historia de José es un sueño, también lo es la nuestra. ¿Podemos considerarla como un sueño y tratarla en consecuencia utilizando el *tikún* como medio de transformación y mejora?

Como José, el gran soñador de la Biblia, tenemos a nuestra disposición un manto de muchos colores: nuestros sueños. Soñamos todos los días. Ese caleidoscopio de colores, formas, sonidos, olores, sabores y texturas que experimentamos al navegar por el mundo es lo que alimenta la parte más antigua de nuestro cerebro, el almacén de las experiencias. Un almacén que se repone constantemente, día y noche, y que no deja de llenarse con las experiencias cotidianas. Estamos continuamente acumulando experiencias, desde el momento de nuestra concepción hasta el de nuestra muerte. Nuestro cerebro no espera a que caiga la noche para empezar a absorber imágenes a través de los sentidos. Las imágenes son el lenguaje 3D de todos nuestros sentidos trabajando en sinergia, y están siempre a nuestra disposición siempre y cuando sepamos cómo acceder a nuestro subconsciente.

Lo que sabemos de las imágenes es que nuestras experiencias están encajadas, como si se tratase de muñecas rusas, en formas dentro de formas. Esta in-**forma**-ción sólo está disponible cuando la inducimos a ponerse en movimiento. El doble proceso de almacenamiento e inducción es lo que llamo soñar. Tanto los sueños nocturnos como las visiones diurnas son el resultado de estas dos actividades. La primera, el almacenamiento, se produce de forma inconsciente, es decir, sin nuestra participación. La segunda, la inducción, requiere que la persona agite el avispero del subconsciente. Un sobresalto o sacudida inesperada puede desencadenar un sueño o una visión diurna. O bien se puede inducir de forma consciente un sobresalto para provocar un sueño o una visión. En este capítulo vamos a explorar este proceso de inducción.

Existen dos tipos de inducción: la nocturna, que llamamos incubación, y la diurna, que es específica de Saphire, el antiguo linaje cabalístico al que pertenezco.[1]

Por incubación entiendo «cualquier acto intencionado de dormir con el objetivo de producir sueños» o simplemente como una fase de creatividad. Veamos primero la definición más limitada de incubación, es decir, la que se practicaba en la Grecia clásica y, posteriormente, en todo el Mediterráneo antiguo. La mayoría de los ejemplos de incubación de sueños nos han llegado en forma de súplicas para la curación. Asclepio, hijo de Apolo, era el dios de la curación. Sus templos, llamados asclepiones, estaban dedicados a la práctica de la curación mediante la terapia de los sueños. El asclepión más famoso de la Grecia clásica era Epidauro, pero había muchos otros repartidos por la península helénica. Dado que ya no tenemos templos del sueño, trataremos de comprender la metodología de la incubación utilizada en el mundo antiguo y, de ese modo, aprender la mejor manera de incubar nuestros propios sueños.

La peregrinación a un templo requería tiempo, esfuerzo y dinero. La gente acudía desde toda la península helénica, a menudo a pie, y los

---

1. El titular del linaje recibe un zafiro para que le sirva de recordatorio de que la luz celestial está en su interior. (*Véanse* las memorias de Colette: *Life Is Not a Novel*, vol. 2.)

viajes eran largos y difíciles. En el templo, los peregrinos primero debían pasar por un intenso proceso de purificación denominado catarsis. En el plano físico, esto suponía someterse a baños rituales y purgas durante tres días, además de seguir una dieta limpia. Si la dolencia era mental, la purga de las emociones se realizaba mediante algún tipo de terapia artística. La segunda fase consistía en la ofrenda de un sacrificio animal. Ésta era a menudo la parte más difícil, ya que muchos suplicantes carecían del dinero necesario para poder pagarlo y, por tanto, quedaban excluidos del ritual. La tercera fase era el proceso de incubación propiamente dicho. El paciente era llevado al templo para que durmiera allí, con la esperanza de que la proximidad con la divinidad propiciara una visita divina. A menudo, el dios aparecía en los sueños del suplicante, o en una visión semiconsciente, y le daba consejos e instrucciones para su curación. Si el dios no aparecía en el sueño, pero, de todos modos, el suplicante soñaba, un sacerdote se encargaba de interpretar el sueño y determinar el tratamiento más adecuado. Un ejemplo moderno de sacerdote-intérprete de sueños es Edgar Cayce, con la salvedad de que él soñaba por sus pacientes utilizando para ello la incubación de sueños para leer el cuerpo de sus pacientes y, posteriormente, sugerir un tratamiento.

Adaptar las prácticas onirom'anticas de los antiguos griegos a un contexto moderno requiere cierta reflexión. La peregrinación, el sacrificio o dormir en un lugar sagrado son todos ellos pasos que deben ser adaptados a nuestro actual contexto. ¿Qué implican tanto la peregrinación como el sacrificio? Un deseo ardiente –la voluntad de «sacrificarlo» todo– para obtener una respuesta. ¿Qué quieres saber hoy con tanta urgencia como para estar dispuesto a dedicarle todo tu tiempo, energía y recursos? Mientras que la mayoría de los ejemplos que tenemos del mundo antiguo eran peticiones de sueños curativos, tus preguntas pueden ser de mucho mayor calado. Recuerda que una pregunta implica una necesidad de clarificación, transformación y nuevas configuraciones. Todas las preguntas sinceras son válidas, y la peregrinación puede ser interior. Una peregrinación siempre implica una dirección: voy a Epidauro o voy a soñar. Dar forma a tu pregunta es comparable a tomar la decisión de ir a Epidauro, aunque no sea tan exigente físicamente. Para que la peregrinación interior tenga éxito, es necesaria una férrea determinación y concentración. La pregunta debe ser simple, reducida a los elementos más básicos. El sueño debe ser capaz de responder a tu pregunta con un simple sí o no. A continuación, tienes un ejercicio que te ayudará a ir limando tu pregunta gradualmente.

Ejercicio 10

La banderola de la pregunta

Cierra los ojos. Exhala lentamente tres veces mientras cuentas del tres al uno. Visualiza el uno alto, nítido y brillante.

Reúne en tus manos todas las facetas de tu pregunta y haz un ovillo con ellas. Observa el color del ovillo.

Exhala. Lanza el ovillo al cielo. Observa cómo desaparece en el cielo azul.

Exhala. Cuando regrese, visualiza el ovillo desplegándose como una banderola sobre tu cabeza. ¿De qué color es? ¿Qué imagen o palabras aparecen en la banderola?

Exhala. Abre los ojos.

Si la pregunta no puede responderse con un simple sí o no, intenta pedir un sueño que te ayude a acotar aún más el tema de la pregunta. Puedes utilizar la siguiente fórmula: ¿qué consejo me da mi sueño acerca de la auténtica pregunta relativa a mi problema? Tu pregunta es la flecha que agita el caos del subconsciente y le impele a responder.

Ejercicio 11

La flecha voladora

Cierra los ojos. Exhala lentamente tres veces mientras cuentas del tres al uno. Visualiza el uno alto, nítido y brillante.

Imagina que estás delante de un espejo esférico. Coge un lápiz de cualquier color y escribe en el espejo: «Muéstrame mi verdadera pregunta».

Exhala. Observa cómo las letras se convierten en una flecha que surca el aire hacia el mundo de tus sueños.

Exhala. Pide recordar el sueño cuando despiertes.

Exhala. Abre los ojos.

Una vez hayas obtenido la verdadera pregunta, ¿cuál será tu sacrificio? Debes ofrecer en el altar del proceso la «bestia» de tu tiempo y tu atención. Tu asclepión puede ser tu propio dormitorio, pero lo que lo transformará en un espacio sagrado será tu ferviente deseo de estimular un sueño.

Ejercicio 12

. . . .

Cómo hacerle una pregunta a tu sueño

Túmbate boca arriba en la cama. No cruces las extremidades y cierra los ojos. Exhala lentamente tres veces mientras visualizas los números del tres al uno.

Exhala en el cero, abre la boca y expulsa el cero mientras ves cómo se convierte en un círculo luminoso delante de ti.

Exhala. Visualiza tu pregunta en el interior del círculo luminoso.

Exhala. Visualiza cómo la luz va inundando progresivamente la pregunta hasta que todas las letras se hayan convertido en luz.

Exhala. Inhala la luz para que ilumine y oriente tu sueño durante la noche.

Exhala. No abras los ojos; súmete paulatinamente en un sueño profundo pero intencionado.

¿Responderá tu sueño a la urgente súplica? No te fíes de mi palabra. ¿Por qué deberías hacerlo? No cuentas con el ejemplo de incontables peregrinos que vinieron antes que tú y que avalaron el proceso, que experimentaron un sueño inspirado por la divinidad y que regresaron curados. Es posible que, como le ocurre a mucha gente, no te sientas cómodo con la idea de Dios, ni siquiera con la creencia de que exista algo divino/creativo dentro de ti que sabe. Pues vas a tener que suspender temporalmente tu mente crítica y darle una oportunidad. El mejor consejo que te puedo dar es que seas atrevido. Atrévete a dedicar algo de tiempo a explorar la posibilidad de que exista un misterio dentro de ti (que podemos llamar vida) que puede mostrarte el camino hacia la respuesta. Y si la obtienes, ¿no habrá merecido la pena el tiempo que le has dedicado? Al confirmarte a ti mismo que tu mente onírica es capaz de obtener respuestas auténticas hará que aumente tu confianza. Cuanto más busques tu propio consejo interior, más activamente te buscará ella. Si el sueño nocturno responde a tu pregunta urgente, coge el Libro de Sueños y haz una cruz en la casilla «verificación» con un bolígrafo rojo.

Por supuesto, el primer paso en el proceso de incubación es tomarse muy en serio el deseo de recordar los sueños. Abre el Libro de Sueños, escribe la fecha y ten siempre un bolígrafo a mano. En cuanto despiertes, escribe todo lo que has visto. No omitas ningún detalle. ¿El sueño te da una respuesta clara? Si no es así, vuelve al capítulo 1 y utiliza los cuatro niveles de PRDS para abrir el sueño. Si aun así sigues sin obtener una respuesta, es posible que tu pregunta no esté bien planteada. Si estás decidido a obtener una respuesta, vuelve a trabajar en la pregunta e inténtalo de nuevo.

La incubación en sentido amplio es una fase creativa que consiste en dejar que las ideas se asienten y agiten en el subconsciente hasta que emerge una configuración novedosa. Puedes visualizar tu espacio interior como una bolsa en la que dejas caer la pregunta. ¿Cómo puedes indicarle al subconsciente que deseas una respuesta si tu pregunta no es una de las preguntas urgentes que acabamos de plantear? He aquí un ejemplo de cómo funciona: tengo que dar un discurso dentro de seis semanas, pero no tengo ni idea de qué voy a hablar. Dejo caer la pregunta —«¿De qué puedo hablar?»— en la bolsa o, si lo prefieres, en la parte posterior de mi mente (siempre la imagino en la nuca), y creo la urgencia indicándole una fecha al subconsciente. Por ejemplo: necesito una respuesta en tres semanas o el 15 de marzo. ¿Funciona? Como probablemente sepas, el subconsciente vive en la atemporalidad. Para él, pasado, presente y futuro están mezclados. ¿Por qué debería responderte dentro de tres semanas o, más concretamente, el 15 de marzo? ¿Dónde está la interfaz que conecta la atemporalidad del subconsciente y la consciencia lineal?

El subconsciente actúa como la programación de un ordenador. A menos que abras un programa específico de forma consciente o ac-

cidental, éste permanecerá oculto indefinidamente. Tu mente consciente o una sacudida deben iniciar el movimiento. El subconsciente
no puede revelarse a sí mismo a menos que reciba un estímulo por
parte de la ansiedad (la inducción presente en muchos sueños) o que
se lo exija una pregunta urgente. Si la pregunta no es urgente en el
presente, pero puede serlo al cabo de tres semanas, el tiempo actuará
de inductor. El tiempo es clave para este encuentro: si mañana quiero
quedar con un amigo, tengo que preguntarle dónde quedamos y a qué
hora. El espacio y el tiempo son las dos coordenadas esenciales para
el encuentro. Si no definimos el espacio y el tiempo, el encuentro no
se producirá. Lo mismo ocurre con la mente consciente y el subconsciente. El espacio lo conocemos; el ámbito interior del que ya hemos
hablado. Ahora debemos establecer el momento oportuno.

Ejercicio 13
. . . .
Encontrar el momento adecuado para la respuesta

Cierra los ojos. Exhala lentamente tres veces mientras cuentas del
tres al uno. Visualiza el uno alto, nítido y brillante.

Imagina que necesitas la respuesta a una pregunta dentro de tres
semanas. Imagina que escribes la pregunta en un trozo de papel y
que lo doblas tres veces formando un triángulo.

Exhala. Escribe en el papel la fecha en que necesitas la respuesta
a tu pregunta. Déjalo caer en la bolsa de los sueños.

Exhala. Olvida deliberadamente la pregunta y deja que caiga en la
bolsa de los sueños hasta perderla de vista. Prográmate para seguir
olvidándola durante las tres semanas siguientes.

Exhala. Pide que te informen de la respuesta al cabo de tres semanas.

Exhala. Abre los ojos.

No puedes estar seguro de que esto va a funcionar a menos que te
arriesgues a confiar en tus sueños. La respuesta puede llegar de muchas
formas distintas, así que mantén los ojos y los oídos bien abiertos.
Puede que tengas un sueño durante la noche o que entres en una

librería y que un libro te llame la atención. Cuando lo cojas, será la respuesta a tu pregunta. O tal vez alguien dice algo que desencadena tu percepción creativa, o ves un cartel en una valla publicitaria y, de repente, ¡eureka! La respuesta es clara e inequívoca. Este fenómeno se denomina sincronicidad.

La creatividad y la verdad están unidas en el subconsciente. La señal de la creatividad es la convicción, la certeza de que algo es correcto. ¡Ésta es la verdad! El artista simplemente *sabe* que está usando el color adecuado. El físico *sabe* que determinada dirección de la investigación es la correcta. El soñador no cuestiona aquello que ve. Solemos denominar a esta experiencia intuición. La intuición actúa como una poderosa revelación que abre todo un nuevo abanico de experiencias. A menudo me preguntan: ¿cómo sabemos que esto no es una fantasía? ¿Cómo sabemos que no nos están engañando para que creamos lo que queremos creer? La fantasía no es revelación; no persigue la verdad. La fantasía es un uso distorsionado de la imaginación por parte del hemisferio izquierdo del cerebro para llegar a una conclusión previsible. El deseo de convertirse en un superhombre, en un superhéroe con grandes músculos y la capacidad de derribar cualquier obstáculo que se interponga en su camino; o en una mujer a la que no han hecho más que pisotear y que un día un hombre rico reconoce por fin sus encantos y se la lleva en un caballo blanco. ¿Estoy mezclando las metáforas? Sabemos que se trata de una fantasía porque la historia cada vez es más exagerada, como los últimos taquillazos de Hollywood. La fantasía agota, mientras que la revelación trae consigo renovación, frescura y dicha. La revelación siempre es inesperada. Nuestro objetivo es provocarla de forma consciente.

La señal de una mente creativa es la capacidad de especular, de encontrar relaciones inesperadas entre elementos aparentemente dispares. «No hay nada nuevo bajo el sol»,[2] dice Salomón, el más sabio de los hombres. Sin embargo, podemos jugar con todas las formas a nuestra disposición. Existe una fuente inagotable de nuevas configu-

---

2. Eclesiastés 1, 9.

raciones posibles. A menudo se dice que hay mucha gente que sabe razonar, pero que hay pocas personas que sean realmente creativas. ¿Es eso cierto? La creatividad puede activarse. La capacidad de *saber* es un don del que todos los hombres y mujeres están dotados, pero que la mayoría de los adultos han perdido. De niños todos la tenemos –jugamos, inventamos, llenos de alegría y vitalidad–, hasta que el pensamiento lineal termina por dominarnos. ¿Cómo podemos recuperar en la edad adulta la alegría perdida? ¿Cómo podemos abrir las compuertas de la creatividad? «La auténtica señal de la inteligencia no es el conocimiento, sino la imaginación», decía Einstein, y deberíamos hacerle caso. Cuando era niño se vio a sí mismo montado a lomos de un rayo de luz. Su percepción fue el impulso que le condujo hasta la teoría de la relatividad.

Como Einstein, no tenemos que estar dormidos para acceder a nuestro subconsciente creativo. Muchas personas han experimentado repentinos destellos de percepción, pero ¿qué los provoca? ¿Existe otra forma de incubar, una que no requiera estar dormido? ¿Podemos prender el destello de percepción a voluntad y al instante? Sabemos que, si somos capaces de plantear la pregunta adecuada, estimularemos al subconsciente para que nos responda en sueños o incluso durante el día, siempre y cuando ejerzamos algo de presión, como establecer el momento oportuno. Pero ¿podemos ejercer algún otro tipo de presión más inmediata?

Hemos visto que muchas tradiciones chamánicas e historias míticas utilizan el concepto de «la travesía». Tú también puedes emprenderla cada noche mientras duermes. Pero a menos que te hayas preparado para permanecer lúcido durante el sueño, un procedimiento que abordaremos más adelante, normalmente nos dormimos y perdemos la consciencia. ¿Podemos aproximarnos al punto donde se inicia la travesía sin perder la consciencia? Gaston Bachelard, un filósofo francés del siglo xx, llamaba *rêverie* al estado intermedio en el que ya no estamos despiertos pero aún no hemos cogido el sueño. Sería algo así como soñar despierto o experimentar una ensoñación. Una ensoñación no es lo mismo que una fantasía. A diferencia de ésta, en la ensoñación no hay un objetivo preconcebido, salvo el de desprendernos del pensamiento crítico. Supongamos que somos un poeta atascado con un verso: lo mejor que podemos hacer es acostarnos un rato con la intención de captar las imágenes y palabras hipnagógicas que emergen del caos onírico. Asegúrate de no quedarte dormido, sino de permanecer medio lúcido en la frontera entre el sueño y la vigilia. Muchos creadores han recurrido a esta técnica como detonante de la inspiración creativa. Escriben poemas, empiezan novelas, encuentran respuestas matemáticas y soluciones a preguntas candentes, todo ello en el límite entre el sueño y el no-sueño. O salen a dar un paseo por la naturaleza con los ojos desenfocados y el cuerpo relajado. La ensoñación surgirá espontáneamente y, como los sueños nocturnos, responderá a tus preguntas, tanto las que has formulado como las que no. Asegúrate de tener una libreta a mano. Como Einstein, cuyas ensoñaciones pusieron en marcha su viaje creativo, no desestimes tus ensoñaciones y deja que te guíen hacia nuevas aventuras. Con los ejercicios de contar hacia atrás del 3 al 1 que aparecen en este libro ya has dado los primeros pasos hacia la ensoñación.

Ejercicio 14
· · · · · · · · · ·
El cazador de sueños

Túmbate con un bolígrafo y una libreta cerca. Cierra los ojos. Concéntrate en tu respiración y deja que encuentre su propio ritmo. Relaja todo tu cuerpo, como haces por la noche antes de quedarte dormido.

Súmete en un duermevela, pero con la intención de permanecer en la frontera entre la consciencia y el sueño. Mantén la intención de despertar en cuanto aparezcan las primeras imágenes y recordarlas.

Anota inmediatamente en tu libreta lo que has visto y oído.

A continuación, exhala y vuelve a dormirte con la misma intención que antes: despertar en cuanto aparezcan las primeras imágenes.

Una vez más, escribe inmediatamente en tu libreta todo lo que has visto y oído.

Si necesita más «información» de tu reserva creativa de sueños, repite el ejercicio.

※

La ensoñación es una herramienta muy poderosa que te permitirá realizar viajes inesperados al subconsciente. Asegúrate de no deslizarte nunca hacia el terreno dominado por la fantasía. La fantasía tiene una cualidad masturbatoria y no sirve para renovarse. La ensoñación, sí; notarás un sobresalto o sorpresa.

Imagina la sorpresa de Abraham al oír una voz que reconoce como la voz de su Dios diciéndole cosas terribles: «Toma ahora a tu hijo, tu único, Isaac, a quien amas, vete a tierra de Moriá y ofrécelo allí en holocausto sobre uno de los montes que yo te diré».[3] ¿Es posible que la voz del sueño pueda ordenar semejante maldad? Una historia en la que una voz divina ordena el asesinato de un hijo sólo puede provocar horror y repulsión. Sin embargo, Abraham responde *hineni*, «aquí estoy», confío en la llamada interior, iré. El monte Moriá está a tres días de distancia, una peregrinación al Sanctasanctórum, el espacio sagrado donde en el futuro se construirá el templo de Salomón. Como les dice Abraham a los dos jóvenes que le habían acompañado, a él y a Isaac: «Esperad aquí con el asno. Yo y el muchacho iremos allá (*ad ko*)».[4] Asno se dice *jamor*, de la raíz *jomer*, que significa «arcilla» o «materia». Esperad aquí con la arcilla o materia, en el mundo literal, mientras nosotros vamos *ad ko*, «más allá», a un territorio desconocido que permanece oculto de nuestra realidad cotidiana. Para ir más allá, uno debe matar toda forma de comprensión literal, las ataduras lineales y la racionalidad. Debe abandonar todas las pretensiones, expectativas y esperanzas de llegar a comprender alguna vez la verdad oculta en el océano del subconsciente o, dicho de otro modo, el núcleo de nuestro ser.

Abraham levanta el cuchillo para matar la forma creativa que con tanto empeño ha traído a la vida, su amado hijo Isaac. Abraham hace su sacrificio en nombre del Dios creador: algo debe morir para que surja algo nuevo.

---

3. Génesis 22, 2.
4. Génesis 22, 5; mi agradecimiento al rabino Gershon Winkler por su interpretación de *ad ko*.

Para darte un ejemplo más concreto, es como si, tras terminar este libro, lo borro todo porque intuyo que existe una nueva configuración o una manera distinta de escribir.

Ejercicio 15
· · · · · · · · · ·
HaShem Yiré

Cierra los ojos. Exhala tres veces mientras cuentas del tres al uno y visualizas los números. Visualiza el uno alto, nítido y brillante.

Imagina que eres Isaac, atado a los troncos de la pira del sacrificio. Al darte cuenta de que tú eres el sacrificio, ¿qué sientes?

Exhala. Ve más allá, *ad ko*, al otro mundo, y aprende lo que necesitas aprender.

Exhala. Regresa y trae contigo todo lo que has aprendido.

Exhala. Abre los ojos. Visualiza la percepción con los ojos bien abiertos.

Isaac no murió. Un ángel detuvo el brazo de Abraham y un carnero ocupó su lugar. Isaac fue enviado por su padre, en sentido figurado, a la escuela para profetas y soñadores, la Academia de Shem y Ever,[5] la cual, según parece, está «en el mundo venidero»[6] o, para nuestros propósitos, en el mundo de *ad ko*. Entonces, y aquí debemos maravillarnos, Abraham denomina al lugar *HaShem Yiré*, ¡se ve al Señor! Gracias al ejercicio, espero que tú también hayas visto una nueva configuración. Esto es lo que llamamos revelación: una nueva creación.

¿Qué podemos aprender de esta controvertida historia? Pues que para llegar al más allá, antes debe morir el *jomer* (la materia), el mundo literal y racional. ¿Y cómo lo logramos? Mediante una sacudida, como la que se describe en la historia de Isaac cuando su padre levanta el cuchillo para matarlo. Pero eso no tiene sentido. La historia continúa confundiendo a los intérpretes. Y, sin embargo, ¿podemos alcanzar

---

5. Génesis Rabá 67, 8.
6. Shir HaShirim Rabá 6, 2.

el *ad ko* sin una sacudida? La sacudida resquebraja el patrón, lo que permite que todas las imágenes se reconfiguren libremente. No puedes forzar la creatividad. Si echas todas las piezas rotas al océano, la marea te devolverá una nueva configuración.

Las imágenes Saphire funcionan así. Se crea una pequeña sacudida, un sobresalto, algo inesperado que abre la posibilidad a una nueva configuración. Suelo poner el ejemplo de este famoso koan zen:

Ejercicio 16

El *koan* zen

Cierra los ojos. Exhala tres veces mientras cuentas del tres al uno y visualizas los números. Visualiza el uno alto, nítido y brillante.

Oye y ve una única mano aplaudiendo.

Exhala. Abre los ojos.

Este *koan* es tan impactante para la mente racional, y por razones obvias, que la mayoría de la gente simplemente desconecta. Por tanto, probemos con una sacudida un poco más suave.

Ejercicio 17

La llave y la cerradura

Cierra los ojos. Exhala tres veces mientras cuentas del tres al uno y visualizas los números. Visualiza el uno alto, nítido y brillante.

Imagina que te acaban de dar una llave. ¿Cómo es? ¿Cómo la sientes en tus manos?

Exhala. Busca la cerradura a la que pertenece la llave. ¿Es una puerta, un cofre u otra cosa?

Exhala. Abre la cerradura con la llave. ¿Qué encuentras? ¿Qué ocurre?

Exhala. Abre los ojos.

Éstas son algunas respuestas de mis alumnos:

> *«La llave entra en la cerradura de una gran puerta de madera. La abro y entro en un magnífico jardín».*
>
> *«La llave abre un cofre y en él encuentro una pluma. ¡Siempre he querido escribir, pero nunca me había atrevido!».*
>
> *«La llave abre mi corazón y empieza a brillar, ¡me siento tan feliz!».*

La sacudida puede significar un apagón momentáneo de tu mente racional.

Ejercicio 18
· · · · · · · · · ·
Perder la cabeza

Cierra los ojos. Exhala tres veces mientras cuentas del tres al uno y visualizas los números. Visualiza el uno alto, nítido y brillante.

Imagina que caminas por un bosque lleno de unos árboles altísimos y que te pierdes.

Exhala. Crece cada vez más, hasta que tu cabeza quede por encima de las copas de los árboles. Exhala. Estira aún más el cuello para encontrar la salida del bosque por encima de los árboles. De repente, la cabeza te pesa demasiado, no puedes sostenerla sobre el cuello y te cae.

Exhala. Recupera tu tamaño original y corre detrás de tu cabeza. Vuelve a colocarla en su lugar.

Exhala. Sal del bosque. ¿Qué ves? ¿Qué ha cambiado?

Exhala. Abre los ojos.

La sacudida también puede implicar simplemente adoptar un punto de vista distinto.

Ejercicio 19

La alfombra voladora

Exhala tres veces mientras cuentas del tres al uno y visualizas los números. Visualiza el uno alto, nítido y brillante.

Percibe, visualiza y siente una situación complicada en la que te encuentres con otras personas de tu familia, amigos o en el trabajo.

Exhala. Imagina que te subes a una alfombra voladora con tu cuerpo onírico. La alfombra sale volando y sobrevuela la situación problemática. Mírate a ti mismo y a las otras personas implicadas; observa el embrollo.

Exhala. Alarga los brazos y recoloca a las personas o a ti mismo en una nueva posición. Repite este paso hasta que la situación parezca más cerca de resolverse, más cómoda.

Exhala. Visita con tu alfombra mágica otras partes del mundo o a otras personas.

Exhala. Regresa a la situación que deseabas resolver. Contémplala desde la alfombra voladora. ¿Qué sientes ahora? ¿Hay algún otro ajuste que quieras hacer? Si es así, alarga otra vez los brazos y recoloca a las personas o a ti mismo hasta quedar satisfecho.

Exhala. La alfombra mágica vuelve a posarse en el suelo. Baja y regresa a tu cuerpo material. ¿Qué te parece ahora la situación?

Exhala. Abre los ojos.

Dado que estamos hablando de trabajo corporal, la creatividad (destreza del hemisferio derecho del cerebro), como los músculos, debe ejercitarse. Pongamos que deseas explorar tu reacción emocional al cambio. A continuación, encontrarás una serie de ejercicios que te ayudarán a estimular tu capacidad creativa ante el cambio.

Esta clase la escribió, hace muchos años, mi maestra Colette.

Clase práctica

. . . .

Desde el ocaso al arcoíris

Antes de cada ejercicio, exhala tres veces mientras cuentas del tres al uno y visualizas los números. Visualiza el uno alto, nítido y brillante.

Después de cada ejercicio, exhala antes de abrir los ojos.

1) Contempla el crepúsculo y la lenta desaparición del sol detrás de unas colinas hasta que el sol se ponga completamente. Percibe y siente el cambio en tus emociones.

2) Observa un crepúsculo multicolor mientras el sol se pone en el mar. ¿Cómo reaccionas? ¿Qué sientes?

3) Imagina que estás delante de un umbral. ¿Qué haces? ¿Lo atraviesas de un salto, lentamente o te quedas inmóvil?

4) Imagínate a ti mismo como el héroe que cruza el umbral sobre el filo de una espada radiante.

5) Observa y sé consciente de estar entre dos estados. Siente la incertidumbre y la ambivalencia que te habitan. Descríbelas.

6) Observa y experimenta el final de un tipo de vida y el comienzo de otro como si estuvieras entrando en un nuevo ciclo.

7) No hay puente ni espada sobre el abismo. Ponte un turbante de vivos colores. Siente el coraje, la decisión y la energía que te ayudarán a saltar por encima del abismo.

Como respuesta a este tipo de inducciones mediante sacudidas, percibir, ver y sentir en imágenes te ayudará a desarrollar una mayor resistencia y fluidez. Practicar varias veces este tipo de inducciones ejercita la creatividad y te prepara para enfrentarte a cualquier *shock* en tu vida real. Plantéatelo como si fuera una clase de yoga. Aprender las posturas te fortalece y equilibra. Cuando alguien topa contigo en el andén del metro, tus experiencias yóguicas de fuerza y equilibrio entran en acción y te ayudan a evitar la caída reequilibrándote al instante y sin esfuerzo. La práctica Saphire se ocupa de tus cuatro cuerpos: el físico, el emocional, el mental y el espiritual. Cuando recibes un golpe, como, por ejemplo, cuando tu mejor amiga te traiciona o te ignoran en el trabajo, rápidamente aparece una solución creativa del océano del subconsciente que te ayuda a recuperar el equilibrio. Como habrás estado practicando la «inmersión», cuando te enfrentes a un golpe emocional real, instintivamente establecerás la conexión y aparecerá la solución creativa. A esta práctica Saphire la llamo **aeróbic del alma**. Cuando debas enfrentarte a múltiples sacudidas inducidas, tu subconsciente se activará y te mostrará que eres más inteligente, fuerte y creativo de lo que creías. Las imágenes Saphire te mostrarán quién eres, qué sientes y qué piensas realmente.

Por favor, no confundas las imágenes Saphire con la visualización. Lo que la mayoría de la gente llama visualización, de hecho, no es más que imitación. Imitamos los movimientos de nuestra madre o la expresión de nuestro padre. Los movimientos de nuestro monitor de esquí. Seguimos la voz que nos dice que recorramos un sendero dorado y giremos a la derecha para llegar a un altar flanqueado por dos ángeles. Todo esto sigue siendo visualización. Pero si me preguntan qué dicen los dos ángeles, pasamos de la imitación a la revelación. Inténtalo.

Ejercicio 20
· · · · · · · · ·
Los dos ángeles

Exhala tres veces mientras cuentas del tres al uno y visualizas los números. Visualiza el uno alto, nítido y brillante.

Percibe, ve y siente que caminas por un sendero dorado y que llegas a una encrucijada.

Exhala. Gira a la derecha y visualiza un altar flanqueado por dos ángeles. ¿Qué aspecto tienen los ángeles?

Exhala. Pídeles consejo. Escucha lo que te dice o te muestra cada uno de ellos.

Exhala. Mira lo que hay ahora en el altar.

Exhala. Abre los ojos.

La visualización nos ayuda a relajarnos, a realizar tareas sencillas propias del cuerpo físico. Mostrarle a nuestro cuerpo cómo puede repararse a sí mismo es el modo de obtener una curación simple. Cuando nos enfrentamos a problemas de salud más complejos, como el cáncer, donde no sólo está involucrado el cuerpo físico, debemos acceder a los cuerpos emocional, mental y espiritual. Y eso es algo que no podemos hacer a través de la visualización, sino que hemos de acceder a nuestra fuerza creativa interior para reconfigurarlo todo. Para ello, hace falta una pequeña sacudida o sobresalto.

Eres un ser creativo en el proceso de crearte a ti mismo. A partir de una única célula, te desarrollaste en una compleja red de formas creativas en construcción. Con el tiempo, como Isaac, te autodestruirás y morirás. Eso también es un proceso creativo. En el Génesis, cuando Dios crea al hombre el sexto día, dice: «*tov meod*», también eso es muy bueno. Según los sabios, *tov meod* significa que la muerte entra en la ecuación. Para poder renovarse, la creatividad necesita que muera algo. Todos moriremos y renaceremos en una nueva configuración. Aunque sea difícil de aceptar, por suerte disponemos de la revelación para demostrarnos que la creatividad siempre se renueva. Si practicas con las imágenes Saphire, descubrirás a través de la experiencia que eres un ser creativo. Confía en que cada vez que accedas al océano del subconsciente, emergerá de él un nuevo aspecto de ti mismo. Es como pintar las paredes de una casa, cambiar los muebles o estrenar ropa nueva; te sentirás renovado y revitalizado. Seguirás siendo tú misma, pero el reloj habrá retrocedido: te sentirás mucho más joven, feliz y ligera. ¿Es la imaginación la famosa fuente de la eterna juventud?

4

EL ACTO CREATIVO

«Dios quiere que el hombre se convierta en creador; su primera
tarea consiste en crearse a sí mismo como un ser completo».

RABINO JOSEPH B. SOLOVEITCHIK

Los cabalistas ven el mundo inundado de consciencia. Ellos la
denominan inmanencia y le dan un nombre femenino: *shejiná.*
La *shejiná* es el estanque receptor, el vacío lleno de fluidos, la imagen especular de su pareja, el Dios trascendente cuyo deseo crea este
mundo a Su imagen y semejanza. En un juego secundario de espejos,
Adam haRishon, el primer ser humano, es hombre/mujer, como Dios
y su consorte, la *shejiná,* y dentro de *Adam haRishon* reside toda la
consciencia o los pensamientos de Dios que crean el mundo. En hebreo, pensamiento es *majshavá,* aunque la traducción deja bastante
que desear. *Majshavá* no es tanto un pensamiento abstracto, sino
más bien un tejido[7] formado por diferentes hilos de pensamiento
que crean un patrón o matriz. Podríamos decir que los seis días de la
creación son la matriz, el campo onírico de los *majshavot*[8] entreteji-
dos en el interior de Adán. Adán no tiene forma; es una infinidad de
luces entrelazadas, colores, sonidos, formas que se disuelven. Él/ella
es tan vasto como el *olam,* el mundo creado. «Adán se extendió desde
la tierra hasta el firmamento... desde un extremo del mundo hasta el

---

7. Existen muchas maneras de comunicar el mismo mensaje en los sueños. Por ejemplo, Leviatán significa «enroscar», «unir». Está «enroscado, retorcido en pliegues».
La criatura es parte del tejido.
8. Plural *de majshavá.*

otro».[9] Como hemos visto antes, *olam*, «mundo», y *neelam*, «ocultación», comparten las mismas letras en su raíz, A-L-M, lo que hace que ambas palabras estén relacionadas. Para *Adam haRishon,* el tránsito de *neelam* a *olam* se consigue simplemente exhalando con intención, expresando el deseo a través del sonido. Adán nombra las bestias que hay en el interior de su campo onírico y éstas se manifiestan.[10] No será hasta después de la caída, cuando Dios confecciona ropa con pieles de animales para cubrir la desnudez de Adán y Eva, cuando *olam* y *neelam* se separen. La urdimbre se oculta (*neelam*), y lo que vemos es el mundo exterior revelado, *olam.* El cuerpo queda a la vista, mientras que el campo onírico, como la niebla, aparece y desaparece en los sueños nocturnos o las visiones diurnas. Resulta muy tentador llegar a la conclusión de que lo único que existe es el cuerpo. Pero ¿qué perdemos en el proceso?

«Con dolor (*etsev*) darás a luz»,[11] le dice Dios a Eva después de entregarle pieles de animales para que cubra su desnudez. *Etsev* también significa «aflicción», «tristeza» y «ansiedad». Para los humanos, la creación en esta realidad tras la caída va acompañada de todas las penurias de la existencia: dolor, aflicción, tristeza, miedo y ansiedad. Las emociones son la capa superficial del océano que debemos traspasar y disolver para que emerja el superconsciente. Son la chispa que pone en marcha la creatividad. El dolor nos obliga a dirigir la mirada hacia nuestro interior en busca de lo que no hemos encontrado en la realidad exterior. El primer paso que lleva a la creatividad es mirar hacia el interior.

Para ilustrar la tarea que tenemos entre manos, volvamos al modelo de la consciencia en tres niveles que presentamos en la introducción: la autoconciencia, el subconsciente y el superconsciente. Imagínatelos como tres círculos concéntricos. El círculo interior, el más cercano a nosotros, la autoconciencia, aunque es el más pequeño, parece ocupar

9. Jaguigá 12a.
10. Génesis 2, 20.
11. Génesis 3, 16.

gran parte de nuestra consciencia. El segundo círculo es el subconsciente, el cual puede expandirse de forma infinita y contiene todos nuestros recuerdos, tanto personales como genéticos, pasados y futuros. El círculo más grande, pero el más alejado, es el superconsciente. El superconsciente es el plano básico de nuestro ser. En su centro, irradiando o inmanente a él, está el alma hecha a imagen de Dios. Sin embargo, no podemos ver mucho de ella porque tanto el subconsciente como la autoconciencia la ofuscan. Sin ella, no obstante, ¿cómo sabemos quiénes somos realmente?

Recapitulemos:

La autoconciencia es el cuerpo mental (comúnmente llamado hemisferio izquierdo). Está controlado por el neocórtex, el desarrollo más reciente del cerebro humano. Cree en el tiempo lineal, en la causa-efecto y en la razón. Es analítico y funciona como un sistema binario. Piensa con palabras.

El subconsciente es el cuerpo emocional (hemisferio derecho). Está situado principalmente en el sistema límbico del cerebro y se ocupa de los procesos creativos, de la formación y disolución y de la experiencia. Trabaja por analogía y su lenguaje es sensorial. Cuando está plenamente desarrollado, se comunica con imágenes.

Tradicionalmente, se ha ubicado al superconsciente en la glándula pineal. Descartes, el primero en sugerir esta idea, la llamó «sede del alma» o puente entre el alma y el cuerpo. Investigaciones recientes demuestran que la glándula pineal, cuando está activa, emite una luz azul, como la del zafiro. Esta luz también brilla en el arca de Noé, la cual no es sólo una embarcación con tres niveles, sino que, si lo leemos en clave onírica, también es el cuerpo de Noé iluminado por la glándula pineal. Noé significa «descanso» o «consuelo». El superconsciente es el cuerpo sensible, la fuente misteriosa del descanso, el consuelo, la paz, el amor, la misericordia, la alegría y la compasión.

Cuando los tres niveles de la consciencia despierten simultáneamente, el Leviatán dormido se levantará, «con sus estornudos encendiendo lumbre, sus ojos como los párpados del alba»,[12] y asistirás a la iluminación de tu consciencia. El big bang creativo es su manifestación más resplandeciente y misteriosa.

Como hemos mencionado anteriormente, imagina que tu mente autoconsciente es un barco. ¿Cómo puede el capitán, el observador (la autoconciencia), gobernar el barco si no sabe nada de tormentas, corrientes erráticas o enormes concentraciones de basura que cubren la superficie del océano? Bajo la superficie se oculta un tesoro de belleza, bosques de formas abigarradas y bestias de variados matices. En el fondo del océano, como si fuera la gran piedra fundacional, yace tu alma omnisciente, el tabernáculo y el centro de poder de tu ser. ¿No te gustaría conocerla? ¿Hacer emerger la creatividad que yace oculta en lo más profundo de tu ser?

En la cábala, la creatividad recibe el nombre de *jojmá*, es decir, sabiduría, el primer destello de la percepción, el punto en devenir cuyo movimiento inicial se acelera hacia el exterior hasta convertirse en una línea, después en una forma y, finalmente, en la manifestación al completo. «La sabiduría se encuentra en el vacío».[13]

Si es así, ¿cómo se accede al vacío? Y, como Adán y Eva antes de la caída, ¿cómo volvemos a crear y dar a luz sin esfuerzo ni dolor? ¿Qué debemos hacer para regresar al punto donde se nos dice que sólo «Dios entiende ese camino, y él conoce su lugar»?[14] ¿Es esto arrogancia o el auténtico reto al que debemos enfrentarnos para encarnarnos? Al atravesar las tres capas de la consciencia deberemos suspender las construcciones fijas sobre las que se basa nuestra realidad cotidiana, eliminar el dolor, la tristeza, el miedo, la ansiedad y todos los bloqueos emocionales que nos impiden avanzar, así como reparar la interconexión entre las tres capas de la consciencia. ¿Recuperar una visión más amplia de quiénes somos realmente puede ayudarnos a restaurar la fluidez adánica y permitir que la creatividad de nuestra alma salte y juegue sobre las olas del océano del subconsciente?

---

12. Job 41, 18.
13. Job 28, 12.
14. Job 28, 23.

Empecemos por la mente autoconsciente. Se trata de un bien muy preciado, ya que nos permite usar la razón para poner orden en la confusión de nuestras vidas. Pero eso no significa que debamos esconder la confusión bajo la alfombra. Cuando la mente autoconsciente toma el control y dirige las operaciones sin dejar espacio a los otros niveles del ser, el resultado, como hemos visto, es doloroso. Un midrash[15] ilustra esto perfectamente.

*Dios hizo las dos grandes lumbreras y, entonces, sin explicación aparente, las dos grandes lumbreras se convirtieron en «la **gran** lumbrera para gobernar el día, y la **pequeña** lumbrera para gobernar la noche, así como las estrellas». ¿De dónde sale esa contradicción? El midrash dice que la luna le dijo a Dios: «¡Soberano del Universo! ¿Es posible que dos reyes lleven una sola corona?» A lo que Dios respondió: «Ve entonces y hazte más pequeña».[16]*

¿La luna está celosa del sol? ¿Es éste un caso de rivalidad fraternal entre dos lumbreras o dos cerebros que luchan por la misma corona? ¿O se trata más bien de una competencia entre lo masculino y lo femenino? (En hebreo, sol, *shemesh*, es masculino, y luna, *levaná*, es femenino) Entonces, ¿Dios, en tanto padre frustrado, castiga a la luna? ¿O, como Apolo, el dios del sol, hace añicos con una ráfaga de luz pura del hemisferio izquierdo del cerebro las visiones y la voz del hemisferio derecho que surgen de la cavernosa oscuridad? Lo cierto es que, recurriendo al lenguaje de la metáfora, el midrash parece reconocer la competencia entre los dos hemisferios del cerebro y la mayor brillantez del izquierdo. Según se nos dice, la luna vio reducido su antiguo resplandor en una sexagésima parte, y tanto sus visiones como su voz fueron disminuidas y devaluadas. Hoy en día, esta discrepancia continúa perpetuándose, y la razón y la ciencia prácticamente han aniquilado las visiones y la voz que surgen de las profundidades. Sin embargo, como

---

15. Un midrash es una modalidad judía de interpretación bíblica que añade nuevos elementos a los relatos canónicos, del mismo modo que la asociación añadirá otros a la narración de un sueño.
16. Hullin 60b.

apunta un midrash moderno, los peligros del sol no son insignificantes. «El sol abrasará la tierra, provocará deshidratación, quemará la piel de los que se expongan a él, provocará cánceres en la carne humana». Mientras que la luna «siempre cambiante, siempre observada, siempre admirada, siempre misteriosa, seguirá deslumbrando a los soñadores y reconfortando a aquellos que la contemplen».[17]

Vivimos en un mundo abrasado por la razón. Los sistemas de creencias inamovibles tienen consecuencias inmediatas: bloquean las capacidades creativas y el poder curativo del campo onírico. Por lo tanto, la primera regla para desarrollar la creatividad es conseguir que el sol brille sobre la luna; en otras palabras, conseguir que la mente autoconsciente «se cierna sobre el caos» del subconsciente.

Un hombre con fibrosis pulmonar cada vez tenía más dificultades para respirar. El médico decidió medir su nivel de oxígeno y, para ello, hurgó insistentemente en su brazo en busca de una arteria, pero todo fue en vano. ¿Es posible que el dolor y el miedo que sentía aquel hombre mantuvieran oculta la arteria? Pedí permiso para llevar a cabo un ejercicio y el paciente aceptó.

Ejercicio 21
· · · · · · · · · ·
Hablar con el cuerpo

Cierra los ojos y cuenta lentamente del tres al uno.

A medida que cuentas, siente cómo se relaja tu brazo y cómo se vuelve cada vez más pesado.

Cada vez es más largo e ingrávido.

Pídele a la arteria que aparezca.

La arteria apareció de inmediato y el médico pudo tomar una muestra de sangre.

Dale las gracias a tu arteria.

Abre los ojos.

---

17. Rosenblit: «*Midrash on the Moon*».

Esta historia echa por tierra las ideas preconcebidas según las cuales el cuerpo es sólo carne. Al observar cómo se relaja el brazo, vemos cómo pasa de carne a energía (elongación, ingravidez) y, además, nos volvemos conscientes y receptivos (la arteria aparece). Un impedimento físico provocado por un sistema de creencias racional (sol: el cuerpo es sólo carne) logró superarse dirigiendo la mirada hacia el interior y observando la realidad subconsciente del brazo (luna: el cuerpo sueña y el cuerpo es energía), lo que confirma el dicho de «la luna consolará a los que la contemplen». ¿Podemos entonces aplicar las leyes de la teoría cuántica, según las cuales «cuanto más "observamos" algo, mayor es la influencia del observador sobre el fenómeno»?[18] ¿«El observador que afecta a la realidad observada» puede aplicarse también a la consciencia? Esa es la conclusión a la que llegaron físicos tan notables como David Bohm o Roger Penrose, así como el prestigioso neurocientífico Karl Pribram, quien acuñó el término «mente cuántica». Veremos numerosos ejemplos de cómo la mente autoconsciente observa el interior de la mente subconsciente y transforma la realidad observada.

Veamos otro caso. Un hombre vino a verme después de presentarse nueve veces a unos exámenes de contabilidad. Pese a que no conseguía aprobar, tampoco quería tirar la toalla.

Ejercicio 22
· · · · · · · · · ·
Espejo a la izquierda y a la derecha

Cierra los ojos. Exhala lentamente tres veces mientras cuentas del tres al uno. Visualiza el uno alto, nítido y brillante.

En el espejo de la izquierda, observa la imagen de tu fracaso.

Exhala. Levanta el dedo índice hacia el sol, llénalo de luz, acércalo al espejo y corta la imagen por la mitad. Desliza las dos partes de la imagen hasta que se pierdan más allá del margen izquierdo del espejo.

Exhala. Coloca el espejo a tu derecha y mírate en él. Sostienes el diploma con la nota escrita en grandes letras o números.

Veo el número 80.

---

18. Weizmann Institute of Science: *«Quantum Theory Demonstrated»*.

Exhala, sabedor de que puedes confiar en tus ojos.

Abre los ojos mientras sigues viendo la nota con los ojos bien abiertos.

Este joven volvió a presentarse al examen y sacó exactamente la nota que había visto en la imagen. Gracias a la observación de los sueños, logró cumplir su sueño de trabajar como contable. Al ver la nota, disminuyó su ansiedad, lo que le permitió hacer lo que sus sueños siempre le habían dicho que podía hacer.

La contemplación de los sueños disuelve el dolor y aclara las situaciones que no pueden resolverse mediante la razón. Un joven vino a verme después del 11 de septiembre. Un amigo le había llamado desde una de las torres gemelas y le había dicho: «Voy a morir; te quiero». Desde la muerte de su amigo, no había podido dormir, ni comer, ni siquiera mirar a su mujer embarazada.

Ejercicio 23
. . . .
Mover la imagen hacia la izquierda

Cierra los ojos. Exhala lentamente tres veces mientras cuentas del tres al uno. Visualiza el uno alto, nítido y brillante.

¿Qué imagen ves (al pensar en la muerte de tu amigo)?

Veo la torre derrumbándose.

Exhala. Mueve la imagen hacia la izquierda.

Exhala. ¿Qué ves ahora?

Veo a mi mujer embarazada.

Exhala. Visualiza su vientre creciendo sin parar y, después, dando a luz.

Exhala. Toma al bebé con las dos manos mientras sale del vientre de su madre.

Exhala. Mira a tu bebé, sonríe y observa cómo te devuelve la sonrisa.

Exhala. Abre los ojos.

Este joven volvió a casa, durmió, comió y pudo volver a relacionarse normalmente con su mujer. Sólo bastaron unos segundos de pausa para restablecer el flujo de imágenes que el trauma había interrumpido.

Todas las situaciones de la vida, ya sean físicas, emocionales o mentales, pueden mejorarse mediante la observación de los sueños. No siempre serás capaz de superar las dificultades, pero al menos podrás transformar el dolor y la tristeza.

Si crees que me dedico a predicar en el desierto cuando te recomiendo que trabajes con tus sueños, te equivocas. Recuperemos viejas verdades que quizá hayamos olvidado y fijémonos en dos versiones del tarot, una antigua y la otra más moderna. En concreto, estudiemos dos cartas de los Arcanos Mayores, la Emperatriz y el Emperador. En la baraja Rider-Waite, publicada en 1910, es decir, a finales de la época victoriana, el Emperador está sentado en un trono, de frente, enfundado en una armadura y enmarcado por un paisaje desértico y lleno de rocas. La Emperatriz está sentada sobre unos cojines, rodeada de naturaleza y agua, con la mirada perdida. Parecen estar a kilómetros de distancia el uno del otro. Él evoca al patriarcado, el poder masculino que impone su ley por la fuerza. Ella es infinitamente fecunda y dulce, pero no se compromete con él. Es evidente que él nunca la consulta.

Pasemos ahora a una de las barajas más antiguas que nos han llegado, el Tarot de Marsella, publicado por primera vez en el siglo xv.[19] Aquí nos encontramos con un Emperador totalmente distinto: relajado, con una postura despreocupada, las piernas cruzadas, apoyado en un trono curvo y sostenido por el escudo de su dama adornado con un águila dorada. Mira con adoración a la Emperatriz, y ésta le devuelve la mirada. Es obvio que es su fiel caballero y que está a la espera de cumplir todos los deseos de su dama.

«¿Qué es lo que quieren las mujeres?», pregunta la vieja bruja en el cuento artúrico titulado «La boda de *sir* Gawain y *lady* Ragnelle». Ni belleza, ni amor, ni hijos. «Lo que más deseamos de los hombres / Tanto de los hombres ricos como de los pobres / Es ser soberanas sin mentiras./ Pues donde somos soberanas, todo es nuestro». ¡Las mujeres quieren ser soberanas! ¡Y lo dice una reina! Sostiene el cetro con

---

19. Usa el Tarot de Marsella restaurado por Camoin-Jodorowsky.

la mano izquierda y tiene el escudo bajo el codo derecho. Ella es el verdadero poder ante el que él se somete. ¿Y quién es él? La mente autoconsciente que recibe órdenes de su reina, la mente subconsciente que, deleitándose en el resplandor de su atención, se vuelve cada vez más fértil y se multiplica, tal y como ordena el Génesis.[20]

¿Qué nos ha pasado para que lo hayamos olvidado? Como queda ilustrado por el Emperador del Tarot Rider-Waite, la mente autoconsciente, causal, racional y lineal, se ha desvinculado de la mente subconsciente, de la fuente de la creatividad lúdica, y el resultado es un páramo desértico y rocoso. Ya no tenemos tiempo para el goce, el eros y el éxtasis de la creatividad y la interconexión.

Las antiguas enseñanzas nos dicen que para llegar a estar completamente despiertos y alcanzar la consciencia iluminada, el primer paso es aprender a mirar a la Emperatriz. Para ello, debemos desconectarnos deliberadamente de la realidad deslumbrante y a menudo dura de la consciencia solar. En su lugar, debemos dirigir la mirada hacia la noche. Y no lo digo metafóricamente. Me refiero a cambiar la perspectiva y dirigir la mirada hacia nuestro interior. Debemos aprender a ser como el Emperador del Tarot de Marsella, quien sabe dónde se origina la creatividad y que, como un buen jardinero, se inspira en la juguetona deidad del jardín. De igual modo, los faraones egipcios, los patriarcas bíblicos y los reyes de los cuentos de hadas cruzan los brazos ritualmente para dar prioridad y bendecir al hijo menor,[21] al débil, al loco, a la luna por encima del sol. Para empezar a practicar este cambio de perspectiva, realiza este sencillo ejercicio.

Ejercicio 24
· · · · · · · · · ·
La señal del cambio

Estás tumbado boca arriba en la cama, con los ojos cerrados, completamente relajado.

---

20. Génesis 1, 28.
21. En el Génesis, Dios prefiere al hijo menor, Abel, por encima de Caín, el mayor. Isaac bendice al hijo menor, Jacob, en lugar de a Esaú. Jacob bendice a Efraín en lugar de a Manasés, ambos hijos de José. En muchos cuentos de hadas es el hijo menor, a menudo llamado el loco o el simplón, quien consigue el reino y la princesa, en lugar de sus hermanos mayores.

Observa el torrente de imágenes que circulan ante ti. No intentes identificarlas. Permanece consciente mientras te vas quedando dormido.

Intenta, en cambio, percibir el momento exacto en el que te quedas dormido. Notarás una señal física concreta. Puede que sea una contracción de los hombros, un alargamiento de la columna o de los dedos de las manos o de los pies. Identifica la señal para poder recordarla por la mañana.

La vertiginosa variedad de imágenes, sonidos y experiencias extracorpóreas que inundan nuestra consciencia hacen que sea muy difícil permanecer conscientes. A algunas personas esta avalancha de «visiones que pasan ante nosotros»[22] les confunde o incluso les asusta. Nuestros cuerpos parecen desintegrarse en imágenes, flotar por la habitación, disolverse, volver a formarse como zumbidos, formas desencajadas o rostros inidentificables. Nos adentramos en el paisaje iluminado por la luz de luna. Podríamos decir que nuestra construcción mental del mundo se está desintegrando, que estamos perdiendo el control de una realidad aceptada por la mayoría. Son pocos los investigadores que se han preguntado por el significado de dicha desintegración. Pero no olvides que, para que surja algo nuevo, algo tiene que morir. Para que la fluya la creatividad es necesario el desmantelamiento de la forma. La creatividad nunca es estática. El sueño nos trae desintegración, renovación y creatividad; y está precedido por la pequeña muerte de la forma. Por desgracia, muchas personas pierden la consciencia al cruzar el velo que separa ambos mundos, renunciando a la capacidad de permanecer conscientes en todo momento.

¿Podemos aprender a permanecer conscientes durante este proceso? ¿Podemos mirar cara a cara a la muerte, al vacío creado por este impactante desmantelamiento del orden que creemos que nos mantiene cuerdos? Si lo consiguiéramos, veríamos el big bang, la revelación, la primera manifestación de una nueva creación. Al permanecer conscientes mientras cruzamos, no sólo estaremos ampliando el alcance

22. Dickens: *Oliver Twist*.

de nuestra consciencia, sino que también aceleramos nuestra propia creatividad. La creatividad es como un niño que se vuelve más activo cuando están por él.

Por supuesto, el siguiente paso es permanecer consciente mientras soñamos. Haz el siguiente ejercicio antes de acostarte. Elige un pequeño objeto que utilices todos los días, como un anillo, y sujétalo entre las manos.

Ejercicio 25

· · · · · · · · · ·

Sueño lúcido

Cierra los ojos. Exhala lentamente tres veces mientras cuentas del tres al uno. Visualiza el uno alto, nítido y brillante.

Mírate las manos mientras sostienes el objeto, siéntelo y decide que esta noche vas a llevarlo a tu sueño.

Exhala. Sopla un cero por la boca y obsérvalo mientras se convierte en un círculo de luz delante de ti. Imagina que en el interior del círculo ves tus manos sosteniendo el objeto y te oyes a ti mismo diciendo: «Me despertaré en el sueño cuando me vea a mí mismo sosteniendo este objeto».

Estar despierto mientras sueñas significa observar conscientemente tu propia creatividad. También significa que no debes esperar a la mañana siguiente para responder a la necesidad de las imágenes. Imagina lo rápido que puedes llegar a mejorar. El Emperador que hay en ti, el ser consciente, toma decisiones inmediatas ante las propuestas de la Emperatriz.

La capacidad de elegir en el sueño es una hazaña que a muchas personas les parece imposible. Las convenciones nos dicen que no podemos intervenir en nuestros sueños, que si vemos un río desbordado y estamos a punto de ahogarnos en él, no podemos hacer nada. A fin de cuentas, el sueño es así. Ante semejante presión, la mayoría de las personas acaban despertándose. No me malinterpretes: despertarse es bueno. Pero no es suficiente. ¿Y si, en lugar de despertarte, consigues trepar a un árbol o agarrarte a los peldaños de una escalera que llega hasta el cielo? ¿Y si encontraras la fuerza para calmar el río? A esto lo llamamos sueño lúcido.

Puedes aprender a intervenir de forma inmediata y directa en el sueño. ¿Por qué es importante responder a la necesidad del sueño precisamente mientras éste se desarrolla? Porque así te haces presente y consciente, como un maestro de artes marciales que reacciona en un instante ante cualquier desafío que se le presenta. Si eres capaz de hacerlo en el sueño, imagina lo rápido que conseguirás reaccionar en tu vida cotidiana. La elección consciente es lo que nos diferencia de las otras especies. Al usarla en las dos realidades, nos haremos presentes y estaremos conscientes en todo momento. Mientras la mente autoconsciente siga pensando que dirige las operaciones cuando, en realidad, el subconsciente controla más del 95 % de nuestras actividades, seguiremos fracturados e incapaces de aceptar la realidad. Además de seguir siendo esclavos de los sistemas de creencias, emociones y encarnación física. La única forma de llegar a ser plenamente conscientes es mediante la interacción, libre y perpetua, entre el sol y la luna.

«Y la luz de la luna será como la luz del sol, y la luz del sol siete veces mayor, como la luz de siete días».[23]

Es decir, que cuando tus dos cerebros, el sol y la luna, brillen por igual, cuando seas bilingüe, tu mundo interior quedará completamente corregido (el *tikún*, «rectificación», se aplicará a los siete días de la creación, y éstos brillarán con una intensidad siete veces mayor). El diálogo entre nuestras dos lenguas fluirá sin esfuerzo y enriquecerá nuestra comprensión de la consciencia adánica, haciendo posible la exploración y dominio del *olam neelam*. Pero aún no hemos llegado a ese punto. Ahora que hemos logrado incorporar la percepción autoconsciente a los sueños, hagamos lo propio con la percepción del sueño en la autoconciencia diurna.

Como he dicho anteriormente, del mismo modo que la luna palidece cuando el sol se impone triunfante en el firmamento, la mente autoconsciente sepulta el recuerdo de los estados oníricos. ¿Cómo puede

---

23. Isaías 30, 26.

satisfacer el Emperador los deseos de la Emperatriz si no los recuerda, o si no puede preguntarle durante el día? Lograr que los mensajes del subconsciente brillen a través del resplandor que emite la mente autoconsciente requiere práctica. Una de las mayores dificultades radica en que, cuando la mente autoconsciente está activa, los ojos están enfocados; sin embargo, cuando la mente onírica entra en juego, nuestros ojos se desenfocan. ¿Pueden coexistir estos dos estados tan distintos? Esto es lo que debes hacer.

Ejercicio 26
· · · · · · · · · ·
Desenfocar los ojos

Cierra los ojos. Exhala lentamente tres veces mientras cuentas del tres al uno. Visualiza el uno alto, nítido y brillante.

Imagina que estás de pie sobre una duna mientras contemplas el océano. Observa cómo se curva el horizonte.

Exhala. Un velero aparece por la parte izquierda del horizonte. Obsérvalo con atención mientras navega de izquierda a derecha y desaparece.

Exhala. De nuevo, un velero aparece por la parte izquierda del horizonte. Obsérvalo con atención mientras navega de izquierda a derecha. Cuando llegue al centro, desenfoca los ojos para abarcar la totalidad del horizonte. ¿Qué le pasa al velero?

Exhala. Levanta los ojos hacia el cielo azul.

Exhala. Vuelve a bajar la mirada hacia el horizonte y el velero. ¿Puedes ver ahora tanto la escena desenfocada como la enfocada?

Exhala. Abre los ojos.

Comprender cómo funcionan los movimientos oculares puede resultar de utilidad. Al enfocar la vista, los globos oculares se acercan entre sí, mientras que al desenfocar se separan, adoptando una posición más natural y relajada dentro de las cuencas oculares. Al dejar los ojos relajados en sus órbitas, desarrollas la visión periférica y permites que el sueño emerja a la consciencia.

Prueba esto la próxima vez que estés con una amiga a la que hace tiempo que no ves: primero céntrate en ella y, después, desenfoca la vista y presta atención a las imágenes que surgen de tus sueños. Es la forma de ver los sueños con los ojos abiertos. Las imágenes brotan y emergen hasta la superficie de la consciencia, informándote acerca de tu amiga. Si ves el color rojo, sabrás que está nerviosa o enfadada; si aparece un hombre rodeado de rosa, significa que está enamorada de alguien. Aprender a ver tu campo onírico mientras te concentras es un arte que merece la pena aprender a dominar. Es el comienzo del proceso de reparación, un proceso consistente en volver a **em-par-ejar** nuestros dos cerebros, propiciando que la realidad exterior y la interior alcancen un estado armónico de unidad.

Supongamos que te reúnes con un posible socio. Evidentemente, te fijarás en su aspecto, modales y presentación. Pero ¿y si el sueño te muestra a un hombre alejándose con una maleta abultada, una imagen que te produce ansiedad? ¿A qué mente vas a hacer caso? ¿A la autoconsciente, a quien le gusta su aspecto y su presentación? ¿O a la mente onírica, que te está advirtiendo de que aquella persona podría llegar a robarte toda tu información?

En este punto es donde la mayoría de la gente se rinde. La pregunta siempre es la misma: ¿cómo puedo saber si se trata de una imagen real procedente del núcleo mismo de mi ser y no una que he creado a partir de mis propias necesidades y complejos? La fantasía es un fenómeno interesante. Como he mencionado antes,[24] la mente autoconsciente utiliza y retuerce el lenguaje de la imaginación para adaptarlo al escenario que más le conviene.

Los escenarios pueden surgir de un antiguo complejo, un recuerdo emocional reprimido que tiñe nuestra realidad (todas las personas que llevan traje negro son ladrones o los hombres bronceados me eclipsarán), o bien de la satisfacción de un deseo, como el anhelo de ser amado o admirado, o de sistemas de creencias aceptados ciegamente (las mujeres son menos capaces que los hombres). En otras palabras, debes limpiar la basura del océano. Como se trata de un proceso largo, ¿qué puedes hacer mientras tanto?

---

24. *Véase* el capítulo 3.

A continuación, encontrarás tres enfoques: el primero, por supuesto, es hacerse la pregunta. Puedes hacerlo directamente dirigiendo la atención hacia tu interior, exhalando tres veces e interpelando directamente a tu subconsciente: «¿Es éste el socio que necesito?». A continuación, presta atención a las imágenes que surjan. También puedes preguntar a tus sueños nocturnos.

El segundo enfoque consiste en utilizar las imágenes Saphire, el método de la sacudida.

Ejercicio 27
. . . .
El ángel de la justicia

Cierra los ojos. Exhala lentamente tres veces mientras cuentas del tres al uno. Visualiza el uno alto, nítido y brillante.

Imagina que estás en un prado. Mira el cielo azul. Deja que tus ojos busquen la parte del cielo con el azul más intenso. Posa tus ojos en esa parte del cielo e invoca al ángel de la justicia para que venga y responda a tu pregunta. Haz tu pregunta en voz alta desde el prado.

Exhala. Visualiza el cielo abriéndose y al ángel de la justicia bajando hacia donde estás tú. Observa atentamente al ángel.

Exhala. Cuando tengas una respuesta, dale las gracias al ángel y observa cómo regresa al cielo y desaparece en la parte con la luz azul más intensa.

Exhala. Abre los ojos.

El ángel de la justicia desciende. Lleva en la mano un grueso bastón. Me golpea con fuerza en la cabeza. Entiendo lo que me está diciendo: ¡No!

Advertencia: no hagas este ejercicio si no estás dispuesto a seguir los consejos del ángel. El ángel es un mensajero de tu alma. Sólo hazle una pregunta cuando estés dispuesto a aceptar tu verdad interior.

✳

El tercer enfoque es la verificación.

La verificación es una práctica que depende del tiempo y la herramienta más fiable a tu disposición. Ninguna otra práctica te ayudará tanto como ésta a aprender a distinguir entre la auténtica imaginación y la fantasía. Aunque requiere de un esfuerzo continuo, y pasará tiempo antes de que estés convencido de que puedes confiar en tus imágenes, no existe ningún otro sistema para descubrirlo. Es recomendable que de vez en cuando compruebes si tus imágenes interiores reflejan la verdad de lo que está ocurriendo. No debería resultarte muy difícil saber si tu amiga está enfadada o colada por alguien, lo que confirmaría que las imágenes son auténticas. Es algo que puedes comprobar inmediatamente. Pero ¿qué pasa con el posible socio? En este caso no hay forma de saberlo, excepto seguir muy de cerca sus movimientos. Tendrás que esperar y observar.

Para empezar el proceso de verificación necesitarás el Libro de Sueños, donde pones por escrito y anotas la fecha de las visiones diurnas de tu campo onírico. La verificación se produce cuando la visión que hemos tenido se materializa en la realidad cotidiana. Cuando te ocurra, coge el Libro de Sueños y busca la página donde anotaste la visión en cuestión o lo que te dijo la voz. La verificación puede producirse hoy mismo, mañana, dentro de tres meses o de cinco años. Marca con un bolígrafo rojo la casilla con el sí o escribe exactamente qué parte o partes de la visión se han hecho realidad. Si verificas las visiones con frecuencia, cada vez reconocerás más fácilmente las señales de las auténticas visiones o voces. Según la experiencia de Elías, la voz tiene una cualidad específica. La reconocerás porque es muy simple, tranquila y directa, lo que la Biblia llama «voz apacible y delicada».[25] Por ejemplo, puedes oír algo como: «Gira a la derecha». Una vez oí esto en una calle concurrida de Jerusalén y giré a la derecha. Un instante después, una terrible explosión sacudió la calle que acababa de dejar atrás, matando a ochenta y cinco personas e hiriendo a muchas más. O, para poner un ejemplo más positivo, conoces a alguien y los colores de la habitación se vuelven más intensos. Dado que el campo onírico utiliza el lenguaje corporal, debemos estar atentos a cualquier cambio en la percepción

---

25. 1 Reyes 19, 12.

sensorial. No olvides anotarlo en el Libro de Sueños. Los mensajes pueden manifestarse a través de uno o de los cinco sentidos. En este caso, la verificación se producirá cuando la persona se convierta en un amigo íntimo.

La práctica consiste en anotar y escribir todas las visiones y palabras que surjan de tu interior. Sólo cuando hayas verificado su autenticidad en repetidas ocasiones podrás empezar a confiar en los mensajes de tu campo onírico. Entonces, podrás empezar a confiar en las respuestas creativas que te ofrece la Emperatriz, momento en el que te darás cuenta de que siempre dice la verdad. Este conocimiento íntimo es un don inestimable que puede llegar a salvarte la vida –como me la salvó a mí– o que puede evitar que cometas importantes errores. Saber que el subconsciente está participando activamente en nuestro bienestar es extremadamente beneficioso. Confiar en que nos avisará de algo cuando lo necesitemos saber reduce significativamente la ansiedad. Puedes empezar a construir desde esta seguridad y permitir que tu alma te guíe.

La verificación también sirve para recordarnos el ímpetu de la creatividad. Por ejemplo, plantar una semilla de roble significa que, salvo circunstancias imprevistas, la semilla terminará convirtiéndose en un roble. De hecho, la verificación consiste en demostrarte a ti mismo que puedes confiar en que la semilla de la creatividad, sea cual sea, buena o mala, se desarrollará según lo previsto. El campo onírico, en su calidad de mapa, es el más adecuado para informarte de las diferentes etapas de crecimiento de la semilla, desde el brote hasta el gran final. Por eso hay tantas personas que aparentemente *predicen* el futuro. Pero el futuro ya está aquí, resguardado en el interior de la semilla. A medida que se despliega el Entendimiento (*Biná*) de lo que estás viendo, te colmas de Conocimiento (*Daat*), del mismo modo en que Adán *conoce* a Eva, la cual, como su nombre indica, es la madre de todas las creaciones vivientes. Adán, como habrás adivinado, es la semilla autoconsciente del anhelo que se cierne sobre Eva, es decir, el subconsciente, que fue creada a partir de su otro costado (*tzela* significa «costado» además de «costilla») mientras Adán soñaba. Él se cierne sobre ella, la contempla, y eso suscita en ella su creatividad, haciendo que sea fértil y que se multiplique. Recuerda que si la semilla que suscitas es mala (el miedo, la rabia, el resentimiento, la envidia y la depresión pueden engendrar malas semillas y los males que éstos conllevan; la creatividad no discrimina) se convertirá en algo malicioso a menos que respondas a su necesidad.

De ese modo corregirás la trayectoria y la semilla subsanada crecerá hasta convertirse en algo bondadoso.

Ejercicio 28
· · · · · · · · · ·
El árbol que se extiende

Cierra los ojos. Exhala lentamente tres veces mientras cuentas del tres al uno. Visualiza el uno alto, nítido y brillante.

Imagina que te adentras en el campo y encuentras un árbol que te impresiona y atrae. Descríbelo.

Exhala. Acércate al árbol y envuelve el tronco con ambos brazos. Mientras lo abrazas, pega la oreja izquierda al tronco y escucha la vida del árbol.

Exhala. Entra en el árbol y fusiónate con él. Eres el tronco, las raíces, las ramas y las hojas. Intenta sentir todas las partes del árbol al mismo tiempo.

Exhala. Pliégate muy rápido hacia tu interior: de las hojas a las ramas, de las ramas al tronco, del tronco a las raíces, las raíces se repliegan sobre sí mismas y, finalmente, conviértete en la semilla que dio origen al árbol.

Exhala. Toda tu consciencia está en la semilla. Tú eres la semilla en la tierra que escucha el murmullo de su propia existencia. ¿Qué oyes?

Exhala. Siente y visualiza cómo la semilla despliega rápidamente las raíces, el tronco, las ramas y las hojas.

Exhala. Eres el árbol adulto; todas y cada una de tus partes están impregnadas con el mensaje de la semilla.

Exhala. Sepárate del árbol. Mírate a ti mismo. ¿Cómo te ves ahora?

Exhala. Date la vuelta y mira el árbol. ¿Qué aspecto tiene ahora?

Exhala. Si estás satisfecho con lo que ves, dale las gracias al árbol siendo consciente de que puedes regresar a él cuando quieras. Aléjate en tu nuevo cuerpo, imbuido y vigorizado por el mensaje de vida que has escuchado en el centro de la semilla.

Exhala. Si el árbol no tiene buen aspecto, ve hasta al arroyo cercano, llena la jarra de agua y regresa junto al árbol para regarlo.

Exhala. Vuelve a mirar el árbol. Si es necesario, sigue regándolo hasta que estés satisfecho. Si te desagrada tu aspecto, también puedes regarte a ti mismo.

Exhala. Aléjate en tu nuevo cuerpo, imbuido y vigorizado por el mensaje de vida que has escuchado en el centro de la semilla).

Exhala. Abre los ojos

¿Qué hace falta para que el Emperador se cierna sobre la Emperatriz? ¿Recuerdas qué quieren las mujeres? Ser soberanas. ¿Qué cualidad requiere eso del Emperador? Según el texto bíblico, «Dios bendijo el séptimo día y lo santificó, porque en él Dios se abstuvo de toda su obra que había creado **para hacer**».[26, 27] Dios dejó de crear. Se retiró para que nosotros, como Él, pudiéramos empezar a hacer, a cernirnos sobre el caos y ver surgir la creación. Esta cualidad del amante, mostrarse humilde ante su dama, es la que Dios quiere mostrarnos a través del ejemplo. Llevado por el amor desinteresado, el amante se inclina y observa el florecimiento de su amada, ante el cual responde con cantos líricos y salmos de amor.

Rendirse significa pasar de la emoción a la devoción. Eso es lo que significa convertirse en un cabalista. El cabalista se vacía para poder recibir (cábala significa «recepción») las ofrendas de una fuerza más orgánica y enérgica cuyos orígenes están ocultos más allá del subconsciente. ¿No te gustaría renunciar al ego y al poder sabiendo que, al contenerte y limitarte a observar, estás encendiendo la chispa creativa de la Emperatriz, lo que te permite servir a una verdad superior? ésta es la razón por la que me he desviado ligeramente para hablarte de la verificación. Te resultará mucho más fácil entregarte si una y otra vez compruebas que lo que te muestra la Emperatriz es más fresco, más auténtico y coherente con las leyes del universo. Si eres capaz de

---

26. Génesis 2, 3.
27. El Malbim, rabino ucraniano (1809-1879), interpreta este «para hacer» como objeto del verbo «crear».

confiar en su verdad creativa y sus conocimientos, estarás más sano y te sentirás más seguro, mejor aconsejado y con mayor confianza. Según la cábala, la creación ocurre a cada momento. Por lo tanto, debes estar dispuesto en todo momento a contemplar tu mundo interior y a aprender de ella cuál es la mejor respuesta para tu vida.

El diálogo entre los dos cerebros acelera el campo onírico. Al observar, dejarte llevar por lo que ves y actuar en consecuencia, éste vibrará cada vez más rápido. Cuando los dos cerebros se comunican sin ningún tipo de traba, cuando el sol y la luna están en paridad, la creatividad fluye como un río caudaloso «para regar el Jardín».[28]

En el próximo capítulo veremos la creatividad en acción.

---

28. Génesis 2, 10.

5

SEÑALES DE LA TRANSFORMACIÓN

La gramática de la imaginación

«Hay en la sabiduría un espíritu inteligente, santo, único, multiforme, sutil, móvil, lúcido, puro, claro, inofensivo, amante del bien, penetrante, independiente, bienhechor, amigo del hombre, firme, seguro, tranquilo, que todo lo puede y a todo está atento, que penetra en todos los espíritus».

SABIDURÍA 7, 22-24

Paul Klee dijo en una ocasión: «Una línea es un punto que se fue a dar una vuelta».[29] En un universo vacío, ¿por qué el punto no se queda quieto? ¿Adónde cree que va? ¿Se mueve porque quiere moverse? ¿O lo hace simplemente porque el movimiento está en su naturaleza? Creación significa movimiento. El big bang, la aparición explosiva de algo a partir de la nada, se expande del punto inicial hasta las líneas. Imaginemos ese punto como la primera imagen. Si «la imagen es una estructura viva»,[30] el movimiento explosivo que crea millones de líneas inaugura la formación de la estructura. Pero ¿dónde se detienen las líneas? ¿Es prerrogativa de Dios decirle al mar «llegarás hasta aquí, y de aquí no pasarás»?[31] ¿O el ser humano también tiene la capacidad de ordenarle al movimiento generativo que se detenga? La mente consciente puede hacerlo verbalizando la orden y deteniendo al movi-

---

29. Paul Klee (1879-1940) fue un artista cuyas obras abarcaron múltiples movimientos. Esta cita hace referencia a la necesidad de dejar que aparezca una nueva forma.
30. Keleman: *Myth & the Body*.
31. Job 38, 11.

miento por la fuerza. Sin embargo, la fuerza de voluntad no actúa de forma orgánica, y los efectos que provoca sólo pueden ser incómodos y problemáticos. Un ejemplo de desarrollo orgánico: el encuentro entre el óvulo y el espermatozoide, nuestro big bang personal, hace que la célula-punto inicial empiece a moverse en distintas direcciones, hasta que el movimiento se detiene en lo que hemos aprendido a reconocer como un feto completamente formado y con todos sus componentes: huesos, dedos de los pies y de las manos, orificios, etc. ¿Cómo sabe el punto-línea-forma cuándo debe detenerse? Aquí es donde entra en juego el misterio, que dice: llegarás hasta aquí y de aquí no pasarás. *Ki tov*, «esto está bien».

Entonces, una vez establecida, como el mar dentro de sus límites, la forma (*yetzer*) crece, aumenta y disminuye, hasta que se disuelve y desaparece, permitiendo la aparición de una nueva forma. *Tov meod*, esto está muy bien. Y nosotros, ¿podemos establecer conscientemente esos límites? No. Pero nuestro cuerpo sí sabe cómo hacerlo. En hebreo, el punto-línea-forma se llama *yetzer*, que también significa «imaginación». Y puesto que la imaginación (nuestra Emperatriz) es nuestro lenguaje corporal, puede enseñarnos a hacerlo. No tenemos que recurrir a la voluntad; sólo debemos observar y dejarnos guiar. La auténtica imaginación, la creatividad, es sabia. Tiene la sabiduría interior necesaria para saber dónde debe parar.

La imaginación nos indicará el momento en que nuestra creación ha alcanzado su estructura vital y, como el feto, está lista para manifestarse en la realidad cotidiana. Como he dicho antes, no debemos confundir imaginación con fantasía.[32] La imaginación es auténtica cuando adquiere voluntad interior propia, cuando aprende a desarrollarse de forma precisa y logra sorprendernos poderosamente en el proceso. Sus revelaciones nos exponen a un equilibrio interno y a una belleza única que ninguna mente lógica es capaz de concebir.

Entonces, ¿quién es ella, aquella que, siendo su propia creadora, conoce el principio y el final de su propia creación? ¿Y quién es él, el observador?

---

32. *Véanse* los capítulos 3 y 4.

Ella es una narradora de gran fuerza y poder que teje muchos cuentos, entrelazando una y otra vez diferentes hilos de la historia, y él es el que escucha y se pregunta cuándo aparecerá la imagen completa. Sin su público, ella no puede manifestarse. Él es la urdimbre de su trama (los dos componentes básicos de las artes textiles). Ella canta a los estados de ánimo de él, a sus preguntas, a sus sueños y esperanzas.

Y, de repente, tras urdir todas las hebras, logra crear un hermoso nudo, se inclina ante su maravillado público y, ¡zas!, desaparece.

Aunque no lograremos desentrañar su misterio, sí podemos aprender la gramática de sus creaciones. Juntos descubriremos las señales que marcan la diferencia entre los inventos de la fantasía que esculpe el hemisferio izquierdo del cerebro y la verdadera imaginación. Veremos cómo exhibe su sabiduría de modos que ni siquiera imaginas. La auténtica imaginación sorprende, asombra y cautiva, ofreciéndonos soluciones que no se nos habrían ocurrido ni en un millón de años.

Al principio, el secreto para observar cómo trabaja la auténtica imaginación es aprender a permanecer despierto en los límites del sueño. ¿Cómo podemos permanecer despiertos al tiempo que nos estamos quedando dormidos? Parece una contradicción imposible. Todo el mundo sabe que el sueño anula la conciencia. Sin embargo, como hemos visto antes, si aceptas la posibilidad de que la dualidad (o esto o lo otro) no es la única realidad, de que la paradoja (ambos estados existen simultáneamente) también puede prevalecer, es posible que acabes viendo cómo se ilumina tu cerebro: el observador que hay en ti es capaz de traspasar el velo nocturno; el narrador que hay en ti atraviesa hábilmente el *éblouissement*, el «deslumbramiento», diurno.

La práctica nos hace grandes. En el capítulo 3 has aprendido a permanecer despierto mientras te quedas dormido y a estar despierto y responder activamente a tus sueños nocturnos. También has aprendido a observar las imágenes de la mente subconsciente durante la vigilia. Ahora necesitas poner todo esto en práctica.

Nos sentamos, como si fuéramos monjes zen o tibetanos. Pero no en un cojín (aunque puedes hacerlo en la postura del loto si te resulta más cómoda). Por lo general, aconsejamos a los principiantes que se sienten en una silla de respaldo recto, como los antiguos faraones, con las piernas y los brazos sin cruzar. Al estar sentado, no te relajarás, lo que hará que permanezcas despierto, sobre todo cuando cierres los ojos. Imagina, como los jóvenes monjes tibetanos, que tienes una vela encendida sobre la cabeza. Si te quedas dormido, aunque sólo sea un segundo, te goteará cera caliente en la cabeza y despertarás. Tranquilo, no hace falta que lo hagas. Lo importante es que captes la idea: permanece alerta mientras te sumerges en el estado onírico y sueñas despierto.

✳

Existen tres técnicas o niveles de acceso al subconsciente. Todas ellas requieren de la *rêverie*,[33] un estado en el que puede entrarse fácilmente mediante un método muy sencillo: exhalando tres veces lentamente mientras visualizas los números del tres al uno.

Para la **visualización**, debes seguir un sencillo guion preestablecido para recordarle al cuerpo físico cómo regresar a la homeostasis.

Los **ejercicios Saphire**[34] son inducciones breves que producen una sacudida, lo que ayuda a distanciarnos de la esfera mental y sumergirnos en la del subconsciente. Son una herramienta que induce a la transformación, el cambio y el crecimiento interior.

Soñar despierto (una paradoja o contradicción) es una exploración del campo onírico. Se trata de la versión larga de los ejercicios, pero sin guion, sacudida ni ningún objetivo específico. Para moverte por tu mundo interior, puedes empezar en un prado, seguir allá donde te lleve tu perro o entrar en la imagen de un sueño que desees explorar.

Recurriremos a la versión larga de soñar despiertos para indagar en las particularidades de la auténtica imaginación.

---

33. *Véase* el capítulo 3.
34. *Ídem.*

Ejercicio 29

Soñar despierto

Cierra los ojos. Exhala lentamente tres veces mientras cuentas del tres al uno. Visualiza el uno alto, nítido y brillante.

Imagina que estás en un prado.

Empieza por describir, en silencio o en voz alta, lo que ves.

Estoy en un prado. El cielo es de un color azul muy intenso. Unos pájaros blancos vuelan en V hacia la derecha. Me siento muy optimista.

Resulta muy útil, y al principio imprescindible, hacer esto con la ayuda de un guía. Verbaliza todo lo que ves. El guía interactuará contigo pidiéndote que seas más preciso y estés más centrado en lo que ves y experimentas:

¿Cuántos pájaros hay?

No estoy seguro.

Vuelve a mirar.

Qué extraño; ahora sólo veo tres, ¡pero muy claramente!

¿Los pájaros intentan mostrarte algo?

Sí. Veo una ciudad dorada sobre una colina lejana.

¿Quieres ir hasta allí?

Un hombre me impide el paso.

¿Cómo es el hombre?

Es muy alto. Apenas le llego al tobillo.

¿Cómo va vestido?

Completamente de blanco.

¿Qué sientes por él?

Quiero que me levante... lo hace... me enseña la ciudad.

¿Cómo es la ciudad?

Parece celestial, todo es dorado y brillante. El hombre me dice que no puedo ir ahora, pero que me indicará el camino para llegar a ella.

¿Cómo es el camino?

De tierra, y sube en espiral. El hombre me dice que tardaré toda la vida en llegar a la ciudad.

Pregúntale cómo se llama.

Dice que se llama Honesto.

Dale las gracias a Honesto por mostrarte el camino.

Ahora se está disolviendo y desapareciendo.

Obsérvalo hasta que haya desaparecido del todo. Ahora siente los pies sobre el camino. Empieza a caminar.

Exhala lentamente. Abre los ojos y visualízate a ti mismo en el camino con los ojos bien abiertos.

Las preguntas del guía te ayudarán a centrarte en las imágenes. ¿Qué ves? ¿Qué sientes? ¿Y ahora qué ves? ¿Hacia dónde vas, a la izquierda, a la derecha, recto, arriba o abajo? ¿Cómo es el paisaje? ¿Y los colores? Describe lo que está pasando. La voz del guía te ayudará a mantenerte anclado a la experiencia, y las preguntas consiguen que estés mucho más alerta y despierto durante el estado onírico al agudizar tu capacidad de observación. Tu lenguaje mejora a medida que buscas las palabras adecuadas para describir tanto lo que ves como lo que experimentas. Durante el proceso, tu yo observador –el hemisferio izquierdo del cerebro– se vuelve más preciso, más sutil y flexible a la hora de utilizar palabras y frases para describir los movimientos creativos de la imaginación, es decir, el trabajo que lleva a cabo el hemisferio derecho del cerebro.

¿Qué es el estado onírico? En él podemos encontrar todos los rasgos de la cotidianidad: las seis direcciones: arriba y abajo, izquierda y derecha, adelante y atrás; todos los matices de los siete colores del arcoíris; los cuatro elementos: tierra, agua, fuego y aire; todos los elementos que conforman el paisaje: cielo, tierra, océano, suelo, montañas, valles, rocas, árboles, hierba. También existe el día y la noche, el viento, la lluvia, el sol, el calor, el frío y las estaciones. En él hay cabañas, graneros, casas, edificios, palacios, ciudades urbanizadas como las nuestras. Además, está habitado por todo tipo de animales: acuáticos, mamíferos, aves y, por supuesto, humanos. Pero en él también viven extraños seres híbridos con cola o alas, una combinación entre animal y humano o humano y ángel. Los seres angélicos aparecen frecuentemente y ocupan un lugar central. Volveremos a ellos más adelante.

Los sueños revelan un mundo de deseos, desde los más bajos a los más sublimes; de reacciones, como el miedo o la ira; de emociones reprimidas, como la tristeza, la culpa, la envidia, el odio hacia nosotros mismos; de sentimientos, como el amor, la compasión, la paz o la alegría, los cuales pueden llegar a intensificarse como consecuencia de revelaciones y transformaciones repentinas.

Lo que no tiene es concreción ni la solidez de la vida cotidiana. Carece de causalidad, de linealidad temporal, de la obviedad asociada a la materialidad. Podríamos sentir la tentación de asegurar que en realidad no existe, pero entonces nos estaríamos perdiendo la deslumbrante belleza del mundo onírico, la fluidez de sus movimientos. El mundo cotidiano, pese a cautivarnos también con la belleza de su naturaleza y su fauna, nos obliga a enfrentarnos constantemente a obstáculos, al esfuerzo de avanzar trabajosamente a través del tiempo y sus limitaciones, a la angustia que conlleva relacionarse con otros seres humanos o animales, sin olvidar la sucesión de acciones repetitivas que debemos realizar diariamente para poder sobrevivir.

¿Cuál es la finalidad del estado onírico? La libertad.

El estado onírico no se ve obstaculizado por las limitaciones del tiempo y el espacio. Utiliza el cuerpo como plataforma para elevarse desde la materialidad hasta el movimiento y la energía. Como si se tratara de un trampolín, el lenguaje corporal de los movimientos físicos, emocionales y mentales conecta este mundo con el de los sueños.[35] Cuando se canalizan adecuadamente, los deseos, reacciones y emociones del cuerpo se convierten en el combustible para el viaje que te llevará del cuerpo material al cuerpo energético y su mundo. El estado onírico está compuesto por formas de luz cromática que aparecen y desaparecen más rápido de lo que podemos pestañear. Cuando te conviertas en un soñador, aprenderás a mantener estables estas formas luminosas

---

35. *Véase* el capítulo 1.

y a tejer para ti un *palacio de luz*. Con la práctica, te convertirás en *luz sólida*, un concepto que puede parecer contradictorio pero que, a pesar de todo, es cierto. Esto potenciará tu dimensión terrestre interior, el *jomer* (materia) de tu cuerpo, y hará que vibre a frecuencias más altas. La tierra que hay dentro de ti se convertirá en la interfaz entre el mundo real y el mundo luminoso.

✳

Siéntate con la espalda recta y los brazos y las piernas descruzados. Cierra los ojos.

Exhala tres veces mientras cuentas del tres al uno y visualizas los números. Visualiza el uno alto, nítido y brillante. Imagina que estás en un jardín de rosas y que acaricias un pétalo de rosa.

No veo nada.
¿Puedes sentir algo?
Un hormigueo en las yemas de los dedos, pero no veo nada.
No pasa nada. ¿Qué te dice el hormigueo en los dedos?

✳

Es obvio que todos los sentidos están involucrados en la práctica imaginativa. Por eso no nos sorprende que el término imaginación derive de la palabra imagen (en hebreo, forma o *yetzer*). Sin embargo, para las personas ciegas, el mundo se construye a través del tacto, el oído, el gusto y el olfato. Un masajista no lee necesariamente el cuerpo con los ojos, sino más bien con las sensaciones que recibe a través de las yemas de los dedos. Aunque estas personas no ven con la vista, es evidente que siguen *viendo*. Son capaces de reconstruir la forma utilizando sus otros sentidos.

Si no ves nada, si sólo estás sintiendo, continúa haciéndolo y trata de describir cómo te in-**forma** esa sensación. Con la práctica descubrirás que todos los sentidos pueden experimentarse a través de otro, como se dice en Éxodo: «Y el pueblo *vio* las voces».[36] Este fenómeno recibe el nombre de sinestesia.

---

36. Éxodo 20, 18.

Una alumna soportó pacientemente dos años de oscuridad. Era capaz de sentir, pero no de ver. Un día, sin previo aviso, le llegó la revelación durante un ejercicio. Ante ella apareció un mundo completamente formado, extremadamente barroco y de una gran belleza. Nunca debemos forzar la imaginación, sino simplemente buscar otras formas de penetrarla. La violencia rompe el espejo. Nuestra fiel narradora responde a la paciente perseverancia. Imagina que estás pescando y permanece atento mientras esperas. Si no ves nada, no desesperes. Confía en tus otros sentidos.

El siguiente ejercicio puede ayudarte a desbloquear tu visión interior.

Ejercicio 30
· · · · · · · · · ·
Una silla, un trono

Cierra los ojos. Exhala lentamente tres veces mientras cuentas del tres al uno. Visualiza el uno alto, nítido y brillante.

Imagina una silla. Descríbela. ¿Qué forma tiene? ¿De qué material está hecha? ¿De qué color es?

Exhala. Siéntate en la silla. ¿Es cómoda? ¿Qué ves mientras estás sentado en ella?

Exhala. Ahora imagina un trono. Descríbelo. ¿Qué forma tiene? ¿De qué material está hecho? ¿De qué color es?

Exhala. Siéntate en el trono. ¿Es cómodo? ¿Qué ves mientras estás sentado en él?

Exhala. Abre los ojos.

❊

Una silla es un objeto simple y fácil de visualizar. No requiere de un trabajo imaginativo complejo. Te sorprenderá lo fácil que es. La transición de silla a trono es mínima, por lo que, para la mayoría de las personas, el paso de imitación (la silla) a imaginación (el trono) será muy sencillo.

No obstante, para otras personas, la visión interior representa un curioso desafío: no soy capaz de ver, pero puedo imaginar. En realidad, sí son capaces de ver, pero crean un bloqueo mental, un velo que se extiende sobre su mundo interior para protegerse de lo que temen que pueda ser una revelación demasiado devastadora. La aprensión y el miedo a lo que van a ver puede embotar las sensaciones y atenuar los colores del mundo interior, convirtiéndolo en una pálida imitación del mundo cotidiano. Recuerda que el poder emocional y la consiguiente liberación hormonal son el impulso necesario que nos permite iluminar nuestro mundo interior. Ten paciencia, incluso cuando te parezca que sólo estás imaginando las cosas. No te rindas. Déjate engañar, sumérgete en el océano y prueba los ejercicios.

Cuando digo que te dejes engañar, me refiero precisamente a eso. Ya sabes que es necesaria una sacudida para poner en marcha la creatividad. La sacudida elimina las reacciones habituales –miedo, aprensión, tristeza y culpa– que enturbian nuestro paisaje interior y, súbitamente, nos encontramos en la tierra del color puro. Un meticuloso alumno se pasó varios meses viendo las cosas sólo en blanco y negro. El color indica emoción y sentimiento. Ver sólo en blanco y negro significa: ¡Tengo miedo de sentir! De hecho, el alumno en cuestión se pasaba la mayor parte del tiempo encerrado en sí mismo. Un día se desmayó durante la clase. Cuando volvió en sí, nos dijo que «de repente lo había visto todo en tecnicolor». En otras palabras, le habían engañado para entrar en su cuerpo emocional y se había desmayado del susto. Ésta es, obviamente, una reacción extrema que sólo he presenciado una vez, así que no te preocupes.

Las transformaciones inesperadas y repentinas en las imágenes son la señal de que la auténtica imaginación está en funcionamiento. Vamos a examinar diversos casos en que la imagen muestra una transformación. En el siguiente ejercicio, las transformaciones se producen principalmente en el campo del color. Ya hemos visto una transformación del color al subir la escalera de los sueños nocturnos.[37] Durante un ejercicio, la transformación del color siempre comunica algo importante.

---

37. *Veáse* capítulo 2.

Ejercicio 31

La cascada (formal)

Cierra los ojos. Exhala lentamente tres veces mientras cuentas del tres al uno. Visualiza el uno alto, nítido y brillante.

Imagina que caminas por la montaña un cálido día de verano. Oyes el sonido del agua y lo sigues. Llegas a una cascada de una altura media.

Exhala. Decides quitarte la ropa y los zapatos. Avanza por el agua hasta llegar a la cascada.

Exhala. Date la vuelta y deja que el agua de la cascada te caiga por la espalda. Siente su peso, su ritmo, el cosquilleo de cada una de las gotas de agua al abrir los poros de tu piel.

Exhala. Date la vuelta hacia la cascada. Aún no te metas debajo de ella. Deja que el agua se derrame por la parte delantera de tu cuerpo. Contempla la reluciente cortina de agua. Siente su peso, su ritmo, el cosquilleo de cada una de las gotas de agua al abrir los poros de tu piel.

Exhala. Métete de lleno bajo la cascada. Siéntete envuelto por el agua, su peso, su ritmo, el cosquilleo de cada una de las gotas de agua al abrir los poros de tu piel.

Exhala. La cascada entra en tu cuerpo a través de los poros abiertos, fluye a través de ti y limpia tu interior. ¿Qué aspecto tienes ahora?

Exhala. Continúa visualizando esto hasta que tu cuerpo sea completamente translúcido.

Exhala. Aléjate de la cascada. El sol brilla a través de tu cuerpo, creando una luz iridiscente. ¿Queda algún color en tu cuerpo? ¿Dónde?

Exhala. Vuelve a la orilla. Túmbate al sol hasta que estés seco.

Exhala. Ves que tu ropa ha desaparecido, pero que hay ropa nueva esperándote.

Exhala. Póntela. ¿Qué aspecto tiene la ropa nueva? ¿Cómo es la textura, el estilo, el color?

Exhala. Si estás satisfecho con ella, aléjate de la cascada mientras te sientes fresco y renovado.

✳

Aunque, evidentemente, el ejercicio pretende ser una limpieza, la facilidad con la que el cuerpo se vuelve translúcido, los colores que permanecen en el cuerpo y los de la ropa nos indican si se ha producido o no la transformación.

> **Mis pantalones son de lino, pero de color negro. No me gustan.**
>
> Sumérgelos en las aguas cristalinas para eliminar el negro y, después, deja que se sequen al sol.
>
> ¿De qué color son ahora?
>
> **De un hermoso verde brillante.**
>
> ¿De qué color tienes el pelo, más oscuro, más claro o igual?
>
> **Mucho más rubio y largo.**
>
> ¿Y la expresión de tu cara?
>
> **Serena y feliz. Parezco mucho más joven.**

El color negro de los pantalones indica algún problema en la región pélvica o en las piernas. Aunque no sabemos si el problema es físico o emocional, hasta cierto punto tampoco importa. Si así lo desea, la persona que sueña puede mantener en secreto esa información. No necesitamos saberlo. Lo importante es que la transformación se ha producido, ya que el color ha pasado del oscuro al verde brillante. Sea cual sea el problema que tenga el soñador, podemos estar seguros de que se ha aliviado, y lo sabemos porque así nos lo dice el color verde brillante, símbolo de la fertilidad y la vida.

En este ejemplo, el color no es la única señal de transformación. ¿Qué trata de decirte la imaginación al mostrarte que ahora tienes el pelo más largo? El pelo es un indicio de fuerza vital, como en el caso de Sansón, el héroe bíblico. El crecimiento espontáneo del cabello indica que se ha producido una transformación hacia una mayor vitalidad. ¿Lo has provocado de forma voluntaria? No, se produjo espontáneamente. Eso es a lo que debes prestar atención. Recuerda que el cuerpo siempre trata de encontrar el equilibrio y la homeostasis. Dondequiera que haya un movimiento espontáneo hacia el equilibrio y la homeostasis, o lo que la Biblia denomina *ki tov*, lo que está bien, puedes estar seguro de que se ha manifestado la auténtica imaginación. ¿Qué tiene que ver el pelo rubio con lo que está bien? A tu mundo interior no le interesa si eres blanco, rubio o moreno con el pelo castaño; sólo le interesa la oscuridad y la luz. A medida que practiques la mirada interior, los colores empezarán a vibrar a frecuencias cada vez más altas y se volverán más claros y brillantes, como hemos visto en el capítulo 2 con la escalera del sueño. En el lenguaje del mundo interior, a medida que el subconsciente recibe atención, los colores pasan de oscuros a claros (del negro –que es la ausencia de color–, rojo, naranja, amarillo, verde, índigo, azul, púrpura, hasta el blanco, el cual es una combinación de todos los colores y cuya vibración es la más elevada).

¿Nos estamos refiriendo a la vitalidad física? Hemos dejado atrás el reino del cuerpo físico para adentrarnos en el mundo del cuerpo energético. Este mundo energético es la imagen especular del mundo material. Nos muestra un mundo invertido en el que, en lugar de funcionar de abajo arriba (materia) funciona de arriba abajo (energía). Estamos acostumbrados a que el mundo material imponga sus puntos de vista y costumbres sobre el mundo energético; pero aquí es el mundo energético el que imprime sus imágenes y experiencias sobre el mundo físico. ¿Durará mucho la impresión? ¿Seguirás mostrándote serena y feliz si descubres que tu pareja se ha enamorado de otra persona? Si persistes en la creencia de que sólo existe el mundo material, te costará mucho convencer a tu pareja de que vuelva. Pero ¿y si te ves a ti misma en un sueño y eres hermosa, serena y acogedora? Lo más probable es que tu pareja termine por responder al sueño. Ten siempre bien presentes estas imágenes generativas; son el impulso que necesitas para tu futuro. Con el tiempo, la creencia en el dolor y la negatividad no te resultará tan atractiva como tus imágenes. Éstas se convertirán en la fuerza motriz de tus acciones. Dejarás de vivir esclavizada por la causa y el efecto. ¿Cambiará eso tu futuro? En el próximo capítulo hablaremos de la manifestación a través de las imágenes.

¿Qué significado tiene la expresión de la cara? ¿Por qué hemos de fijarnos en si parecemos más serenos, felices o jóvenes? Tras atravesar el velo llegas a un mundo dominado por las emociones. Mientras que en el mundo material puedes morir aplastado por una piedra que cae de un edificio, en el mundo de las imágenes un rayo de luz puede partir la piedra por la mitad. Esta energía onírica puede ser utilizada por el hombre cuyas piernas han quedado aplastadas por la piedra. Sólo con visualizar que termina curándose y vuelve a caminar puede acabar subiendo al podio de los Juegos Olímpicos. La causa y el efecto no son el motor que mueve el mundo onírico, sino las emociones y los sentimientos puros, la alegría de conquistar la oscuridad interior (la piedra que te aplasta) y la euforia de lograr tu objetivo. ¿Hacer esto en el mundo de la imaginación tiene un efecto sobre la piedra que cae del edificio en el mundo material? Aún no podemos responder a esa pregunta. Pero recuerda que tu cuerpo lo *sabe*. Actuará antes incluso de que tu mente registre la existencia de la piedra y comprenda que está a punto de aplastarte. Te apartarás, ileso, mientras la piedra se estrella contra el pavimento.

Fíjate siempre en el contenido emocional de tus sueños: si tu expresión es serena y feliz, si pareces más joven, puedes estar seguro de que se ha producido una transformación. Si continúas viendo estas imágenes de transformación, tu mundo cotidiano terminará por ajustarse a ellas.

¿Y qué significa si crecemos o nos encogemos? Veamos algunas respuestas al siguiente ejercicio.

Ejercicio 32
· · · · · · · · · ·
Respirar con el árbol (formal)

Cierra los ojos. Exhala lentamente tres veces mientras cuentas del tres al uno. Visualiza el uno alto, nítido y brillante.

Imagina que estás paseando por un gran campo de árboles frutales. Hay muchos tipos distintos de árboles. Busca un árbol que te atraiga. Obsérvalo detenidamente y descríbelo.

Exhala. Acércate al árbol. Siéntate debajo de él con la espalda apoyada en el tronco y las rodillas dobladas. Hunde los dedos de los pies en la tierra y siente cómo se convierten en largas raíces. Hunde los dedos de las manos en la tierra y siente cómo se convierten en largas raíces.

Exhala lentamente. Visualiza tu respiración como si fuera un humo ligero. Con el humo, expulsa todo lo que te cansa, todo lo que te eclipsa y todo lo que te perturba. Observa el humo elevarse hasta la copa del árbol, donde es absorbido por las hojas.

Visualízate a ti mismo respirando el oxígeno liberado por las hojas del árbol.

Observa el gran anillo de respiración que te une al árbol.

Mientras sigues respirando con el árbol, siente y observa la savia subiendo desde las raíces, a través del tronco del árbol y de tu columna vertebral hasta la copa del árbol. Observa de qué color es.

Continúa respirando con el árbol hasta que te sientas repuesto.

Exhala, saca los dedos de los pies y de las manos de la tierra y aléjate del árbol. Vuelve a observarlo. ¿Ha cambiado algo? ¿El qué? ¿Es más alto, más pequeño o tiene el mismo tamaño? ¿La forma de la copa es igual o distinta? ¿Las hojas son del mismo tono verde? ¿O son más brillantes, oscuras o de otro color?

Exhala. ¿Qué aspecto tienes ahora?

Yo soy muy alto, ¡pero el árbol ha encogido!

¿Qué te parece que el árbol haya encogido?

Tengo miedo de haberle hecho daño.

Pues ve al riachuelo cercano, llena la regadera y regresa junto al árbol. Riega el árbol.

El árbol vuelve a crecer. Ahora es más alto que yo. Esto está mucho mejor.

Veamos otra respuesta:

El árbol es enorme, con una copa mucho más grande, y yo soy tan alto como el árbol. Voy vestida de un blanco resplandeciente y las hojas del árbol brillan.

Y otra más:

Cuando me alejo del árbol, estoy completamente encorvada y cubierta de corteza y hojas. El árbol es mucho más pequeño. Tiene un agujero en el tronco, justo en el lugar donde estaba apoyada.

¿Qué te parece estar cubierto de corteza?

Me gusta, pero me entristece que el árbol tenga un agujero.

Entonces ve al riachuelo cercano. Llena la regadera y regresa junto al árbol. Riega el árbol y riégate a ti misma.

El agujero del árbol empieza a desaparecer y yo ya no estoy cubierta de corteza y hojas. La copa se hace más grande y las hojas se vuelven más brillantes. Llevo puesto un vestido verde del mismo tono y yo también soy más alta.

Este ejercicio tiene varias funciones, pero la más importante es que te sientas nutrida y llena de oxígeno. Para el propósito que nos ocupa, nos damos cuenta de que alto-bajo es otra forma que el lenguaje de la imaginación utiliza para comunicarse.

En la primera y tercera respuestas, los cambios de tamaño (alto-bajo: representado por el árbol encogido y el soñador muy alto) indican un problema de poder. El primer soñador quiere quedarse con todo el poder. El tercer soñador no puede desprenderse de la dependencia. Pero recuerda que la imagen es tanto un diagnóstico como una cura. El diagnóstico no es estático, sino que nos muestra el camino hacia la cura. Cuando el soñador es cuidadosamente guiado hacia la rectificación, indicándole que debe responder a la imagen, el lenguaje de las imágenes se reajusta hacia lo que está bien. Los árboles se hacen más altos y tienen hojas más brillantes. Al soñador le encanta ver que su árbol crece, o él crece tan alto como su árbol y va vestido con colores más vivos. Haber visto y experimentado estas imágenes resulta un ejercicio muy poderoso. Los soñadores pueden anclarse a las vigorizantes imágenes que han experimentado. La cura es dinámica y construye un nuevo futuro.

En cuanto al segundo soñador, la imagen de él y su árbol creciendo al unísono indica que el encuentro ha provocado una euforia emocional. Es algo que también reconocemos en los colores brillantes.

El pasado y el futuro no son direcciones del tiempo o el espacio, sino del mundo emocional de los recuerdos y las esperanzas.

Ejercicio 33

Imanes emocionales de tiempo

Cierra los ojos. Exhala lentamente tres veces mientras cuentas del tres al uno. Visualiza el uno alto, nítido y brillante.

Imagina que estás en un prado. Echa un vistazo a tu alrededor; ¿qué es lo que más te atrae? Ve hacia lo que más te atraiga. ¿En qué dirección vas? ¿A la izquierda, a la derecha, recto?

Exhala. Sigue avanzando. ¿Qué encuentras al llegar?

Voy hacia la izquierda. Estoy entrando en un bosque. Los árboles se hacen más densos a medida que me adentro en él. También se hace más oscuro. Llego a un claro donde hay una casita muy vieja. De repente tengo mucho miedo. Estoy segura de que allí vive un fantasma; tiene la cara de mi madre.

¿Ha salido el fantasma?

Sí, es una masa muy gris de niebla serpenteante. ¡Se mueve hacia mí!

Saca una bolsa negra del bolsillo y atrapa la niebla con ella. Cierra el cordón y haz un nudo. Regresa rápidamente sobre tus pasos hasta el prado. Lanza la bolsa negra hacia la derecha tan lejos como puedas.

Explota. Hay algo en el suelo.

¿Quieres acercarte a ver qué es?

Sí, es un álbum de fotos. Veo muchas fotos de mi madre en una época en la que era feliz. Me hace sonreír.

Dado que casi el 90 % de los humanos somos diestros, la mayoría de nosotros nos movemos por el mundo usando la mano derecha. Es probable que por eso nuestro mundo emocional interprete el lado derecho como el futuro y el izquierdo como el pasado. En italiano, la mano izquierda es *la sinistra*, un recordatorio de que, cuando regresamos al pasado, generalmente es para resolver asuntos desafortunados o inacabados. Como vemos en este ejercicio, cuando lanzamos hacia el futuro las partes abandonadas de nuestro pasado, éstas se *enderezan* solas.

✳

Como estamos viendo con todos estos ejemplos, la imaginación es siempre fiel a la verdad emocional. Nos muestra lo que no está bien y, si respondemos a la necesidad de las imágenes que se nos revelan, se desplaza desde lo que no es bueno para nosotros hacia lo que sí lo es, y nos lo muestra para que podamos experimentarlo plenamente y no olvidarlo nunca.

Ejercicio 34
· · · · · · · · · ·
El desierto reverdece

Cierra los ojos. Exhala lentamente tres veces mientras cuentas del tres al uno. Visualiza el uno alto, nítido y brillante.

Imagina que estás solo en un desierto seco y rocoso. Estás huyendo de una amenazadora tormenta que se perfila en el horizonte.

Exhala. Deja de correr. Levanta el brazo derecho hacia el sol. Siente cómo se alarga. Siente cómo se te calienta la mano y después cómo se convierte en luz. Atrapa un rayo de luz y conviértelo en un arco.

Exhala. Atrapa otro rayo de luz y conviértelo en una flecha dorada.

Exhala. Cuando la tormenta se acerque, dispara la flecha dorada al centro de ésta.

Exhala. Observas qué le ocurre a la tierra cuando las nubes descargan y una refrescante lluvia empapa la tierra seca.

El desierto reverdece. Flores silvestres florecen por todas partes. La tierra es una alfombra de colores iridiscentes. Ya no tengo miedo. Estoy asombrada ante semejante explosión de belleza.

Exhala. Abre los ojos.

¿Has visto *Sueños,* la mágica película de Kurosawa? En ella aparece un huerto seco donde las ramas de los árboles están cubiertas de nieve. Pero entonces, con una intensidad emocional totalmente inesperada y sorprendente, los árboles florecen repentinamente, llenando nuestro campo visual de flores rosas y blancas, y nuestros corazones, de alegre sorpresa. Lo mismo ocurre con la imaginación, la repentina renovación, la alteración creativa que nos transforma, tanto a nosotros mismos como a nuestra situación.

Lo mismo ocurre cuando el mundo de las imágenes nos revela criaturas de otro mundo, como le ocurrió a Balaam, el soñador y adivino, cuando el Señor le abrió los ojos. «Y vio al ángel del Señor que estaba en el camino, y tenía su espada desenvainada en la mano. Y Balaam hizo reverencia, y se inclinó sobre su rostro».[38] ¿Son reales los ángeles? ¿Existen de verdad o son sólo un producto de nuestra imaginación? ¿La imaginación existe de forma independiente, como un mundo real en sí mismo? Deberás responder tú mismo a esas preguntas.

Lo único que te pido en este momento es que aceptes la existencia de ese otro mundo y le des prioridad sobre la realidad cotidiana. La carta del tarot del Ahorcado te está indicando que cambies tus lealtades: ¡Date la vuelta! Vive desde el mundo de las imágenes en lugar de seguir atrapado en el barro del mundo material. El tarot te está diciendo que aprender a confiar en tu imaginación forma parte del viaje que lleva a la iluminación.

Si los colores se aclaran; si las formas se alargan; si los paisajes se vuelven verdes y fecundos; si escenas aterradoras se resuelven positivamente; si los seres o el propio soñador se vuelven más claros, translúcidos y jóvenes; si los monstruos se disuelven y aparecen seres luminosos o angelicales; si las emociones se convierten en sentimientos expansivos, y la ira, el miedo, la culpa, el resentimiento o la tristeza dan paso sin esfuerzo aparente a la paz, la alegría, el amor y la compasión, y si todo esto sucede de forma natural, entonces puedes estar seguro de que la auténtica imaginación se ha puesto en marcha. Has entrado en el mundo de lo que no requiere esfuerzo, de lo lúdico, de lo creativo. Has dejado atrás al querubín con la espada de fuego y te has abierto camino hábilmente en tu Jardín del Edén perdido.

¿Podrás ahora volver a introducir en tu realidad cotidiana los descubrimientos creativos? ¿Podrá tu carácter travieso volver a salir del Jardín para iluminar la monotonía de tu existencia diaria? ¿Puedes transformar la realidad cotidiana a través de las imágenes oníricas?

---

38. Números 22, 31.

6

SÍMBOLO O METÁFORA

«Un día transmite el mensaje al otro día, y una noche a la otra noche revela sabiduría».

SALMO 19, 3

¿Es importante entender el significado de las imágenes, sueños o visiones? A corto plazo, descubrirás que no es necesario. Puedes desconocerlo todo acerca de su verdadero significado y, aun así, seguir progresando, siempre y cuando respondas siempre a la necesidad de las imágenes.[1] Éstas te llevarán allí donde tu sueño tiene que ir. Pero ¿ahí acaba todo? Los sabios dicen que «un sueño sin interpretar es como una carta sin abrir».[2] Las imágenes son tuyas; emergen de una fuente oculta que está dentro de ti. Lo que habita en el ojo de tu mente está relacionado con quién eres y en qué punto del viaje te encuentras. Las imágenes informan a tu mente autoconsciente, por lo que te resultará muy útil comprenderlas. Todo esto no se pone en duda. Lo que sí se pone en duda es el paso de las imágenes a las palabras. Durante ese proceso, pueden perderse, malinterpretarse o tergiversarse muchas cosas. Es una tarea que está llena de peligros.

¿Cómo puede perjudicarte el hecho de hablar de tus imágenes? La mayoría de los comentaristas de sueños llaman símbolos a las imágenes oníricas. Un símbolo es algo que representa otra cosa. Si sueñas con «un pozo, un río, un pájaro, una olla, uvas, una montaña,

---

1. *Veáse* el capítulo 2.
2. Berajot 55a.

una caña, un buey, un perro, un león, una navaja, un camello o un asno»,[3] en realidad estás soñando de otras cosas. Pero ¿eso es realmente así? ¿De verdad un asno significa otra cosa? ¿Y esa otra cosa significa lo mismo para todas las personas que lo sueñan? ¿Deberías comprarte un diccionario de símbolos para descubrir qué significan? Si te lo compraras, descubrirías que un asno significa cosas distintas en función de la cultura. ¿El significado que aparece en el diccionario te influirá en exceso o te llevará por el mal camino? O, como el erudito bíblico, ¿crees que «aquel que ve un asno en un sueño sabe que le llegará la salvación»? Entender un sueño o una visión requiere algo más que simplemente aplicarles un significado general. Según Eric Fromm,[4] existen tres tipos diferentes de símbolos: los convencionales (una bandera), los accidentales (un recuerdo personal que sólo tiene significado para ti) y los universales (el agua es fluida y se mueve). No obstante, ¿el lenguaje onírico piensa alguna vez en compartimentar en categorías o es más bien un flujo viviente? ¿Dónde se originan los símbolos, si es que realmente existen en el interior de los sueños?

¿No nos enfrentamos aquí a dos cuestiones distintas, por un lado, las imágenes oníricas y, por el otro, su interpretación? Según los sabios del Talmud, «no hay ningún sueño sin su interpretación».[5] ¿Significa esto que el sueño no existe si no hay un intérprete? ¿Quién es entonces el tú que sueña y el tú que interpreta? ¿No será que el problema no es el sueño («Una noche a la otra noche revela sabiduría») sino la interpretación («Un día transmite el mensaje al otro día»)?

Soñar es una experiencia que se convierte en una historia en cuanto se la cuentas a un amigo, la grabas o la escribes en tu Libro de Sueños. Podríamos definir el proceso como una reducción, pues nos dedicamos a reducir movimientos, formas, colores y números de una cualidad efímera semejante al de un espectáculo de luces a la forma manifiesta

---

3. Berajot 56b.
4. Psicoanalista estadounidense (1900-1980) que desarrolló el concepto de que la libertad era una necesidad fundamental del ser humano.
5. Bereshit Rabá 68, 12.

de la voz o el texto. Dejemos de lado por el momento la cuestión de la manifestación y concentrémonos en el proceso de traducción, es decir, el paso de la experiencia a la interpretación. Todo empieza con un acontecimiento. Imagina que llevas puesto un dispositivo que te permite moverte por una realidad virtual en 3D o, en su lugar, cierra los ojos y exhala tres veces. Sumérgete completamente en la siguiente experiencia de sueño despierto en 3D.

> *Voy caminando por la calle con unos relucientes zapatos de color rojo. Oigo claramente el repiqueteo de los tacones sobre el empedrado. A mi derecha hay una casa con una llamativa puerta amarilla. En la cerradura hay una llave y me llega el olor del jazmín. Es muy tentador. Sin embargo, a mi izquierda hay un remolino de niebla oscura que me atrae inexorablemente. Es oscura, húmeda y fría. Me da miedo.*

El miedo te saca del trance onírico. Tu primer pensamiento es descartar el miedo; al fin y al cabo, es sólo una visión onírica. Acaban de ocurrir dos cosas: has despertado a tu realidad cotidiana y has cambiado de cerebro. Poner por escrito la visión en tu Libro de Sueños te ayudará a exorcizar el miedo. Aunque puede que aún queden rastros de tu estado onírico, tu mente racional se impone. La escritura te distancia de las emociones. Estás reduciendo una experiencia multifacética a un sistema lineal. A menos que, por supuesto, seas un pintor que pinta sus sueños, como hice yo durante muchos años, o un poeta cuyas palabras aún pueden propiciar algunas de esas variaciones oníricas.

> *La naturaleza es un templo donde vivos pilares*
> *dejan salir a veces sus confusas palabras;*
> *por allí pasa el hombre entre bosques de símbolos*
> *que lo observan atentos con familiar mirada.*[6]

Las «palabras sometidas» son nuestra forma imperfecta de traducir la experiencia de los «vivos pilares». Los bosques, una vez se les ha puesto nombre, dejan de vibrar con la vida y pasan a ser meramente

---

6. Baudelaire: «Ecos», en *Las flores del mal*.

simbólicos. Pero una mirada familiar perdura en el recuerdo de la experiencia.

No hay que confundir la experiencia (los vivos pilares de árboles) con su interpretación (confusas palabras). **En los sueños no hay símbolos.** El escalofrío producido por las gotas de lluvia sobre la piel, la niebla húmeda y los olores no son simbólicos. ¿Qué los convierte en símbolos? Tu mente racional, al tratar de condensar el misterio. Los zapatos rojos no son símbolos; no representan otra cosa que no sean unos zapatos. Los llevas puestos y escuchas el repiqueteo de los tacones sobre la calle adoquinada. ¿Qué pasaría si, en tu vida cotidiana, vieras unos zapatos rojos en un escaparate? El color atraería tus sentidos y te verías a ti misma con los zapatos puestos, llena de vitalidad, pasión y atractivo sexual. Esa sensación de vitalidad es lo que te impulsa a comprarlos. Por tanto, la palabra «símbolo» no es aplicable aquí, pero sí lo son otros conceptos como: «similitudes morfológicas, analogías dinámicas y todo tipo de juegos de palabras»,[7] y como veremos más adelante, conjuntos metafóricos de ideas.

¿Cómo nos hablan los sueños o visiones? Imagina una charada. Intenta decir algo utilizando sólo imágenes. El mundo onírico nos habla sacando de su base de datos el color, la forma, la parte concreta del cuerpo que, según el sueño, es vital y dinámica en el aquí y el ahora. ¿Qué impulsa al sueño a que emprendas este breve pero intenso viaje? Tu deseo de avanzar hacia el resplandor y el poder que desprende el color amarillo brillante. El hecho de que el amarillo esté en una puerta te indica que tienes la posibilidad de cruzar un nuevo umbral, siempre y cuando resuelvas el remolino emocional que te retiene. Y lo haces respondiendo a la necesidad de las imágenes oníricas. Al liberarte del remolino de niebla, se abre el camino que lleva de vuelta a la puerta amarilla.

Dinámico, creativo y vital, tu sueño busca el *ki tov,* el equilibrio dinámico y vital de tus cuatro cuerpos (el físico, el emocional, el mental y el espiritual) con el entorno. No tiene ninguna forma ni significado fijo. Afirma con urgencia qué es o dónde está **ahora**, así como adónde necesita dirigirse. Mientras que, al definir el remolino oscuro como tu

---

7. Michel Foucault: «*Dream, Imagination and Existence*».

sombra o el ello,[8] resuelves la situación en tu mente, convirtiéndose en otro obstáculo para el movimiento transformador del sueño.

De nuevo, considera el proceso del sueño como una atracción magnética impulsada por la necesidad humana básica de sobrevivir en un estado óptimo. La pregunta onírica en tu mente es como la *yod*, la primera letra del tetragrámaton, el big bang de tu campo creativo, el norte magnético que galvanizará las distintas fuerzas que responden a la petición de tu pregunta. La llave y su correspondiente cerradura tienden a compenetrarse. El amarillo intenso se combina con la puerta que debe ser abierta. El aroma del jazmín, puro, penetrante y refrescante, se extiende a modo de sensación para equipararse a tu necesidad de renovación. La niebla que se arremolina, la oscuridad, la humedad y el frío tiran de ti hacia el agujero negro emocional del que intentas escapar. Pinta el sueño, báilalo, cántalo, escribe un poema con él. Todo se aclarará sin necesidad de analizarlo. *Conoces* el significado de tus sueños como Adán *conoció* a Eva. *Sabes* que necesitas liberarte de la atracción de la niebla y avanzar bailando hasta la puerta amarilla. No te hace falta ningún intérprete. La única pregunta que debes hacerte es ésta: ¿qué me impide alcanzar la dicha?[9] **Tú** eres el único que puede responderla. No te separes ni te alejes de tus sentimientos. Todo lo contrario, sé tus sentimientos. Sé *ehyeh asher ehyeh*,[10] «Yo soy el que soy», el nombre con el que Dios se identifica cuando Moisés le pregunta su nombre en la zarza ardiente. También significa: «Seré quien seré». Sé tus sueños y te convertirás en ellos. Si no lo haces, perderás el impulso y te quedarás atascado en la niebla oscura, en el exilio de lo que te prometen tanto los zapatos rojos como la puerta amarilla. Volveremos al tema cuando indaguemos en la cuestión de la manifestación.

¿Qué asociaciones mentales estableces con los zapatos rojos? Puedes agruparlas alrededor de una burbuja central en la que ponga: zapatos rojos.

---

8. El ello, concepto desarrollado por Sigmund Freud, es la parte impulsiva e inconsciente de la psique que busca la gratificación inmediata de los impulsos, necesidades y deseos básicos.

9. Recuerda la cita de Joseph Campbell: «Sigue tu dicha».

10. Éxodo 3, 14.

Pies, suelo, arraigado, dinamismo, pasión, valentía, guerrero, rebelión, toro, matador, el Rey Sol, sensualidad, sexo, alegría.

Puedes seguir haciendo asociaciones (no son conexiones lógicas, sino que se originan a partir de conexiones emocionales establecidas en el subconsciente) hasta que, de repente, empieza a desarrollarse una historia en tu mente. Las formas oníricas son anteriores a la historia. Surgen de un imperativo emocional que podríamos denominar imaginación o necesidad creativa. Aún no sabes cuál será tu historia, pero las imágenes suben como el buen pan y encuentran su propia configuración.

De ahí a decir que esto es simbólico existe una delgada línea que la mayoría de la gente cruza por su cuenta y riesgo. No se puede asignar un significado de forma arbitraria y decir que un cigarro simboliza el pene o una manzana el pecado. Al asignarle un significado fijo a una imagen, estamos reprimiendo su genialidad. En ese caso nos dedicamos a interpretar, a decirle a la persona que sueña o a nosotros mismos que esto (el *cigarro* o la *manzana*) significa eso (el «pene» o el «pecado»). La diferencia es tan sutil que es posible que aún no comprendas el peligro de lo que estás haciendo. Transponer imágenes oníricas al lenguaje del análisis causal (esto significa eso) invalida el propósito y crea falsos sistemas de creencias. Y, entonces, ¿cómo podemos hacerlo? Las palabras conservan el recuerdo de las imágenes. Sin palabras, tus imágenes tienden a disolverse y desaparecer en el flujo del sueño. El único lenguaje que permanece fiel a la misión de tus imágenes es el de la poesía, el cual conserva las verdades estratificadas de la imagen, o el de la descripción literal. El subconsciente es tu fuente creativa, tu imaginación, el motor de tus imágenes. Está en movimiento, fluye, se transforma y está abierto a muchas posibilidades. Para poder proteger sus cualidades, tu lenguaje debe reflejar la libertad del sueño. Si tus palabras fijan el sueño metiendo las imágenes en pequeños cajones denominados símbolos, estarás inadvertidamente amordazando tu imaginación. Al inculcar en tu mente falsas creencias (un puro es un pene, una manzana es el pecado), en realidad estás reprimiendo tu creatividad.

¿Eres de los que, cuando salen del cine, les gusta diseccionar y analizar lo que acaban de ver o de los que dejan que las imágenes resuenen en su interior y prefieren no hablar de lo que acaban de ver? Volvamos al tema del significado literal de las imágenes. Cuando me pongo los zapatos rojos, me siento atraído por la derecha, pero el remolino oscuro tira de mí hacia la izquierda. Quiero volver a la puerta amarilla y al fragante jazmín. Respeta lo que el sueño te está mostrando. Quédate con el sueño tal y como es y vívelo. Más tarde, cuando hables de él, sé fiel a lo que ves y sientes. Describe, no interpretes. O, al menos, mantén tu interpretación lo más cerca posible del sueño. José, el gran soñador de la Biblia, hace exactamente eso al abrir los sueños del panadero y del copero, quienes han sido encarcelados por el faraón.[11] José permanece fiel a las imágenes. En el texto bíblico se utiliza la palabra *patar*, «interpretar». El sonido es similar a «patá», abrir. Las dos palabras son homófonas (suenan igual, pero se escriben de forma distinta), lo que sugiere que sus significados están interrelacionados y vinculados, como los juegos oníricos de palabras. Esto sugiere un significado distinto al habitual en nuestra lengua del término «interpretar». No te desvíes, adornes o hagas asociaciones. Mantente fiel al sueño.

No limites el sueño. No lo reduzcas. Todo lo contrario, despliégalo para que alcance todo su potencial vital. Al permanecer fieles al significado literal del sueño, encarnamos la actitud del Emperador del Tarot de Marsella, quien observa amorosa y respetuosamente lo que hace su dama, la Emperatriz. Tú puedes hacer lo mismo al abrir los sueños o las visiones de otras personas.

Éste es el sueño del copero:

Yo soñaba que veía una vid delante de mí y en la vid, tres sarmientos; y ella echaba brotes, florecía y maduraban sus racimos de uvas. Y que la copa del faraón estaba en mi mano, y tomando yo las uvas las exprimía en la copa del faraón, y ponía la copa en la mano del faraón.

José le dijo: «Ésta es su interpretación: los tres sarmientos son tres días. Al cabo de tres días levantará el faraón tu cabeza, te restituirá a tu puesto».[12]

---

11. *Véase* el capítulo 2.
12. Génesis 40, 9-13.

Como puedes ver, José se mantiene fiel tanto al sueño como a la obvia pregunta que se esconde tras el sueño: ¿seré restituido en mi puesto? Detrás de la pregunta se oculta el deseo implícito de saber «cuándo seré liberado». Antes hemos mencionado los conceptos de analogía y similitud: tanto la llave como el color amarillo nos están indicando que tenemos la capacidad de abrir la puerta. Los zapatos rojos indican que tengo el dinamismo necesario para resistir el influjo de la niebla oscura e ir al encuentro de la dicha. En el sueño de José, más allá del significado literal del sueño (la tarea del copero es servirle vino al faraón), aparece una vid con vida propia. Está haciendo lo que hacen todas las vides: brotar, florecer y producir uvas, pero, en su caso, lo hace extraordinariamente rápido. En un abrir y cerrar de ojos, las uvas están listas para ser recogidas. El tiempo se ha acelerado y no podemos evitar sentirnos atraídos por el único número que aparece en el sueño: el tres. Los números indican el tiempo. En este punto podríamos acusar a José de caer en el simbolismo: ¿tres zarcillos significan tres días? Y, sin embargo, ¿qué está haciendo José? Responder a la pregunta no formulada del hombre que sueña. José se aferra al sueño: la vid florece a gran velocidad. También podría haber descrito el número tres como algo dinámico o como una nueva perspectiva. De modo que, en lugar de simbología, lo que tenemos aquí es un ejemplo de metáfora, es decir, la sugerencia de otro significado debajo del más obvio, la agrupación o estratificación de ideas: tres sarmientos, tres días. Las imágenes nos hablan de un presente que se está desplegando y de un futuro en ciernes. De hecho, tres días después, el copero recupera el favor del faraón.

Veamos otro sueño. Como este soñador habla siempre de tus sueños, ejercicios o ensoñaciones, en presente y en primera persona del singular.

Estoy de pie sobre una tierra roja y seca con raíces blancas dispersas. A mi izquierda hay dos gruesas serpientes con manchas blancas, grises y negras. Están enroscadas y no veo sus rostros. A mi derecha hay otra serpiente que también está enroscada y con la cabeza oculta. No me siento demasiado incómoda porque no les veo la cara, aunque las serpientes son impredecibles. A mi derecha hay un hombre mayor. Es una persona tranquila y agradable. Es guía turístico. El hombre me dice: «Ah, así que son serpientes».

La mujer que tuvo este sueño, aunque no entendía las imágenes, sí sabía que debía responder a la necesidad del sueño:

Riego la tierra seca. La tierra reverdece. Las tres serpientes se alejan deslizándose a través de la verde hierba. El hombre me coge de la mano y me dice: «No te preocupes». En el lugar donde antes estaban las serpientes enroscadas, ahora sólo hay un área pelada.
Me acerco a una de estas zonas sin hierba y me quedo de pie sobre ella. Siento la energía subiendo a través de mi cuerpo y quemando la energía oscura que había dentro de mí.

Responder a la necesidad del sueño ayudó a esta mujer a situarse en un lugar mucho más cómodo. Sus preocupaciones desaparecieron y las energías oscuras que había en su cuerpo se esfumaron. Además, las serpientes se marcharon y el hombre la cogió de la mano. Las imágenes parecían tranquilas y armoniosas. Aunque la mujer seguía sin entender el sueño, al volver a entrar en él y revivir la necesidad de este, experimentó cómo esto eliminaba algo oculto en su interior que la perturbaba desde hacía mucho tiempo. ¿Realmente necesitaba comprender intelectualmente el significado del sueño? No. De hecho, descubrir el significado de un sueño antes de responder a su necesidad puede convertirse en un impedimento. Su mente autoconsciente podría haber sido un estorbo. Naturalmente, entender el significado de un sueño después de haber respondido a su necesidad no puede hacerle daño a nadie, siempre y cuando la apertura onírica esté siempre al servicio del flujo del sueño y de la búsqueda de la vida, el equilibrio y la armonía. Pongámonos manos a la obra:

Seamos fieles a las imágenes y sus patrones: un hombre y una mujer, dos serpientes a la izquierda, una serpiente a la derecha, 2 + 1 = 3 serpientes que ocultan el rostro. ¿A qué te recuerda esto? ¿Qué «analogías dinámicas» suscita? La historia de Adán y Eva presenta patrones similares (similitudes morfológicas), salvo que en este caso hay tres serpientes, y no son Adán y Eva, sino las serpientes que ocultan el rostro. El tema, sin embargo, resulta muy familiar, aunque con una vuelta de tuerca añadida.

Me convierto en el soñador secundario del sueño y lo abro para el soñador original:

En tanto soñador secundario de este sueño, me da la sensación de que las serpientes son un poder retorcido que asocio con mi energía sexual. Las serpientes, como el sexo, me dan escalofríos. Me avergüenzo de alguna relación sexual de mi pasado que se revela a través del número dos. Siento una fuerte energía sexual en mi futuro, la serpiente de mi derecha, y me gustaría volver a tener relaciones sexuales. Sin embargo, la vergüenza, en forma de la serpiente que oculta su rostro, todavía se interpone entre el hombre y yo. La tierra seca me dice que la vergüenza se ha comido mi fuerza vital. Pero el número tres (tres serpientes) es un número dinámico que me indica que puedo revertir rápidamente la situación. El hombre tranquilo y sabio me recomienda que mire a las serpientes como lo haría un turista (el hombre es guía turístico y tú estás de paso), con desapego. No tengas miedo, sólo son serpientes.

Tras la apertura del sueño, la soñadora original reveló que había tenido una relación extramatrimonial que la avergonzaba mucho y que estaba intentando encontrar un camino despejado que la reconciliara con su marido.

En ningún momento de estos sueños los encargados de abrirlos sugirieron siquiera que podía tener un significado simbólico. De hecho, siguen fielmente la verdad de la situación. Los números no son simbólicos, sino que su significado está compactado. Al desempaquetarlo, los vemos como atajos que nos llevan al significado que el sueño intenta comunicarnos. Dos es una dualidad o una relación sexual. El tres libera al soñador del número dos y lo lleva a una nueva posibilidad. El tres es una nueva percepción, como dos ojos enfocando un tercer punto. El tres es rápido, ya que si trazas la geometría del tres obtienes un triángulo. El triángulo, como la proa de un barco, acorta el camino y añade rapidez a los atributos.

Si dijera que las serpientes simbolizan los intestinos o que los zapatos rojos representan la vergüenza, estaría desviando mi atención del auténtico significado contextual de las imágenes. Insistir en que las imágenes son simbólicas bloquea la razón de ser del sueño, que no es otra que mantener un diálogo transformador con uno mismo o la mente autoconsciente. Al responder a la necesidad del sueño, honramos las imágenes y permitimos que el subconsciente se reconfigure y tienda hacia la vida. Debo añadir que este intercambio permitió a la mujer en cuestión dejar atrás la vergüenza y reanudar la vida con su marido.

Comparemos el pensamiento simbólico con un problema de pareja. Estás enfadado con él o con ella. En lugar de reproducir (describir) tranquilamente lo que sientes cuando él o ella te ofende, te quedas atascado en la reacción. Recurres a los improperios: «Es una zorra» o «Es un imbécil». En cierto modo, lo que haces es objetivar al otro, meter a tu pareja en una cajita con la etiqueta «zorra» o «imbécil». Y él o ella pasa de ser el maravilloso ser humano de quien te enamoraste para transformarse en otra cosa, en una bestia o un objeto. ¿Ves cuál es el peligro? Esta actitud corromperá y oscurecerá para siempre tu experiencia primaria. Por eso tantas relaciones fracasan en esta coyuntura. ¿Cómo podemos querer o incluso respetar a otra persona cuando lo reducimos a una etiqueta, una palabra, un símbolo o una cajita? La única manera de reparar (re-par-ar, «volver a unir») es volver a soñar.

Ejercicio 35

. . . .

Ponerse en la piel del otro

Cierra los ojos. Exhala lentamente tres veces mientras cuentas del tres al uno. Visualiza el uno alto, nítido y brillante.

Visualiza delante de ti, a unos metros de distancia, a alguien con el que tengas algún problema.

Exhala. Imagina que sales de tu cuerpo, que te acercas a esa persona en tu cuerpo onírico y que te pones en su piel.

Exhala. Desde este nuevo punto de vista, mírate a ti mismo. ¿Cómo te ves? ¿Qué sientes y percibes?

Exhala. ¿Qué le dices al «tú» que tienes delante? Dilo en voz alta y escúchate a ti mismo hablar con la voz de esa otra persona.

Exhala. Vuelve a tu cuerpo y mira a la persona que acabas de dejar. ¿Qué ha cambiado?

Exhala. Abre los ojos.

※

Amar no tiene nada de simbólico. Amar requiere imaginación. Para amar hay que ser capaz de fluir en la otra persona, de ponerse en su piel por un momento o entrar en sus sueños. Soñar que estás dentro de otra persona te permite vivir la experiencia del otro con total aceptación. Convertirte durante unos instantes en un soñador secundario, te permite encarnar al otro o su sueño y aprender por experiencia directa quién es esa persona. Te permite practicar el amor incondicional.

Tus seres queridos no son los únicos que corren el peligro de convertirse en símbolos, con etiquetas como «perdedor», «víctima» o «aburrido» adheridas a su fuerza vital y ralentizando el flujo. Tú también puedes quedar atrapado en lo que los demás piensan de ti o en tus propias ideas fijas sobre ti mismo. Para restablecer el flujo creativo debes recuperar tu lenguaje primario. Los sueños nos muestran que somos criaturas vivas, polifacéticas y dinámicas. Recuperemos ese dinamismo tratando de encarnar distintas formas vitales, no sólo porque resulta saludable, sino también por el sencillo placer que produce *conocer* otras formas de vida.

Ejercicio 36
Convertirse en los animales del jardín

Cierra los ojos. Exhala lentamente tres veces mientras cuentas del tres al uno. Visualiza el uno alto, nítido y brillante.

Imagina que estás descansando en un banco del jardín mientras observas a una lagartija descansando en una pared.

Exhala. Métete en el cuerpo de la lagartija y conviértete en ella. Mira a través de sus ojos, siente a través de su piel, muévete como ella, estira tu larga lengua para atrapar y comer lo que ella come. Ahora vuelve a descansar al sol.

Exhala. Sal del cuerpo de la lagartija y regresa al tuyo. ¿Sientes la diferencia?

Exhala. Métete en el cuerpo de una gallina, después en el de una abeja y, por último, en el de una mariposa.

Exhala. Métete en el cuerpo de un pájaro y echa a volar. Experimenta qué se siente al volar, ver el mundo con los ojos a ambos lados de la cabeza y verlo todo desde arriba. Pósate en el suelo para picotear unos cuantos granos. Sal del cuerpo del pájaro y regresa al tuyo.

Exhala. ¿Qué ha cambiado en tu cuerpo? ¿Y en tus percepciones y emociones?

Exhala. Abre los ojos.

Al soñar durante un rato con otra forma de vida, vives toda la complejidad de su existencia. «Una imagen vale más que mil palabras», dice la sabiduría popular. O, como asegura Samuel Johnson, la metáfora «te da dos (o más) ideas por una». Un gato hecho un ovillo en un sillón y ronroneando tiene múltiples capas de significado que sugieren cosas como un cálido hogar, estar acurrucado, placer, hacer el amor, pero también otras como emoción, peligro y salvajismo. Un cáliz dorado que brilla bajo un rayo de luz evoca una paloma blanca, la trascendencia, el cielo o, de una forma igualmente convincente, el vino, la sangre o el amor. Pese a que ambos significados puedan resultar aparentemente contradictorios, están conectados por hilos dinámicos y entrelazados de significado. ¿Cómo pueden coexistir la pérdida de uno mismo y el deseo ardiente? ¿No son conceptos contradictorios? Pues, a pesar de todo, coexisten en la misma imagen.

La siguiente historia sirve para ilustrar cómo entendían el sueño los sabios del Talmud.

Un hombre tuvo un sueño y después visitó a veinticuatro intérpretes de sueños que residían en Jerusalén. «Y lo que éste interpretaba para mí no era lo mismo que lo que interpretaba el otro. Por lo tanto, recibí veinticuatro interpretaciones diferentes del mismo sueño».[13]

---

13. Berajot 55b.

No le resultó muy útil, puede que pienses. ¿No son demasiadas interpretaciones? Y, hasta cierto punto, tienes razón. ¿Cómo puede orientarse el soñador? Existen muchas formas de observar los sueños o visiones. Aunque todas son válidas, puede que a ti no te sirvan en estos momentos. Presta atención a la apertura que te hable directamente. Desde una imagen onírica a muchos futuros posibles, tú eliges el camino que más te atrae. Recuerda que las palabras del intérprete nos influyen enormemente. Si sus palabras son fieles al sueño, si le hablan al ki tov, al movimiento que tiende a la vida que hay dentro de ti, si son significativas para ti, entonces escúchalas. Elige sabiamente a tus intérpretes de sueños porque, como dicen los sabios, «el sueño sigue a la boca».[14] Las palabras que entran por tus oídos determinarán tu forma de ver y sentir la imagen onírica, la cual, a su vez, impulsará su manifestación.

Las imágenes, portadoras de múltiples significados en su núcleo, son, por definición, una metáfora capaz de trascender la dualidad y capturar la naturaleza paradójica de la vida.

A partir del núcleo de la imagen, tu mente tiene libertad para recorrer las diversas avenidas de significado que se abren ante ti. Aquí tú eres el amo; ningún diccionario puede indicarte qué es lo que más te atrae en este momento. Sólo tú y tu subconsciente sabéis qué es lo que más resuena para vosotros.

Pero en este punto es donde también, como le ocurre a mucha gente, puedes perderte. Quieres que te digan lo que tienes que hacer. Quieres hechos. Los hechos son científicos y reconfortantes; el cáliz es un recipiente, nada más. Si la definición de cáliz empieza a cambiar, ¿en qué puedes confiar? Sin embargo, la física cuántica ha empezado a echar por tierra nuestras convicciones. La luz no es una onda ni una partícula; es ambas cosas a la vez.

Vivir en un mundo paradójico requiere algunos ajustes. Debemos desprendernos de la certeza, de la necesidad de controlarlo todo. En el mundo interior no hay hechos, ya que la imagen aún no se ha manifestado. Si, como los eruditos, crees que el mundo interior no es algo real, el siguiente paso lógico es convencerte a ti mismo de que las

---

14. *Ídem.*

imágenes no tienen significado. Volveremos a ello cuando abordemos el tema de la manifestación. El cáliz no es un hecho, pero es la verdad. Una verdad que brilla con múltiples significados, todos emocionalmente poderosos, y que giran en la mente como la espada del ángel que custodia la entrada a PRDS, el paraíso. Para poder entrar, debes aceptar que tus imágenes no son unidimensionales, sino que tienen significados cambiantes, y que tú mismo eres un ser polifacético que vive en mundos emocionales poblados de imágenes polifacéticas. Eres una metáfora viviente. ¿Cómo puedes orientarte? Recuerda las tres pruebas que debes superar para entrar en PRDS, el Jardín, y encontrar el tesoro.[15]

Peshat, tu argumento. Reconoce tu argumento, pero no te dejes atrapar por él o te convertirás en víctima de tu propia historia.

Remez, tus patrones. Préstales atención. Te revelarán tanto lo que estás pensando realmente como lo que te bloquea.

Drash, tu pregunta. ¿Cuál es la pregunta más apremiante que tienes en este momento? La pregunta es lo que te impulsará más allá del ángel y te permitirá entrar en el Jardín.

Sod, tu tesoro. Allí encontrarás a *sod,* el secreto oculto dentro de tus sueños, que te revelará lo que debes hacer y adónde tienes que ir para encontrar la dicha. Esto es lo que pondrá en movimiento la manifestación.

Ejercicio 37
· · · · · · · · · ·
Superar al ángel que custodia el Edén

Cierra los ojos. Exhala lentamente tres veces mientras cuentas del tres al uno. Visualiza el uno alto, nítido y brillante.

Retrocede rápidamente por la historia de tu vida, reconociendo los temas recurrentes.

Exhala. Ahora avanza por ella mientras anotas todos los incidentes en los que reaparecen patrones repetitivos. Anota la edad que tienes y el lugar donde se producen.

---

15. *Véase* el capítulo 1.

Exhala. Retrocede de nuevo por la historia de tu vida. Visita los lugares que has anotado y barre los patrones recurrentes hacia la izquierda.

Exhala. Vuelve a recorrer todos los lugares que has despejado hasta llegar al presente.

Exhala. Oriéntate. ¿En qué dirección estás mirando?

Exhala. Gira hacia el este. Camina hacia el sol naciente. Observa las luces giratorias del sol resplandeciente.

Exhala. Acércate al ángel que custodia el camino. Susúrrale al oído la palabra o frase que te permitirá pasar.

Exhala. Entra en el Jardín y encuentra tu tesoro.

Exhala. Dale las gracias al ángel cuando salgas del Jardín. Vuelve a tu vida cotidiana. Guarda el conocimiento del tesoro en tu corazón para que te ayude a orientarte hacia el futuro que deseas.

Exhala. Abre los ojos.

El hombre que recibió veinticuatro interpretaciones de su sueño aseguró posteriormente que las veinticuatro se habían hecho realidad. ¿Cómo es eso posible? ¿Las veinticuatro? Y si las imágenes no son reales, ¿cómo pueden manifestarse en nuestra realidad? Ésta es la siguiente pregunta que debemos abordar.

SEGUNDA PARTE

Domar al Leviatán

Interacciones con el subconsciente

«No podemos resolver los problemas utilizando el mismo tipo de pensamiento que hemos usado al crearlos».

EINSTEIN

Mi madre solía decirme que me pasaba el día soñando. Y tenía razón. No me impresionaba demasiado el modo en que el mundo *real* avanzaba a trompicones. Sí, el progreso se desarrollaba a un ritmo vertiginoso, y sí, disfrutábamos de enormes avances tecnológicos. Teníamos agua corriente, anestésicos, antibióticos, aviones, ordenadores y teléfonos móviles. Pero ¿de qué sirve el progreso cuando tantas personas a mi alrededor todavía siguen buscando algo que dé sentido, dirección y significado a sus vidas, si todavía siguen debatiéndose en sus relaciones sentimentales, sus problemas de salud e incluso en cuestiones de supervivencia básica? De hecho, los problemas a los que nos enfrentamos hoy en día parecen mucho más intratables y amenazadores de lo que lo han sido nunca. Por tanto, decidida a demostrarme a mí misma (y también a mi madre) que los sueños tienen un efecto sobre la realidad, aprendí a abordar los problemas a los que se enfrenta la sociedad en su conjunto —mi familia, amigos, alumnos e incluso yo misma— a través de un diálogo continuo con el subconsciente. Hasta el momento he esbozado la metodología que te permitirá sumergirte en el subconsciente y encontrar las respuestas creativas para mejorar o transformar tu vida de forma radical. Ahora ha llegado el momento de poner en práctica lo que has aprendido y enfrentarte a tu Leviatán, la gran bestia que se agita en tu interior. Ha llegado la hora de manifestar tus emociones y recuerdos indómitos, los cuales debes reconocer y eliminar. En los capítulos siguientes encontrarás el modo de enfrentarte a tu bestia interior a través de los sueños al tiempo que desarrollas diversos aspectos de tu vida.

¿Cómo podemos manifestar los deseos de nuestro corazón, la abundancia, la alegría y la plenitud con las que soñamos? ¿Cómo podemos eliminar complejos inextricables o ancestrales patrones que se repiten? ¿Cómo podemos volver a nuestra fuente interior y redescubrir al niño creativo y juguetón que llevamos dentro? ¿Cómo sanar nuestras relaciones y recuperar el resplandor del primer amor? Cuando la falta de tiempo se convierte en un problema recurrente y cada vez más agotador, ¿cómo nos convertimos en los dueños de nuestro propio tiempo? Cuando el cuerpo se rinde o enferma, ¿podemos hablar con él y estar seguros de que nos escuchará? Si recuerdas que las imágenes son el lenguaje del subconsciente, una nueva perspectiva se abrirá ante ti. Ahora ya sabes cómo pueden afectar los sueños a tu vida cotidiana. ¿No te gustaría explorar todas sus posibilidades?

El mundo es un vasto organismo o ecosistema. Una suerte de gigantesco campo onírico. En los próximos capítulos aprenderás a utilizar el subconsciente de una forma práctica, lo que te ayudará a encontrar el lugar al que perteneces, en el interior de su flujo benéfico.

7

JUGANDO A MANIFESTAR

«Los sueños entran en la realidad de la acción. De las acciones vuelve a surgir el sueño; y esta interdependencia produce la forma de vida más elevada».

ANÄIS NIN

¿Qué es la realidad? ¿Debemos considerar las imágenes oníricas como mundos reales que existen en *otra* realidad etérica? ¿O son pura fantasía, lo que algunos científicos denominan «basura cerebral»? «Las imágenes oníricas... son figurativamente verdaderas, pero literalmente falsas».[1] ¿Las imágenes oníricas son literalmente falsas porque no existen en el mundo real? Seguramente la mente autoconsciente estaría de acuerdo con esa afirmación. Pero ¿lo estaría también el subconsciente? Mientras soñamos, las imágenes nos son completamente reales; no cuestionamos su validez. Merece la pena ahondar en esta dicotomía.

Una vez Zhuang Zhou[2] *soñó que era una mariposa. Al despertar, no sabía si era Zhuang Zhou, el que había soñado que era una mariposa, o una mariposa que había soñado que era Zhuang Zhou.*

---

1. Wolfson: *A Dream Interpreted within a Dream*. Wolfson se refiere aquí a la opinión de Maimónides. Su propia opinión es ésta: «En el sueño, hay una amalgama de lo real y lo irreal hasta el punto de que lo real se presume irreal en la medida en que lo irreal se presume real».
2. Zhuang Zhou (369-301 a. C.), influyente filósofo chino al que se le atribuye la autoría de *Zhuangzi*, uno de los textos fundacionales del taoísmo. Vivió durante un período floreciente de la filosofía china, la época de las Cien escuelas de pensamiento. Zhuang Zhou ha seguido influyendo a numerosos filósofos, entre ellos, Martin Buber y Martin Heidegger.

¿Cuál de los dos mundos es real? En la ancestral literatura védica, lo que denominamos «mundo real» se denomina *maya*, una ilusión tan poderosa que puede hacernos creer que se trata de una realidad absoluta. «Los sabios observan con la mente; en su corazón, el sol, hecho manifiesto por la ilusión del Asura».[3] Según el Veda, podemos ver a través de la ilusión (los *asuras* son deidades de la naturaleza) para alcanzar la auténtica realidad, que aquí está asociada con el sol. Así es cómo lo expresa el Zohar:

> Leer los mandatos de la Torá de forma literal es como decirle a alguien que sólo es un manto de gran belleza, como si la persona no fuera más que su indumentaria. Obviamente hay un cuerpo bajo el manto, y ciertamente un alma bajo el cuerpo... y dentro de esa alma, otra alma y otra más.[4]

Considera la Torá (los cinco libros de Moisés) como el argumento, la realidad cotidiana. Fundamentalmente, el Zohar nos está indicando lo mismo: más allá de la ilusión del manto está el cuerpo; más allá del cuerpo, el alma, y más allá aún, más alma. La palabra «realidad» pierde su significado, ya que la auténtica *realidad* se encuentra en el extremo opuesto de las apariencias. Recordemos que la cábala define cuatro mundos: Emanación, Creación, Formación y Manifestación, todos ellos reales a su manera.

Recordatorio:

> Emanación, *Atzilut,* es el big bang, el punto sobre la letra *yod* en el nombre de Dios, del cual emana toda la creación. Llamémoslo deseo.
>
> Creación, *Briá,* es el punto en expansión, la matriz del espacio-tiempo. Llamémoslo imaginación.
>
> Formación, *Yetzirá,* es el ensayo efímero de las formas. Llamémoslo sueño.

---

3. Rig veda X.177, 1-3. Trad. Laurie Patton.
4. Rabino Shimon bar Yojai: *El Zohar*, vol. 3, folio 152a.

Manifestación, *Asiyá,* es la combinación manifiesta de los otros tres mundos. Llamémoslo realidad.

Al decir que sólo esta realidad es *real* estamos limitando una verdad mucho más profunda cuya mejor expresión es la famosa fórmula de Einstein: $E=mc^2$. ¿Cómo se produce el movimiento que va de la materia a la energía o de la energía a la materia?

¡Entre Zhuang Zhou y la mariposa debe de haber alguna distinción! A esto se le llama transformación de las cosas.

Las imágenes oníricas forman parte de *Yetzirá,* el mundo donde se lleva a cabo la transformación. ¿Son las imágenes de tus sueños *figurativamente* auténticas? ¡Sólo en la apariencia efímera de la imagen! En los sueños, una mesa es una mesa, pero de repente puede transformarse en una nube. Entonces, la nube se convierte en «figurativamente auténtica» siempre y cuando siga siendo una nube. Obviamente, en esta fase, las imágenes aún no están intentando manifestarse, sino probando distintas formas posibles.

Entonces, ¿cuándo se hacen manifiestas? El mundo en el que vivimos (*Asiyá*), que llamamos real, es un mundo de consenso. Todo el mundo acepta que una mesa es una mesa. Nos aferramos a esa definición de mesa y la consideramos real. Pero si la mesa empezara a transformarse, nos quedaríamos profundamente desconcertados. A veces olvidamos que la vida nos ofrece muchos ejemplos de transformación en el mundo manifestado (el agua se convierte en vapor, después en nube, después en lluvia, después en hielo y otra vez en agua). El regreso a una forma en disolución se considera peligroso para nuestra cordura. Y, sin embargo, tanto los Vedas como el Zohar sugieren que la disolución de las formas nos conduce de vuelta a la verdad, a una realidad muy alejada de lo que denominados realidad.

Tal vez el problema sea la palabra «real». Si la eliminamos, seremos capaces de aceptar el poder de las imágenes interiores para impulsarnos hacia adelante. ¿Implica eso que podemos hacer que una mesa se materialice sólo con visualizarla? ¿Aparecerá la mesa de tus sueños en mitad de tu comedor con un juego de manos o una serie de acontecimientos que culminarán en su manifestación? Algunas personas llamarían a esto *pensamiento mágico*. Sin embargo, ¿se consigue algo en este mundo a menos que antes lo hayamos soñado?

※

Aunque «en el pensamiento clásico, la imagen siempre se ha definido por su vinculación con la realidad», los hebreos lo percibían de otra manera. Veían los sueños como «Dios revelándose a los hombres mediante imágenes y figuras», el punto de la yod[5] descendiendo como una cola de fuego a los mundos de la estructura y la forma para finalmente manifestar un mundo perceptible para la vista y el tacto. Si el destino del mundo nace de la imaginación de Dios, nuestro propio destino debe ser también inherente a nuestra imaginación, hecha a imagen y semejanza de la imaginación divina. Como la de Dios, nuestra imaginación debe ser capaz de transportar las imágenes fantasmagóricas o los escenarios de nuestros sueños o visiones a la realidad objetiva. ¿Cómo sabemos eso? El libro del Génesis nos muestra al Creador dando forma al mundo en seis días y descansando el séptimo:

«En él reposó de toda Su obra que había creado para hacer».[6]

Una forma de entender esta fraseología críptica es la siguiente: Dios dejó de crear para que, a partir de ese momento, fuera posible «hacer» (*laasot* en hebreo) o manifestar. Según otra interpretación, la creación de Dios, el hombre, podía, a su vez, aprender a hacer o manifestar. La creación *ex nihilo* (*bará Elohim*, «Dios creó») es una competencia divina, pero el hombre puede aprender a hacer, a utilizar las formas creadas existentes para procrear, replicar o componer. Cuando Dios se quita de en medio, el hombre puede empezar a jugar con las formas, a ensamblar y tejer el ropaje de la ilusión objetiva que es nuestro mundo. Un intérprete de sueños es un PTR, *poter*, mientras que un sastre

---

5. La *yod* es la décima letra del alfabeto hebreo. También es la primera letra del Tetragrámaton, YHWH (*Yavé*). Puede verse como un punto en el vacío, un big bang, y la cola representa el movimiento que crea el espacio-tiempo.
6. Génesis 2, 3.

es un TPR, *tafar*.[7] Las mismas letras forman otra configuración, lo que sugiere que el trabajo de un soñador consiste en ensamblar y tejer diferentes formas.

En el Jardín del Edén, la transición del soñar al hacer es instantánea. Adán pronuncia el nombre de los animales y éstos aparecen. Al comer del fruto prohibido, Eva *hace* un mundo nuevo y se convierte en la madre de todos los seres vivos (el significado de su nombre, *Java* en hebreo), pero eso hace que pierda la capacidad instantánea de manifestar de la que gozaba Adán. «Con dolor darás a luz».[8] Eva nos transmitió la libertad de *hacer*, pero nos privó de la instantaneidad que sólo podremos recuperar regresando al Jardín del Edén. ¿Y cómo hacemos eso?

Aceptemos por un instante el viejo sistema de creencias según el cual soñar no es real. En el momento en que decimos que el mundo onírico es irreal, estamos descartando su extraordinario poder creativo. ¿Qué es soñar? Tanto si lo haces de noche como de día, es tu capacidad creativa de *laasot*,[9] la capacidad de hacerte a ti mismo y al mundo que te rodea. Los sueños son hechos en movimiento, ya que continuamente nos estamos creando a nosotros mismos. Tú eres los sueños que tienes. Tu cuerpo, tus emociones y tus pensamientos surgen de la producción creativa que eres tú creándose sin parar a sí misma. «Al romper con la objetividad que fascina a la consciencia despierta, y al reintegrarle la libertad radical al sujeto humano, paradójicamente, el sueño revela el movimiento de la libertad respecto al mundo, el punto de partida a partir del cual la libertad se hace mundo».[10]

Convengamos, pues, en que los cuatro mundos son reales. Tanto de la energía a la materia como de la materia a la energía, no bloquees el movimiento con falsos sistemas de creencias, ya que estos no harán más que limitar tu capacidad para manifestar. Mantén la fluidez a través del respeto por las ofrendas de tu imaginación y permitiendo que el sueño juegue y pruebe diferentes formas y combinaciones. «Todas

---

7. La *pei* en hebreo, puede pronunciarse «pe» o «fe».
8. Génesis 3, 16.
9. Génesis 2, 3.
10. Foucault: «*Dream, Imagination and Existence*».

las oportunidades que necesitas en la vida están dentro de tu imaginación. La imaginación es el taller de tu mente, capaz de convertir la energía mental en logros y riqueza»[11]. Entonces, ¿por qué algunas imágenes se materializan y otras no? En el territorio de la imaginación ocurre exactamente lo mismo que en un taller: el artesano intenta algo una vez, lo descarta y vuelve a probarlo hasta que encuentra la combinación perfecta. La certeza, la seguridad de haber encontrado lo que buscas llegará cuando des con la combinación correcta. Y el entusiasmo te impulsará hacia la realización y la manifestación.

¿Qué ocurre si, incluso en ese momento, te surgen las dudas? Las dudas sobre tu capacidad para llevar las ideas a buen puerto, la preocupación antes de correr un riesgo, el temor ante lo que digan los demás de nosotros y la procrastinación son todo formas de disminuir el valor de los sueños. La falta de confianza en ti mismo bloqueará tu creatividad y paralizará tus esfuerzos por hacer realidad tus sueños. Y lo que es aún peor, dado que «todo pensamiento tiene tendencia a revestirse de su equivalente físico»,[12] terminarás por manifestar tus peores dudas, miedos y preocupaciones. Y cuando éstas se hagan realidad, creerás justificado decir: «¡Ya sabía que no podía funcionar», o «Ya sabía que pasaría esto!». ¡Por supuesto que lo sabías! Porque decidiste quedarte con las imágenes negativas y no rectificar o deshacerte de tus miedos, dudas y preocupaciones. Debes pensar en ellos como si fueran residuos que no pueden reciclarse porque no son biodegradables. Tú, tu parte autoconsciente, deberá tomar la decisión de cambiar algo. Deberás abrir tu subconsciente como si se tratara de un programa informático y eliminar conscientemente los errores. Eres mucho más poderoso de lo que crees. Ves continuamente cómo tus imágenes se hacen realidad; el problema es que, seguramente, esas imágenes son negativas, las responsables de que tus peores miedos se hagan realidad. Es hora de dejarlas ir, para así poder manifestar tu auténtica creatividad.

---

11. Hill: *Piense y hágase rico.*
12. *Ídem.*

Ejercicio 38
. . . .
Deshacerse de los miedos, las dudas y las preocupaciones

Cierra los ojos. Exhala lentamente tres veces mientras cuentas del tres al uno. Visualiza el uno alto, nítido y brillante.

Siéntate frente a una ventana abierta. Pon en tu regazo una caja con globos de varios colores. Elige un globo del color de tus miedos.

Exhala. Sopla tus miedos dentro del globo y asegúralo con un nudo.

Exhala. Elige un globo del color de tus dudas. Sopla tus dudas dentro del globo y asegúralo con un nudo.

Exhala. Haz lo mismo con la ansiedad.

Exhala. Ahora tienes tres globos de unos colores que no te gustan. Deja que salgan volando por la ventana.

Exhala. Atrapa tres rayos de luz y úsalos a modo de dardos para pinchar los globos. Observa cómo el viento se lleva los globos desinflados hacia la izquierda y después desaparecen.

Exhala. Ahora elige globos con colores que te gusten para el éxito, la abundancia, la alegría y cualquier otra cosa que te haga feliz. Infla los globos y suéltalos.

Exhala. Observa los globos elevándose hacia el cielo, coloridos y llenos de vida.

Exhala. Abre los ojos y observa la escena con los ojos bien abiertos. Exhala. Abre los ojos y observa esta nueva imagen con los ojos bien abiertos.

Puede que seas una de esas almas afortunadas que no pierden la confianza ni siquiera ante el fracaso. No obstante, para la mayoría de la gente, la autoconfianza depende de lo que pueden manifestar, lo cual es un círculo vicioso, ya que sólo se puede manifestar aquello que uno cree. Si crees en tus propias dudas, manifestarás fracaso. Si te ves a ti mismo avanzando, seguro de tu éxito, abrirás el camino hacia una buena manifestación. La gente suele equiparar lo que vale a lo que manifiesta. Por lo tanto, depende de ti convencerte de tu propia valía. Ponte en la piel de tu abogado defendiéndote a ti mismo. Si no conoces tu valía, ¿cómo van a verla los demás? O si la ven, ¿cómo van a convencerte de que la tienes?

Ejercicio 39

La importancia de la valía

Cierra los ojos. Exhala lentamente tres veces mientras cuentas del tres al uno. Visualiza el uno alto, nítido y brillante.

Pregúntate esto: ¿quién decide tu valía? ¿Tú, tus padres, tus hermanos, la sociedad, tus iguales, tu yo interior, Dios?

Exhala. Imagina que eres un recién nacido y mírale a los ojos. ¿Cuál es tu valía?

Exhala. Abre los ojos y asume tu auténtica valía con los ojos bien abiertos.

Acabas de deshacerte de tus miedos, dudas y preocupaciones y de descubrir tu auténtica valía. Ahora ha llegado del momento de demostrar tu valía tanto a ti mismo como a los demás transformando «la energía mental en logros y riqueza».[13] Las imágenes oníricas que más te han impactado sólo podrán materializarse si perseveras y las experimentas con intensidad. La elección de las imágenes con las que vas a trabajar no es un cálculo lógico, sino un conocimiento emocional. Si tus imágenes anticipan un resultado contra todo pronóstico, confía en ellas. Este trabajo de perseverancia recibe el nombre de *kavaná* o intención. La perseverancia y dedicación a tus imágenes oníricas, tu ardiente deseo de verlas materializarse en el mundo de la objetivad, es lo que hará que esas imágenes se manifiesten. Es posible que hayan estado flotando en tu subconsciente durante años, esperando el momento oportuno para fructificar. Las imágenes son como semillas que plantamos en la tierra. Con la cantidad adecuada de agua, sol y confianza, crecerán y florecerán.

---

13. *Íbid.*

Ejercicio 40

La diana

Cierra los ojos. Exhala lentamente tres veces mientras cuentas del tres al uno. Visualiza el uno alto, nítido y brillante.

Imagina que estás en un campo de grandes dimensiones. Al otro extremo del campo hay un diana grande, negra y blanca. En el centro de la diana hay un gran punto negro.

Exhala. Acepta y ve con claridad qué es aquello que quieres conseguir. Asume que el objetivo es la diana.

Exhala. Empuña un arco y una flecha. Un maestro arquero te guía mientras te preparas para disparar la flecha.

Exhala. Cierra los ojos en el sueño y visualiza la flecha volando hasta la diana.

Exhala. Abre los ojos y dispara sabiendo que no puedes fallar.

Exhala. Observa cómo la flecha se dirige directamente a la diana.

Exhala. Abre los ojos.

❊

Existen muchos bucles y distracciones que te alejan del camino principal. Si has perdido de vista tu objetivo, no pierdas el tiempo lamentándote o sintiéndote culpable; son un lujo que no te puedes permitir.

Ejercicio 41

Adiós a los remordimientos y la culpa

Cierra los ojos. Exhala lentamente tres veces mientras cuentas del tres al uno. Visualiza el uno alto, nítido y brillante.

Estás en medio de un prado. Levanta la mirada hacia el sol.

Exhala. Alarga las manos y los brazos. Siente y ve cómo tus brazos se alargan cada vez más y cómo tus manos se convierten luz.

Exhala. Apoya las manos de luz en tu cuerpo y extrae de él todos los remordimientos y culpabilidades.

Exhala. Levanta las manos, que ahora están llenas de remordimientos y culpabilidades, en dirección al cielo; observa cómo se alargan tus brazos y, poco después, verás cómo tus manos desaparecen en el cielo azul.

Exhala. Baja las manos cuando dejes de sentir en ellas el peso de los remordimientos y la culpa.

Exhala. Observa tus manos vacías; ¿qué sientes? Inhala la luz azul del cielo; visualízala llenando sin dificultad los espacios vacíos.

Exhala. Abre los ojos.

Dado que vives en un mundo marcado por el tiempo, es esencial establecer un calendario para tus objetivos. Aunque los calendarios a menudo dependen de circunstancias ajenas, los plazos que más suelen cumplirse son aquellos que establecen tus sueños.

Ejercicio 42

Fecha límite

Cierra los ojos. Exhala lentamente tres veces mientras cuentas del tres al uno. Visualiza el uno alto, nítido y brillante.

Visualiza tu objetivo. Sabiendo que «un objetivo es un sueño con una fecha límite»,[14] coge un rayo de luz y dibuja un círculo luminoso en la esquina superior derecha del cielo.

Exhala. Atrapa otro rayo de luz y observa cómo se convierte en un bolígrafo dorado.

Exhala. Escribe en letras doradas sobre el círculo: fecha en la que mi objetivo se manifestará. Especifica cuál es tu objetivo.

Exhala. Mira dentro del círculo y ve cómo aparece la fecha. Pregunta por el día, el mes y el año. Confía en tus propios ojos.

Exhala. Abre los ojos y mira la fecha con los ojos bien abiertos.

Escribe la fecha en un trozo de papel y colócalo en un lugar donde puedas verlo todos los días. Sigue avanzando hacia tu objetivo. Sigue concentrado en un único objetivo. Persigue aquello que más desees. No permitas que nada te distraiga.

---

14. *Íbid.*

Ejercicio 43

Diablillos

Cierra los ojos. Exhala lentamente tres veces mientras cuentas del tres al uno. Visualiza el uno alto, nítido y brillante.

Camina hacia la diana sin perder de vista la flecha firmemente clavada en el centro.

Exhala. Mientras cruzas el campo, a ambos lados hay dos diablillos que intentan distraerte para que no alcances tu objetivo.

Exhala. ¿Qué ocurre? ¿Cómo llegas a tu objetivo? ¿Consigues alcanzarlo?

Exhala. Abre los ojos.

Según el Talmud, «no se conoce nada en este mundo que no se haya dado a conocer antes por medio de un sueño o una proclamación».[15] Tu subconsciente lo sabe. Existe en un Ahora que comprende pasado, presente y futuro. ¿Cómo es posible? Imagina un océano sin límites llamado imaginación. Formas acuáticas o secuencias de formas aparecen y desaparecen. Bajo la superficie reside el núcleo del saber, lo que denominamos alma. El alma conoce y te revela todas tus potencialidades a través de las formas que aparecen en la superficie del océano. El subconsciente *sabe*, por ejemplo, cuántos hijos estás destinado a tener. Tú eres libre de elegir entre aceptar el *conocimiento* o rechazarlo. Aunque es tu prerrogativa negarte a tener el número de hijos a los que tu alma está destinada, debes saber que puede resultar perjudicial para ti. ¿Por qué? Porque estarás tomando un camino que te aleja de la verdad, y los dolores del parto serán mucho peores. Eres libre de aceptar tu *conocimiento* o de rechazarlo.

No puedes manifestar lo que tu imaginación aún no ha visto. No puedes pintar como Gauguin porque tus sueños no ven como él. Nunca serás millonario si tu alma ha decidido lo contrario. El libro de autoayuda *El secreto,* escrito por Rhonda Byrne, te ha vendido una mentira.

---

15. Berajot 55b.

Puede que las fuerzas externas te hagan creer que quieres ser millonario, y que puedas visualizar, por ejemplo, un cheque de un millón de dólares. Pero no serás capaz de manifestarlo si tus sueños no te lo han comunicado de antemano; es imposible. Es como si decidieras convertirte en jugador de fútbol americano, pero fueras enclenque y bajito. Tus sueños son tu forma energética y tu cuerpo es la manifestación de esa forma energética. Los motivos por los que somos enclenques y no estamos hechos para ser millonarios son el secreto de la genética, de nuestra historia ancestral y de nuestra alma. Este tema da para mucho más, pero lo trataremos con mayor profundidad en el capítulo 9, cuando hablemos de la ascendencia.

De una cosa puedes estar seguro: eres capaz de ser o hacer todo lo que te muestran los sueños. Podrás hacer realidad tus sueños siempre y cuando te entregues a ellos, dediques toda tu energía emocional a las imágenes que recibes y no bloquees el flujo de tu imaginación. Trataremos el tema de los bloqueos en el próximo capítulo.

Según la cábala, todo el mundo nace con una misión. Piensa en tu misión como si fuera un ángel. Los ángeles nunca se distraen. Sólo tienen una pierna y vuelan directos hacia su objetivo. Lo que significa que, en cuanto hayas encontrado a tu ángel, no te distraigas. Al culminar tu misión, estás ayudando al *tikún olam,* la reparación del mundo. ¿Quieres un ejemplo personal? Cuando tenía veintinueve años, tuve la visión de una escuela para soñadores. Vi los edificios y los departamentos. Era como las academias de los *benei ha-neviim,* las escuelas de los Hijos de los Profetas que florecieron en tiempos bíblicos. En mi escuela se enseñaba a soñar y a difundir el poder de los sueños en las comunidades modernas. Vi distintos departamentos dedicados a la aplicación de los sueños en la sanación, la resolución de traumas, la atención a las futuras madres, las empresas, el *coaching* de actores, la oración o el desarrollo espiritual. Cuarenta años después, la escuela que soñé existe en el mundo material y se llama Escuela de Imágenes [*School of Images*®] (SOI). La sede central está en Nueva York, pero tiene sucursales en todo el continente americano, Asia, Australia, Europa y Rusia, y cuenta con departamentos especializados muy parecidos a los que aparecían en la visión. Escribir libros también formaba parte de la visión y, como puedes comprobar, eso es a lo que me dedico siempre que mis tareas pedagógicas me lo permiten. De modo que sí, los sueños se hacen realidad. Utilizo estas palabras para volver a hacer hincapié en que los sueños, lejos de ser algo irreal, son los mejores abogados defensores de la realidad.

�֍

Si le echas una ojeada a Berajot 55 a y b, los folios del Talmud dedicados al arte de soñar, te toparás con esta extraña afirmación: «Tres tipos de sueños están destinados a cumplirse. Estos son: los sueños que uno ve por la mañana, justo antes de despertarse; los que sueña un amigo sobre uno mismo y los que se interpretan dentro del sueño. Y algunos dicen: los sueños que se repiten también están destinados a cumplirse». ¿Qué tienen en común todos estos tipos de sueños? El propio sueño parece insistir en una cosa: ¡presta atención! Y lo hace por diferentes medios: obligándonos a recordarlo acercándolo mucho al estado de consciencia; poniéndonos la piel de gallina cuando otro soñador nos cuenta lo que no hemos sido capaces de oír; sacudiéndonos al revelarnos el significado del sueño dentro del mismo sueño y, por último, repitiendo el mismo mensaje, por si no lo hemos captado. Un sueño repetitivo puede ser bueno o malo. Puedes estar atascado en un patrón bloqueado o como José, quien tuvo dos sueños similares[16] «...y sus hermanos le tenían envidia, mas su padre meditaba en esto».[17] Meditar en esto, ya sea para rectificar el sueño si es portentoso o para hacerlo manifiesto si es fortuito. Existen cuatro formas de manifestar un sueño fortuito:

1. Llevar a la consciencia clara lo que quiere el sueño;
2. Escuchar y no resistirse ni bloquear lo que parece verdad cuando otros sueñan contigo o abren tus sueños;
3. Abrir tus propios sueños;
4. Ensayar mentalmente las buenas imágenes.

Si quieres que tu objetivo se manifieste, debes hacer el trabajo del que Dios decidió alejarse. Ahora es tu turno. Pero hacer, *laasot,* no siempre

---

16. *Véase* el capítulo 2.
17. Génesis 37, 12.

requiere un esfuerzo. En el mundo material es posible que necesites el sudor de tu frente para terminar la tarea de hacer, para unir físicamente el ladrillo y el mortero. Sin embargo, en Génesis la mención a «hacer» es anterior a la aparición de la materia. Hacer es lograr que algo se haga realidad. Para ti, eso significa volver al sueño. ¿Te resulta difícil creer que puedes provocar el resultado que deseas simplemente fijando la imagen de tu objetivo en la cabeza? ¿No crees que se pueda manifestar algo concreto en el mundo material a partir de la energía mental? Exhala y haz una pausa. Todo sucede durante la pausa, el descanso del séptimo día, el momento de dejar ir y permitir que la imagen vuele hacia su destino. Sai Baba, el gurú indio, se hizo famoso por materializar *vibhuti* (ceniza sagrada) de la nada. Aunque algunos le acusaron de prestidigitador, nunca se pudo demostrar. ¿Sai Baba era un mago o realmente era capaz de materializar *vibhuti*, fruta, dulces, flores e incluso joyas? Si fuera así, sería una excepción, ya que, al igual que Adán, Sai Baba era capaz de transformar la energía en materia de forma instantánea.

Y, aun así, tú también participas de «la transformación de las cosas», como lo definió Zhuang Zhou, el sabio chino, de forma casi instantánea. Das un dólar y consigues un café. Llamas por teléfono y obtienes un nuevo cliente. Las fronteras entre la realidad y el mundo de los sueños son porosas y «la transformación de las cosas» puede ocurrir en un instante. Para poder manifestar una mesa puede que debas seguir el movimiento interno, la voz apacible y delicada de tu interior, como hice yo una mañana en el SoHo en compañía de mi furioso marido. Él es un auténtico Aries, por lo que me aseguró que estaba dispuesto a divorciarse de mí si no conseguíamos una mesa de comedor aquel mismo día. «¿Adónde vas?», me preguntó. Yo no lo sabía, pero me apetecía tomar un café y entonces... Me puse a caminar por una calle, y entonces... Entré en una tienda de segunda mano, y entonces... Subí unas escaleras con mi marido pisándome los talones. En el piso superior, arrinconada entre montones de ropa vieja había una magnífica mesa de estilo *art déco* a un precio ridículo. Mi marido extendió un cheque sin decir ni mu y con las cejas enarcadas. Lo cierto es que no quería divorciarme, de modo que tenía un deseo ardiente y una pregunta incisiva. Además, me encanta el *art déco*. ¿Pensamiento mágico? No, simplemente el poder de los sueños para atraer aquello que deseas encontrar. Anoche, después de escribir este párrafo, dejé durante unas horas mi escritorio para asistir a un espectáculo de Broadway. Al llegar a la taquilla, el empleado del teatro no tenía nuestras entradas y el aforo estaba completo. Podría haberme enfadado y marcharme decepcionada. En lugar de eso, nos imagino sentados en la platea y exhalé. Hice una pausa. Justo entonces, un hombre llegó corriendo a las taquillas: «Mi mujer está enferma, ¿puedo devolver las entradas?». Por si me quedaba alguna duda, otro caso de manifestación instantánea.

¿Cómo podemos definir lo que me ocurrió? La primera palabra que acude a la mente es *sincronicidad*. Según la definición del *Oxford Dictionary*, *sincronicidad* es «una ocurrencia simultánea de acontecimientos que parecen íntimamente relacionados, pero sin una conexión causal perceptible». A menos que tengamos una *mente cuántica*, esto no explica gran cosa. Sin embargo, así es exactamente cómo funcionan los sueños: «sin una conexión causal perceptible», pero donde las formas y el tiempo encajan entre sí perfectamente. Estoy segura de que a lo largo de tu vida también has vivido acontecimientos sincrónicos que te han asombrado y que, a pesar de no poder explicar de manera lógica, te han hecho muy feliz. ¿Y si pudieras ser proactivo, *hacer* que esos episodios ocurran? Regresa al sueño, visualiza el objetivo y retén con tranquilidad y alegría la imagen en tu cabeza. La clave consiste en calmar las emociones y dejarse llevar por las sensaciones. No entres en pánico ni te enfades (ambas son emociones); limítate a visualizar tu objetivo final y a sentirte feliz (un sentimiento) mientras lo haces presente en tu mente. Confía en el poder de tu imaginación para dar forma al mundo exterior. Y entonces, «¡déjate ir y dale el control a Dios!». Verás cómo tus imágenes interiores atraen una realidad exterior que encaja a la perfección, como si fueran dos piezas de un puzle. Cuando esto ocurra, recuerda anotarlo en tu Libro de Sueños, en la casilla de verificación.[18]

A continuación, tienes un ejercicio para ayudarte a dejarte llevar por los sueños. Ten un objetivo sencillo en mente. Estás buscando el

---

18. *Véase* el capítulo 4.

regalo perfecto para una amiga, pero no sabes qué regalarle ni dónde encontrarlo. Su cumpleaños es mañana y es muy importante que encuentres urgentemente el regalo perfecto. El lugar ideal para realizar este ejercicio es en una ciudad.

Ejercicio 44
· · · · · · · · · ·
El paseo

Decides dar un paseo con tu objetivo siempre en mente.

No tienes ningún itinerario fijo.

Cuando llegues a un semáforo, si está verde, cruza la calle.

Si está rojo, date la vuelta y cruza en la otra dirección.

Continúa caminando y deja que los semáforos te indiquen hacia dónde debes dirigirte.

Si algo te llama la atención mientras caminas por la calle, detente y echa un vistazo. Entra en las tiendas.

Cualquier cosa que te atraiga, acércate a verla.

Pero mantente relajada y tranquila. No debes esforzarte, sólo jugar.

Continúa con el paseo hasta que hayas encontrado el regalo perfecto, o sigue caminando durante media hora.

No olvides escribir en tu Libro de Sueños lo que ha ocurrido. Si no te pasa nada, al menos es una forma divertida de pasar media hora; además, al tomar una ruta distinta a la habitual, la novedad hará que te sientas renovada. Si no has encontrado lo que buscabas, puede que otra cosa haya captado tu atención. Aprender a encajar dos mundos como si fueran imágenes especulares requiere un poco de práctica. Repite el ejercicio siempre que puedas. Puede que durante un tiempo no obtengas resultados y un día, de repente, se produzca la sincronicidad, no necesariamente durante el paseo, tal vez en las taquillas del teatro.

La clave es la actitud juguetona y alegre. Lo que ayuda a potenciar tu felicidad es la luz. Necesitas la luz del sol para crecer fuerte y sano; la necesitas para hacerte poderoso. La energía del sol es como la gasolina para un coche. Puedes utilizarla bien o para fines funestos. Como ya sabes, la manifestación no conoce término medio: o bien eres un pesimista que manifiesta un mundo triste o un optimista que manifiesta un mundo alegre. En cualquiera de los dos casos estarás manifestando. El plexo solar, el sol de tu cuerpo, ayuda mucho a orientar la manifestación. Se trata de una gran red o anillo de nervios concentrados bajo la caja torácica, en la boca del estómago. Pese a no poder controlar los caprichos de la meteorología que determinan cuánto sol vas a recibir, sí puedes controlar tu plexo solar. Tu sol personal brilla o se oculta en función, no de las nubes, sino de tus emociones. Observa ahora tu plexo solar. ¿Está contraído o expandido? Algunas personas lo tienen contraído de forma crónica. El plexo solar se bloquea cuando estás asustado y se expande cuando estás feliz. Aunque es posible que no hayas reparado en ello hasta ahora, puedo asegurarte de que las personas de éxito tienen un plexo solar radiante.

En una mala situación, el plexo solar puede estar tan tenso que no deje salir la luz, o tan abierto que deje escapar toda la energía. Una gran conmoción, como un accidente o una noticia terrible, hará que el plexo solar se abra de par en par. Son muchas las personas que han relatado un fenómeno en el que el cuerpo onírico escapa y se separa del cuerpo físico. Se trata de un mecanismo natural de supervivencia. Lo primero que deben hacer las personas que se enfrentan a una gran conmoción es cerrar el plexo solar apoyando las manos, una almohada o incluso un abrigo doblado sobre el plexo solar. Con esto se consigue devolver a la persona en *shock* a su cuerpo. Las personas que permanecen demasiado tiempo fuera de su cuerpo físico pueden ponerse enfermas o incluso morir. Si tu plexo solar está tenso de forma crónica, también puedes enfermar y tener más dificultades para manifestar correctamente: ábrelo expandiendo el estómago. Debes repetir la operación hasta que tu cuerpo se acostumbre y deje de contraerse. Sabrás que lo has conseguido cuando el plexo solar deje de dolerte. Aunque se abre y cierra rítmicamente, se contraerá de forma arrítmica en cuanto estés en peligro, sientas aprensión antes de una entrevista o un examen importante, cuando tengas que hablar en público o impresionar a un nuevo cliente o cuando debas enfrentarte a otro tipo de eventos con público. El siguiente ejercicio te ayudará a utilizar el plexo solar para manifestar, deslumbrar a las personas que deseas impresionar o ganarte a los clientes que necesitas.

Ejercicio 45

El plexo solar (formal)

Cierra los ojos. Exhala lentamente tres veces mientras cuentas del tres al uno. Visualiza el uno alto, nítido y brillante.

Imagina que estás en mitad de un prado. Levanta la cabeza hacia el cielo azul y busca el sol con la mirada. Si está a tu izquierda, observa cómo se desplaza por el cielo hasta alcanzar su posición más alta, justo encima de ti.

Exhala. Alarga los brazos hacia el sol. Siente cómo tus manos se calientan y se vuelven ligeras.

Exhala. Atrapa el sol con las dos manos y bájalo. Colócatelo en el plexo solar. Observa cómo enciende tu cuerpo y después vuelve a colocar rápidamente el sol otra vez en el cielo.

Exhala. Contempla el refulgente sol en tu plexo solar, cómo irradia su luz en todas direcciones. Imagínalo como una gran rueda luminosa. Observa cómo los demás se sienten atraídos por tu luz y tu calor y cómo empiezan a caminar hacia ti desde todas direcciones.

Exhala. Abre los ojos.

Practica tres veces este ejercicio el día anterior a una experiencia estresante y repítelo también a la mañana siguiente. Si la experiencia estresante es por la noche, hazlo dos veces más durante el día. Asegúrate de que la tercera vez sea justo antes de que dé comienzo el acontecimiento estresante. Al entrar en la entrevista o subir al escenario, proyecta tu luz sobre el público. Para manifestar a clientes, haz el ejercicio de forma regular, todos los días por la mañana durante veintiún días a partir de la luna nueva o desde un período menstrual al siguiente.

Las imágenes son el lenguaje de nuestro ser interior. Canalizan la salud o la enfermedad, los sentimientos o las emociones, la libertad o los sistemas de creencias bloqueados. En cuanto comprendas el poder que ejercen las imágenes sobre toda tu existencia, podrás transformar tu vida para siempre. Serás capaz de manifestar lo que sueñas. Los sueños son tan concretos como la silla en la que estoy ahora sentada. Úsalos bien. Son tu poder de encarnación y manifestación.

8

EL CAMPO ONÍRICO Y LOS COMPLEJOS

«Los seres vivientes corrían y regresaban como si fueran relámpagos».

EZEQUIEL 1, 14

¿De qué estás hecho? ¿Sólo de carne? ¿O sólo de energía? Según la cábala: «Continuamente estamos siendo emanados, traídos a la existencia a través de las simultáneas etapas de despliegue conocidas como los Cuatro Mundos».[19] El universo se despliega simultáneamente en cuatro niveles: emanación, creación, formación y manifestación. Imagínalos como cuatro diagramas transparentes situados uno sobre el otro. Lo que significa que, en cada momento, estamos experimentando simultáneamente en nuestro interior el espíritu explosivo del big bang (concepción), la abrasadora energía del despliegue (embrión, feto), la frontera que forma el «llegarás hasta aquí, y de aquí no pasarás»[20] y la carcasa y la piel del producto final, es decir, el ser humano formado y manifestado. Somos al mismo tiempo espíritu-energía-forma-carne y nos encontramos constantemente en un proceso de intercambio de información entre estos cuatro mundos. Nos movemos sin parar de la energía a la carne, de la vitalidad a la muerte, del movimiento a la pausa. Sin embargo, el sistema de creencias nos mantiene bloqueados en el nivel de la manifestación, e ignoramos, en nuestro perjuicio, las otras tres realidades

---

19. Winkler: *Daily Kabbalah*, día 85, rabino Ben Abraham.
20. Job 38, 11.

que nos habitan. Si pudiéramos acceder a ellas, ¿los otros tres niveles nos ayudarían a lidiar con la manifestación o a curar los problemas que experimentamos en nuestro cuerpo? Muchos pensadores modernos están atrapados en el *jamor*, el nivel material que los sabios denominan «el nivel del asno»,[21] y aceptan todas sus limitaciones físicas, padecimientos y lento deterioro. Para la mayoría de la gente, romper con la creencia en el dolor y pasar a experimentar otras realidades es casi imposible. La carne nos duele, las emociones nos confunden, los pensamientos nos atormentan y somos incapaces de elevarnos a la dimensión del espíritu por culpa de la gruesa capa de nubes que la cubre.

Ya hemos visto cómo podemos subir por la escalera del sueño y dejar atrás las manifestaciones fruto de las pesadillas, los sueños repetitivos o el estrés de la vida cotidiana y ascender a la luz y la unidad sublime. Ahora ha llegado el momento de profundizar en el tema. Aunque la tarea pueda parecer lineal –lo único que debemos hacer es subir por la escalera de los sueños–, la ascensión no es sólo vertical. No consiste simplemente en salir flotando del cuerpo y entrar en una realidad etérica alternativa mientras hacemos oídos sordos al ajetreo constante de la existencia cotidiana.

No se trata de alejarnos de las manifestaciones fruto de las pesadillas, los sueños repetitivos o el estrés de la vida cotidiana, sino de curarlas. De hecho, estos nudos o nódulos de energía bloqueada son la carrera de obstáculos que debemos aprender a superar. Sin obstáculos a los que enfrentarnos, no hay motivos para crecer. Como dice Dios en el Génesis: «No es bueno que el hombre esté solo; le haré un ayudante *kenegdo*, contra él».[22] La mayoría de los bloqueos y patrones repetitivos están conectados con otros o con el mundo. ¿Por qué los bloqueos, patrones y dolores se repiten continuamente hasta el punto de que acabamos hartos de ellos? Como sabemos, «el hábito es más fuerte que la razón». La mayoría de las personas sólo toman la decisión de cambiar sus malos hábitos cuando se enfrentan a un dolor insoportable. Tal vez esa sea nuestra señal interior: la balanza se inclina y nos morimos o aprendemos un nuevo comportamiento.

---

21. *Véase* capítulo 3.
22. Génesis 2, 1.

La realidad tiene diferentes facetas, capas y direcciones. Debemos correr y regresar, correr y regresar una y otra vez entre la luz y *jamor* (materia), como las criaturas vivientes de la visión de Ezequiel, mientras exploramos las diversas direcciones y capas de nuestros campos oníricos. Dado que éstos tienen cuatro dimensiones, o puede que incluso cinco, debemos aprender a abrirnos paso entre su complejidad. Si una energía atascada nos bloquea el paso, es una buena oportunidad para deshacerse de ella mediante la acción transformadora que nos parezca más adecuada, por ejemplo, sumergiéndonos, rodeando, trepando, desplazando hacia la izquierda, destruyendo, derritiendo o quemando el obstáculo. La vida consiste en eliminar aquello que nos impide seguir explorando. Los bloqueos son el impulso que necesitamos para tejer una red cada vez más amplia de experiencias, una red que fluye y se extiende en las seis direcciones del espacio-tiempo. Al enfrentarnos y disolver de forma consciente los bloqueos, ampliamos nuestras experiencias y convertimos nuestro campo onírico en consciencia pura.

El campo onírico es la base de nuestra existencia. Nosotros salimos de él, no a la inversa. Nuestro campo onírico es la red, en constante cambio y creación, sobre la que nuestros cuerpos se forman y se manifiestan tal y como los conocemos. Lo que nos mantiene inmovilizados es la creencia en la manifestación invariable en lugar de concentrarnos en lo que realmente somos, es decir, una creación en constante evolución. No estamos hechos de carne, sino de una matriz de imágenes en movimiento. El movimiento es la cualidad distintiva de nuestra encarnación, empezando por la primera célula que se dividió en dos y después en cuatro, ocho, hasta llegar al millar de células reunidas alrededor de un vacío lleno de líquido denominado *blastocisto*. Misteriosamente, el vacío lleno de líquido contiene el mapa o patrón de ADN (la imagen) a partir del cual empieza a desplegarse nuestro desarrollo. Sin embargo, en lugar de deleitarnos con el despliegue, insistimos en fijar nuestra manifestación en una forma idealizada. Nos esforzamos por protegerla de su inevitable autodestrucción. Como consecuencia de ello, bloqueamos la posibilidad de emprender una gran aventura, un viaje que nos llevaría a explorar el pasado y el futuro, el espacio a la izquierda y a la derecha, la dimensión superior del espíritu y la inferior de la materia, una aventura que nos permitiría ampliar nuestras fronteras más allá de lo que imaginamos y disfrutar de descubrimientos que nunca habíamos soñado. Al emprender la gran aventura, descubriremos que también estamos fortaleciendo y solidificando el punto central de luz que es nuestra raíz o alma.

✳

¿Qué es un campo onírico sino la gran matriz llamada Jardín del Edén, el poder creador que jamás termina de desplegarse? Cuando «*HaShem* Dios tomó a Adán y lo colocó en el Jardín del Edén, para que lo trabajara y lo guardase»,[23] el Jardín y Adán eran uno, abarcaban todo el universo. Como descendiente de Adán, el heredero del Jardín eres tú, de modo que debes trabajarlo y guardarlo. Pero ¿alguna vez has hecho alguna de esas dos cosas? ¿Cómo de grande es tu jardín?, ¿cuán vasto es tu campo onírico? Aunque no es tan vasto como el de *Adam haRishon,* el primer hombre/mujer, es tan vasto como tu consciencia puede llegar a comprender. ¿Puedes hacerlo más grande? ¿Puedes fortalecer su músculo creativo? ¿Qué le impide extenderse, como una gran red dorada, hasta el borde exterior del universo?

En hebreo, la palabra *Edén* significa «deleite». Cuando sentimos deleite, como *Adam haRishon,* nos expandimos infinitamente. Un deleite momentáneo hace que volvamos a ser lo que realmente somos, el Adán del Jardín, el que lo trabaja y lo guarda. El deleite nos reviste de un resplandor que se extiende y expande, y que se lleva todos los males, bloqueos y hábitos. «¡Dichoso aquel que obtiene la vestidura de la que hemos hablado, la misma con la que se vistieron los justos en el Jardín del Edén!», asegura el Zohar.[24]

No obstante, cuando Adán y Eva son expulsados del Jardín, su campo onírico se contrae. Al separarse de la fuente divina, pierden su resplandor y reparan por primera vez en su desnudez. Su expansividad queda reducida a las pieles de animales que Dios les proporciona para cubrir sus cuerpos. La serpiente, regiamente erguida, pierde las patas y se ve condenada a arrastrarse sobre su vientre. El miedo y la vergüen-

---

23. Génesis 2, 15.
24. Vayakel 2, 210b.

za constriñen el campo onírico de Adán y Eva, y las consecuencias son las que todos sufrimos: enemistad, dolor, esfuerzo y enfermedad. Aunque todos somos Adanes y Evas caídos, también somos potencialmente radiantes. La decisión es nuestra. Sin embargo, en lugar de tratar de reparar nuestro campo onírico, solemos culpar a Dios de las consecuencias y nos rebelamos construyendo nuestras propias Torres de Babel.[25] Dar a luz, la señal creativa de un campo onírico sano, se hizo aún más difícil.

> A una mujer que fabricaba ladrillos no se le permitió dejar de trabajar en el momento del parto, sino que dio a luz mientras fabricaba ladrillos.[26]

El midrash imagina al bebé cayendo en la arcilla y quedando atrapado en el interior de un ladrillo, la creatividad de la madre sofocada e inmovilizada.[27] En lugar del flujo creativo insaciable encarnado por el nombre Eva-Java, madre de todos los seres humanos, aquí el corazón de la madre se vuelve cada vez más y más pesado mientras sigue con la tarea de convertir la fluidez en rigidez.

¿Cuáles son las primeras señales de que tenemos un problema con nuestro campo onírico? Un bloqueo energético caracterizado por acciones y sueños repetitivos y bloqueos mentales. Aunque comúnmente llamamos a estos comportamientos repetitivos «malos hábitos», en la terminología de la psicología moderna se denominan «síntomas». Los síntomas aparecen en los cuatro cuerpos, el físico, el emocional, el mental y el espiritual,[28] y existen numerosos ejemplos. Los síntomas físicos y emocionales son fáciles de reconocer. Los mentales, sin embargo, son más difíciles de ver, ya que nos cuesta mucho cuestionar nuestras ideas fijas. En el prefacio he mencionado que había heredado de mi madre su actitud hacia todo lo que tuviera que ver con el judaís-

---

25. Génesis 11, 1-9.
26. Baruc 3, 3-5; sobre la Torre de Babel.
27. Baruc 3.
28. Excluyo el quinto cuerpo, *yehidá*, la consciencia divina, ya que, por definición, a ese nivel no se producen bloqueos. *Véase* el capítulo 2.

mo. No era activamente antisemita, simplemente era una antisemita. Jamás había cuestionado dicha posición intelectual. Me hizo falta un *kenegdo* (un obstáculo) para darme cuenta de que tenía un bloqueo. Si una persona sana es alguien fluido y abierto, entonces es evidente que yo no lo era. En cuanto al espíritu, el cuarto cuerpo, el mayor bloqueo es aquel producido por la *acedia,* un sinónimo de apatía o indiferencia hacia lo misterioso, o arrogancia, exceso de confianza en uno mismo y orgullo.

Dedica unos instantes a reconocer patrones repetitivos en tu vida.

Ejercicio 46
· · · · · · · · · ·
Movimientos repetitivos

Cierra los ojos. Exhala lentamente tres veces mientras cuentas del tres al uno. Visualiza el uno alto, nítido y brillante.

Ponte delante de un espejo y pide que te muestre un patrón que se repita en alguno de tus cuatro cuerpos. ¿Qué imagen aparece? ¿Qué cuerpo está afectado?

Exhala. Pregúntate qué debes hacer para responder a la necesidad de la imagen. Y sigue haciéndolo hasta que la imagen se resuelva. ¿Qué sientes?

Exhala. Abre los ojos y observa la nueva imagen con los ojos bien abiertos.

Aunque podamos identificar el nivel en el que se manifiesta el síntoma, los cuatro cuerpos están implicados, ya que en última instancia forman una unidad. Un buen ejemplo es la historia de un hombre mayor atormentado por los sentimientos de inferioridad. «¡Mi madre tenía ocho carlinos y los quería más que a mí!». Pese a haber alcanzado el éxito en su profesión, por lo que era muy envidiado, era incapaz de disfrutar de ello. Su principal problema era emocional, aunque también tenía gravemente afectados los cuerpos mental y espiritual. Terminó muriendo de cáncer de próstata, una buena metáfora del flujo creativo bloqueado. Carl Jung denomina complejo a este «patrón central compuesto por emociones, recuerdos, percepciones y deseos». El hombre tenía un complejo de inferioridad.

Ejercicio 47
· · · · · · · · · ·
Limpieza de síntomas

Cierra los ojos. Exhala lentamente tres veces mientras cuentas del tres al uno. Visualiza el uno alto, nítido y brillante.

Céntrate en un síntoma habitual. ¿Qué parte de tu cuerpo físico está implicado?

Exhala. ¿Qué emoción está implicada? Observa y siente el movimiento de la emoción en tu cuerpo físico.

Exhala. ¿Qué idea fija tienes al respecto?

Exhala. ¿Qué recuerdo está asociado a este síntoma?

Exhala. Regresa al momento anterior a experimentar el síntoma. ¿Qué experimentas y descubres?

Exhala. Ve, siente y descubre cómo reparar y devolver tus cuatro cuerpos a su verdad original.

Exhala. Abre los ojos.

En este ejercicio regresamos a un tiempo anterior a la existencia del síntoma. Liberarse del recuerdo y del síntoma asociado puede ser suficiente para deshacernos de su presencia.

¿Por qué tenemos recuerdos impresos en determinadas partes de nuestro cuerpo? La memoria se gesta con información sensorial: algo huele, sabe, suena como otra cosa... Si la información va acompañada de una emoción como la ira, el miedo, el asco o el horror, el impacto sensorial se exacerba. Las emociones tienen caminos específicos de constricción a lo largo del cuerpo. Cuanto más te entregas a una emoción, más profundo se hace el camino. La ira y el miedo son emociones primarias; si no pueden exteriorizarse, regresan al cuerpo y se convierten en energías estancadas, en bloqueos. Al principio, la ira se convierte en irritación, pero cuando se arraiga más profundamente, se convierte en frustración, tristeza, aburrimiento, confusión, depresión y odio a uno mismo. El miedo se convierte en ansiedad, culpabilidad, resentimiento y vergüenza. Los celos y la envidia pertenecen a las dos emociones primarias. **Todas las emociones son constrictivas.**

Ejercicio 48

Los caminos de las emociones

Cierra los ojos. Exhala lentamente tres veces mientras cuentas del tres al uno. Visualiza el uno alto, nítido y brillante.

Empieza con una emoción primaria, la ira o el miedo. Revive el último o más intenso recuerdo de esa emoción que tengas. Observa el movimiento de tu cuerpo.

Exhala. ¿De qué color es la emoción?

Exhala. Desplaza la emoción hacia la parte izquierda de tu cuerpo.

¿Te sube desde el bajo vientre hasta la cara y los brazos? (Cólera). ¿Te oprime el plexo solar y te obliga a doblarte? (Miedo).

Ejercicio 49

Cambiar las emociones por sentimientos

Exhala. Siente la sensación contraria. ¿En qué parte de tu cuerpo está? ¿De qué color es? ¿Cómo se mueve?

Exhala. Ponle un nombre.

Exhala. Abre los ojos.

Haz los últimos dos ejercicios juntos. Los he separado para que puedas distinguirlos fácilmente. Simplemente podríamos haber desplazado la emoción hacia la izquierda y ya está. Pero no es suficiente con eliminar los malos hábitos; debemos sustituirlos con otra cosa.

Y eso es exactamente lo que haces al cambiar las emociones por sentimientos.

¿Cómo se mueve la sensación contraria? Si has hecho el cambio correctamente, tu cuerpo se expande como círculos concéntricos en el agua tras lanzar una piedra. **Todos los sentimientos son expansivos:**

amor, paz, armonía, compasión, deleite, creatividad, alegría, júbilo y asombro. Los círculos concéntricos de energía que denomino «sentimientos» despejarán tu camino emocional, al tiempo que amplían tu campo onírico y restauran tu auténtico ser creativo.

Las emociones repetitivas generan malos hábitos repetitivos. Puedes intentar lidiar con un mal hábito, por ejemplo, con un problema de ira, cambiando los patrones de comportamiento. Sin embargo, las emociones suelen aparecer rápidamente y pillarnos desprevenidos, por lo que, para entonces ya es demasiado tarde. ¿No sería mejor ir directamente a la fuente?

Las emociones repetitivas se activan con una sensación, una palabra o una expresión que desencadena un recuerdo. El origen o semilla del mal hábito, síntoma o complejo sigue ahí, encapsulada en un recuerdo del que no has sido capaz de distanciarte. El recuerdo en cuestión no está en el pasado, sino que existe en el presente, en tu campo onírico, y está bloqueando tu «ir y venir» creativo. El siguiente sueño sirve para ilustrar esta dinámica: «Estoy intentando subir por la calle de un pueblo, pero una gran vaca blanca me impide el paso». El soñador tiene un bloqueo constante provocado por emociones no resueltas hacia una madre posesiva y, en este caso, incestuosa, representada por la gran vaca blanca.

Para recuperar un recuerdo, dirígete a la parte de tu cuerpo donde sientas la emoción. El cuerpo es como un libro que almacena los recuerdos en sus células. Recuerdo que una vez pasé las manos por encima del cuerpo de una mujer para limpiar su campo energético. «¡Tienes seis años y tienes un conejo en el vientre!», le dije. La reacción de la mujer fue inmediata: empezó a llorar desconsoladamente. «¡Mi padre mató a mi conejo cuando tenía seis años!», exclamó la mujer.

El recuerdo traumático queda grabado mediante una conmoción. La comunidad terapéutica cree desde hace mucho tiempo que, para curarse, el paciente debe contar la historia que provocó el recuerdo.

Sin embargo, tras muchos años tratando a personas que sufren este tipo de problemas, estoy convencida de que, a menos que la atención se desvíe de la historia y se dirija hacia una nueva sensación o imagen, volver a contar la historia sólo sirve para grabar el recuerdo de un modo aún más profundo. Las terapias EMDR[29] y de *tapping*[30] aseguran utilizar este tipo de desplazamiento con éxito. Según mi opinión, la forma más orgánica y potente de eliminar el recuerdo traumático consiste en corregir las imágenes del subconsciente regresando a las imágenes, olores y sensaciones físicas impresas en nuestras células. El objetivo del procedimiento es transformar la experiencia. Una vez el paciente experimenta la revelación de una nueva imagen, ésta sustituye eficazmente a las antiguas imágenes. ¿Cómo podemos responder a la necesidad de la vaca blanca? Éstas son algunas de las respuestas que me han dado mis alumnos: podemos pasar por encima, cavar un túnel, volar o cortar a la vaca por la mitad. Lo importante es superar el bloqueo y ver lo que hay más allá: una vista ininterrumpida del campo onírico y de sus innumerables posibilidades, bloqueadas hasta entonces por la vaca blanca.

Estamos hechos de imágenes oníricas, y éstas pueden afectar a nuestros cuatro cuerpos. La sacudida emocional que supuso para la joven que su padre matara al conejo afectó a sus cuerpos mental y físico. La mujer tenía una enfermedad autoinmune que le impedía quedarse embarazada. Después de trabajar juntas, sin embargo, pudo plantearse de otro modo el hecho de tener un hijo. Finalmente adoptó a una niña preciosa.

Como Edipo, cuyo nombre significa «tobillos hinchados», no podemos alejarnos de nuestros complejos. Los griegos eran pesimistas y creían en el destino; el de Edipo fue vivir y morir por su complejo. En psicología llamamos a esto complejo de Edipo, el deseo de matar al padre y casarse con la madre (lo contrario para las niñas). Se trata de una etapa vital que todo el mundo debe superar con éxito. Pero ¿realmente es así?

---

29. Desensibilización y reprocesamiento por movimientos oculares. Al relatar un suceso angustioso, el paciente baja automáticamente la mirada. Siguiendo el dedo del terapeuta, los ojos del paciente vuelven a mirar hacia arriba. Según la teoría, el suceso no puede seguir implantado en el cerebro como un recuerdo doloroso si el movimiento ocular es positivo y el paciente no baja la mirada.
30. Golpeteo en puntos de acupresión para liberar el estrés mientras se relatan recuerdos emocionalmente angustiosos.

Ejercicio 50
Las cuatro etapas del desarrollo

Cierra los ojos. Exhala lentamente tres veces mientras cuentas del tres al uno. Visualiza el uno alto, nítido y brillante.

Ve, siente y haz tuya una imagen que sintetice tu experiencia durante la gestación en el útero;

Exhala. Ve, siente y haz tuya una imagen que sintetice tu experiencia del parto;

Exhala. Ve, siente y haz tuya una imagen que sintetice tu experiencia en las relaciones afectivas;

Exhala. Ve, siente y haz tuya una imagen que sintetice tu experiencia en la socialización.

Exhala. Observa cómo estos cuatro grandes momentos se repiten aumentados cada siete años.

Exhala. Recorre cada período de siete años reconociendo las similitudes y las diferencias de estos cuatro momentos de tu vida.

Exhala. Responde a la necesidad de cada imagen: gestación, parto, vinculación emocional, socialización.

Exhala. ¿Qué sientes ahora?

Exhala. Abre los ojos.

Para poder transformar nuestros complejos, la mejor guía son los cuentos de hadas. A diferencia de los mitos griegos, los cuentos de hadas tienen un final feliz. Compuestos a lo largo de siglos en salas de costura o en las plazas de los pueblos, estos sueños comunitarios nos permiten ser optimistas y confiar en que los sueños pueden ayudarnos a superar los malos hábitos, los síntomas y los complejos. ¿Todo el mundo vive feliz para siempre? ¡Por supuesto que no! Entonces, ¿qué significa en realidad el clásico final de los cuentos de hadas?

Todos los cuentos de hadas empiezan con una semilla venenosa. Como el mito griego del oráculo que establece el destino de Edipo (no puede evitar matar a su padre y casarse con su madre), el cuento de hadas siempre empieza fuera del tiempo, *érase una vez*, en cualquier época o momento o congelado en el tiempo. El rey que sólo se casará con una dama más bella que su difunta esposa (Piel de Asno); la madre que quiere a su hija sólo para ella (Rapunzel); el padre que se jacta de que su hija sabe hilar oro (Rumpelstiltskin); los futuros padres que aceptan cualquier cosa, incluso un niño del tamaño de un pulgar, con tal de tener un hijo (Pulgarcito); la abuela que vive a través de su nieta y a quien le regala el gorro rojo de la sexualidad, situándola de ese modo en el camino de la tentación y el peligro (Caperucita Roja). Todo son semillas venenosas, redes cerradas. ¿Cómo pueden ayudarnos las historias, y no historias, reales sino sueños comunitarios como los cuentos de hadas, a desencallar nuestra vida y dirigirla hacia la plenitud creativa? ¿Serán los cuentos de hadas una distracción que nos permite alejarnos de nuestra encarnación, liberarnos por un momento de la monotonía, los hábitos y los bloqueos? Parece tentador, ¿verdad? Sin embargo, la distracción es como la droga, la bebida, el sexo o incluso la comida: un falso paraíso. Dado que nosotros somos el poder creativo que mueve nuestro campo onírico, no podemos alejarnos durante demasiado tiempo de nuestra encarnación si no queremos perder los lazos que nos unen a la vida. Aun así, muchas personas están dispuestas a hacer cualquier cosa por escapar de sus ataduras. El precio que pagan es dejar de estar presentes tanto en sus sensaciones como en sus cuerpos y, por lo tanto, ya no son capaces de lidiar con sus necesidades vitales. En algunos casos, esto conduce incluso a la muerte. Debemos mantenernos firmemente arraigados a nuestro cuerpo, en el aquí y el ahora, para poder hacer frente a la semilla venenosa a la que nos enfrentamos.

No estoy diciendo que no existan variadas y buenas razones para huir: un accidente, un trauma, un dolor insoportable, una situación vital insostenible o una adicción, por ejemplo. A veces, el cuerpo onírico escapa de sus ataduras físicas y flota por encima del cuerpo. Se trata de un fenómeno natural instantáneo de supervivencia ante una situación impactante. Abandona el cuerpo a través del plexo solar o por la parte superior de la cabeza. Tras los atentados del 11-S en Nueva York, mucha gente flotaba por encima de sus cuerpos como globos en una rúa en un espectáculo espeluznante para las personas como yo que podemos *ver*. Pero no se puede estar demasiado tiempo fuera del cuerpo, y ese es uno de los principales problemas del TEPT.[31] Como los soldados que regresan de una zona de guerra, los neoyorquinos necesitaban regresar urgentemente a sus cuerpos y volver a conectar con la tierra.

Ejercicio 51
· · · · · · · · · ·
Conectar con la tierra

Cierra los ojos. Exhala lentamente tres veces mientras cuentas del tres al uno. Visualiza el uno alto, nítido y brillante.

Imagina que estás flotando en el cielo como un globo y no sabes cómo volver al suelo.

Exhala. Imagina que te salen raíces de las plantas de los pies y que las proyectas hacia el suelo.

Exhala. Visualiza las raíces penetrando y clavándose sólidamente en la tierra.

Exhala. Siente que tus raíces sólidamente plantadas te arrastran hacia abajo.

Exhala. Siente las plantas de los pies apoyadas en la tierra. Siente tu peso sobre la tierra.

Exhala. Empieza a caminar mientras sientes que la tierra es tu ancla.

Exhala. Abre los ojos y siéntelo con los ojos bien abiertos.

¿Y qué pasa si el cuerpo onírico no puede o no quiere recuperar sus límites físicos? ¿Y si tu situación vital es tan insostenible que flotar por encima del cuerpo es la única manera de sobrevivir? Vivir mitad dentro y mitad fuera a menudo es la postura heroica que adoptan algunos niños para sobrevivir a situaciones familiares difíciles. ¿Es Cenicienta una fugitiva? Al representar el papel de niña buena y mártir frente al abuso implacable de quienes deberían quererla, en realidad lo que hace Cenicienta es desvincularse de sus verdaderos instintos. Finge ser un ángel ante sus demonios. Aunque parece una chica de carne y hueso,

---

31. Trastorno de estrés postraumático.

su nombre significa «ceniza», lo que indica que no está dentro de su cuerpo. Como los dolientes de antaño, vestidos de arpillera y cubiertos de ceniza, Cenicienta está de luto por sí misma, por sus verdaderos instintos y emociones. Ha aceptado el hecho de que, para sobrevivir, debe ocultar su auténtica naturaleza. ¿Y qué mejor manera de hacerlo que disociarse? Lo que la trae de vuelta a su cuerpo es una sacudida, el anuncio de un baile, un nuevo y prometedor futuro con el amor de su vida. La esperanza la devuelve a su cuerpo. Ahora necesita un vestido y unos zapatos, un carruaje con caballos y también lacayos. Recupera el instinto del placer, la comodidad y la belleza. Recupera su vida. Pero el reloj anuncia la medianoche y las campanadas hacen que todos sus malos hábitos regresen a ella de golpe. A medianoche, Cenicienta vuelve a ser una muchacha desgraciada, cubierta de cenizas y vestida con tela de arpillera. El hábito de la desesperación, la duda y la desesperanza destruye sus esperanzas justo a tiempo. Los hábitos tienen un ritmo propio y no siempre están presentes; aparecen en determinados momentos o cuando se producen ciertos desencadenantes.

Estábamos locamente enamorados, queríamos casarnos y tener hijos. Durante seis meses no nos separamos ni un momento. Él quería dejar su trabajo, porque era demasiado restrictivo, y cambiar de estilo de vida. Le encantaban los nuevos horizontes que había descubierto conmigo. Hasta que hizo un viaje al extranjero donde volvió a quedar con sus antiguos colegas. No sé qué pasó, pero volvió convertido en otro hombre. Me dijo que ya no me quería y que la relación había terminado. Y regresó a sus antiguas costumbres, a su vida estrecha y restringida.

Las campanadas de la medianoche sonaron para él y, hasta el momento, no ha sufrido ninguna sacudida que lo saque de su antiguo bloqueo ni de la creencia en su propia incapacidad y fracaso. Afortunadamente para Cenicienta, su bloqueo, es decir, su hábito de disociarse, se convierte en el camino para encontrar la cura. Al volver a disociarse al filo de la medianoche (lo que sabemos que era inevitable ya que los malos hábitos, que no son más que instintos retorcidos, están diseñados con un patrón temporal determinado, como la respiración o el sueño), pierde su zapato, lo que hace que reconecte con la tierra. Por suerte, el príncipe encuentra el zapato e intenta ajustarlo al pie de su propietaria. El príncipe es la señal que necesita para aceptar el reto, ponerse los zapatos y empezar a caminar por la tierra. «Ocupo mi cuerpo y, por tanto, experimento mi propio ser».[32]

¿Quién es el príncipe? A veces, el príncipe es alguien que el universo nos envía para ayudarnos a superar los malos hábitos. Puede ser un terapeuta, un mentor o un amigo. A veces son nuestros sueños los que nos envían un príncipe para ayudarnos a superar un bloqueo. Puede que necesitemos ambas cosas, pues no hay nada más difícil que eliminar los malos hábitos.

«Éramos esclavos del faraón en Egipto, pero el Señor nos sacó de allí con mano poderosa».[33]

¡Es necesaria la poderosa mano del Señor para sacarnos de Egipto! Egipto, *Mitsrayim* en hebreo, que significa «la tierra angosta». Si para Cenicienta la mano poderosa es el príncipe, valga el juego de palabras, otra vez debemos preguntarnos: ¿quién es el príncipe? Conceptualicemos la historia de Cenicienta como si fuera un sueño, uno en el que cada persona que aparece en él sea una parte del propio soñador. El padre, la parte dinámica y activa del ser, está muerto. La persona que sueña tiene un problema de dependencia, el deseo abrumador de recibir el amor materno. La madre es una mala madre para ella, pero buena para el sentido dinámico del sueño, ya que, al oponerse al estado de colapso de Cenicienta, la obliga a crecer. Las hermanas son proyecciones de su yo rebelde, imágenes especulares y opuestas al complejo de niña buena. ¿Ves ahora quién es el príncipe? Su yo dinámico (padre, príncipe) está resurgiendo de entre los muertos, instándola a bajar a la tierra, a plantarse con firmeza, a calzarse sus propios zapatos. ¡Y qué zapatos más hermosos!

---

32. Keleman: *Myth & the Body.*
33. Deuteronomio 6, 21.

Ejercicio 52

Escucha a tu cuerpo

Cierra los ojos. Exhala lentamente tres veces mientras cuentas del tres al uno. Visualiza el uno alto, nítido y brillante.

Siente y percibe que sólo puedes desbloquear las partes bloqueadas de tu cuerpo y hacerte presente ante ti mismo si sabes cómo escucharle y hablarle.

Exhala. Comprende que es esta presencia ante nosotros mismos lo que nos permite estar presentes para el mundo y para los demás.

Exhala. Abre los ojos y siente esto con los ojos bien abiertos.

Recuerda que los cuentos de hadas son sueños comunitarios. Comprender que eres todas y cada una de las partes del sueño te ayudará a comprender el mensaje del cuento de hadas (identificar la semilla envenenada del campo onírico) y a encarnar su transformación final. Imagina que, como la reina de «Blancanieves», pides un deseo que refleja tu vanidad en lugar de tu verdad. «Cómo me gustaría tener una hija de piel blanca como la nieve, labios rojos como la sangre y cabello negro como el ébano». Pero cuando la hija crece y te enfrentas a su juventud y belleza, se enciende el botón rojo de la alarma que activa el complejo. Muere tu viejo yo, la buena madre, y te conviertes en la madrastra malvada. (Los hermanos Grimm decidieron que el personaje fuera una madrastra porque temían que la idea de una mala madre echara para atrás a la gente). Ante el espejo, enamorada de tu propio reflejo, te encuentras en un páramo de envidia; te niegas a ver la verdad hasta que la voz del espejo, tu voz interior, te impulsa a iniciar el movimiento transformador. «¡Blancanieves es más bella!» ¿Quién es Blancanieves?

Ejercicio 53

Blancanieves

Cierra los ojos. Exhala lentamente tres veces mientras cuentas del tres al uno. Visualiza el uno alto, nítido y brillante.

Conviértete en la madrastra malvada que se mira en el espejo mágico colgado en la pared. Pregúntale al espejo: ¿quién es la más bella de todas?

Exhala. Escucha estas palabras: «Blancanieves es la más bella». Mírala.

Exhala. Entra en el espejo y conviértete en Blancanieves. Presta atención a la diferencia entre los sentimientos de la madrastra y de Blancanieves. ¿Quién prefieres ser?

Exhala. Sal del espejo y mírate en él. ¿Qué ves ahora?

Exhala. Abre los ojos.

Quien te devuelve la mirada desde tu espejo interior es tu alma, encarnada en tu corazón. Cuando la reina envía al cazador al bosque, le ordena que regrese con el corazón de Blancanieves. Los estragos que provoca el complejo de vanidad –haber de ser vista como la más bella o morir– son más que obvios cuando la reina expresa el deseo de comerse su corazón. Mientras tanto, el sueño sigue su marcha en las profundidades ocultas de la tierra: los siete enanos (los fieles aliados interiores) cavan en busca del tesoro (las fuerzas del *ki tov*, del bien) ocultas en el mundo interior de la reina. Sin embargo, el complejo es tan insistente que incluso consigue engañar al alma. Blancanieves da un mordisco a la manzana envenenada (semilla envenenada) y cae en un sueño comatoso. ¿Qué la despierta? El príncipe, el principio activo, atraído por la belleza del alma. En la boda entre el alma y el principio activo (elección), la reina recibe unos zapatos ardientes que queman el complejo y lo convierten en cenizas. Y a partir de entonces vivieron felices para siempre.

En otras palabras, es posible deshacerse de un complejo. Y cuando se eliminan, los complejos no regresan. Por unos instantes, colmado de dicha y felicidad, puedes volver a expandirte por tu campo onírico y correr de un lado a otro como un relámpago, ampliando la consciencia y multiplicando aún más las posibilidades.

Hasta que la vida te obliga a afrontar y conquistar otro complejo, y después otro más, como hizo Heracles (Hércules en latín), que se enfrentó a doce trabajos antes de ser liberado y convertirse en una brillante estrella en el firmamento de su propia matriz, su campo onírico.

Para deshacerte de un complejo, es bueno asumir los diferentes roles que aparecen en el cuento de hadas o en tu propia historia vital. Considera que la historia de tu vida y sus patrones repetitivos son como un sueño en el que los protagonistas son partes de ti mismo. Tu madre, padre, pareja, cónyuge, hijos, jefe, colegas, todos son imágenes especulares de ti mismo. Es bueno ponerse en su piel durante unos instantes.[34]

Ejercicio 54
. . . .
Cambio de roles

Cierra los ojos. Exhala lentamente tres veces mientras cuentas del tres al uno. Visualiza el uno alto, nítido y brillante.

Ve, siente y vive como

Una criada y una reina;

Un niño y un padre;

Un ser humano y un animal;

Una bruja malvada y una buena madre;

Un enano y un príncipe.

Exhala. ¿Qué cambios has experimentado?

Exhala. Abre los ojos.

Interpretar distintos papeles te libera de quedar atrapado en el único papel que te asigna tu complejo.

Ejercicio 55
. . . .
Cambiar de forma

Cierra los ojos. Exhala lentamente tres veces mientras cuentas del tres al uno. Visualiza el uno alto, nítido y brillante.

Ve, siente y vive como un ratón que se convierte en un caballo.

---

34. *Véase* capítulo 6, ejercicio 35.

Exhala. Sé una calabaza y conviértete en un carruaje.

Exhala. Sé un lagarto y conviértete en un lacayo.

Exhala. Sé una criada y conviértete en una princesa.

Exhala. Al filo de la medianoche, ve, siente y vive cómo regresas a tu estado original. ¿Qué sientes? ¿Qué ha cambiado? ¿Qué decides hacer ahora?

Exhala. Abre los ojos.

Cambiar de forma te ayudará a reducir el apego que sientes por el papel que estás interpretando. También hará que seas más consciente de las motivaciones que mueven a los demás. En «Hansel y Gretel», podrás comprender mejor los roles de la madre si ves cada transformación como un rol distinto. La mala madre que les niega la comida es en realidad una buena madre, ya que lo que pretende es destetarlos. Sin embargo, sigue mostrándose reticente a la hora de dejar marchar a sus hijos y permitirles crecer, así que regresa a su antiguo papel de proveedora. Como su comportamiento ya no se corresponde con su edad, ahora es considerada una bruja. Atiborra a los niños con leche y dulces mientras los devora metafóricamente (no dejándoles espacio para crecer), hasta que Gretel, harta de la dependencia (y comportándose ahora como el principio activo) de la que había sido cómplice, empuja a la bruja al horno. La transformación se produce mediante el fuego. El complejo arde en las llamas y la madre-bruja se convierte en el pato bueno que les ayuda a cruzar el río y que los trata como su edad merece. Ahora son jóvenes adolescentes, capaces de usar sus aptitudes y fortuna, representados por los tesoros que encuentran en la casa de la bruja. Viven felices para siempre porque ninguno de ellos se aferra a su antiguo rol. Aceptan cambiar, crecer y encarnar nuevos roles.

Tras haberte atrevido a cambiar de forma con tu ser más querido, como hace Gretel, ahora es el momento de atacar el complejo. Recuerda que puedes deshacerte de él desplazándolo hacia la izquierda, disolviéndolo, destruyéndolo, derritiéndolo o mediante cualquier otra acción transformadora.

Ejercicio 56

· · · · · · · · · ·

Rocas

Cierra los ojos. Exhala lentamente tres veces mientras cuentas del tres al uno. Visualiza el uno alto, nítido y brillante.

Imagina que los obstáculos de tu vida (síntomas, malos hábitos y complejos) son enormes rocas en el océano. Observa cómo el viento y el agua las erosionan lentamente, hasta que lo único que queda es una piedra pulida por las olas.

Exhala. Recoge la piedra y sostenla en la palma de la mano. ¿Qué haces con ella?

Exhala. Abre los ojos.

Evidentemente, existen muchas formas imaginativas de eliminar síntomas, malos hábitos y complejos. Puedes copiar algunas ideas de los finales de los cuentos de hadas. Aunque puedes elegir el que más te convenga, recuerda que siempre es bueno tener aliados internos, como Blancanieves con los siete enanos. Recurre cuando lo necesites a tus ayudantes, ángeles de la guarda, animales aliados y antepasados.

Ejercicio 57

· · · · · · · · · ·

La llave dorada

Cierra los ojos. Exhala lentamente tres veces mientras cuentas del tres al uno. Visualiza el uno alto, nítido y brillante.

Imagina que te regalan una llave dorada para liberar a la princesa luminosa y a la princesa perdida.

Exhala. Imagina que ambas actúan para sacar lo mejor de ti.

Exhala. Abre los ojos.

«¡Oh, hermano, tengo una herida interna!», dice el rey Shahryar en *Las Mil y una noches*. Después de haber sido traicionado por una mujer, su subconsciente le obliga a utilizarlas y matarlas por la mañana. Mejor deshacerse de ellas antes de que tengan tiempo de volver a traicionarle.

¿Qué le cura? Una voz femenina con mil y una formas de tejer la matriz con nuevas configuraciones.

Ejercicio 58

. . . .

Entretejer

Cierra los ojos. Exhala lentamente tres veces mientras cuentas del tres al uno. Visualiza el uno alto, nítido y brillante.

Escucha el silencio del bosque. Escucha todos los sonidos que conforman el silencio. Mientras sientes y entiendes cómo se entrelazan, reconoce que son a la vez amenazadores y alentadores.

Exhala. Observa el movimiento de las sombras y la luz entre los troncos de los árboles y las ramas. Deja que las visiones e imágenes que surgen de ellos te colmen.

Exhala. Huele las diferentes fragancias y saborea las bayas y los frutos del bosque.

Exhala. Escucha el susurro de una voz femenina en el bosque. ¿Qué dice?

Exhala. Abre los ojos.

Escucha la voz del sueño, la «voz apacible y delicada»,[35] que te seduce para que regreses al misterio. Recibe el nombre de Emperatriz, Eva, Scheherazade, la madre de todos los vivientes. Si todo va bien, si te has dejado «re-hechizar»,[36] como lo llama Bruno Bettelheim, una nueva visión de tu campo onírico habrá colmado tus asombrados sentidos. Juntos daréis a luz a un niño luminoso, como hicieron Scheherazade y el rey Shahryar, y viviréis felices para siempre, al menos en lo que respecta al complejo que te esclavizaba. Ya no te molestará más. Esa es la promesa del «y vivieron felices para siempre».

---

35. 1 Reyes 19, 12.
36. Bettelheim: *Psicoanálisis de los cuentos de hadas.*

9

PATRONES ANCESTRALES

«Todo lo que no emerge a la consciencia regresa en forma de destino».

CARL JUNG

¿Quiénes somos? ¿De dónde venimos? ¿Hacia dónde vamos? La mayoría de la gente dirá que venimos del vacío y que estamos regresando a él. Pero, de algún modo, eso no acaba de ser suficiente. Nos parecemos a nuestros padres, a un tío abuelo materno o a una abuela paterna. ¿Por qué tenemos este aspecto? Los huesos, el color de la piel, la musculatura, ¿son una continuación de los cuerpos de nuestros antepasados? Si el campo onírico es el que crea nuestros cuerpos, ¿son los campos oníricos de nuestros padres los que se fusionan en un big bang, en un instante *yod*[1], para dar lugar a una nueva creación, algo único pero que también contiene la información proporcionada por el acervo ancestral? Podríamos decir que, siguiendo el mandato de fructificad y multiplicaos,[2] los múltiples y enmarañados campos oníricos de nuestros antepasados actualizan el pasado en lo que Stanley Keleman denominó «el largo cuerpo». Imagina que el acervo ancestral es como un lago del que brotan burbujas; éstas flotan libremente un momento, estallan y vuelven a desaparecer, sólo para ser reemplazadas por otras burbujas. Aunque nuestras encarnaciones sean meros parpadeos en la superficie del campo onírico familiar, son cruciales, ya que a través de

---

1. La primera letra del nombre de Dios.
2. Génesis 1, 28.

nuestra encarnación terrenal somos libres de utilizar la información para empeorar o corregir el acervo ancestral de la forma que creamos más conveniente. Pero ¿seremos capaces de identificar y ejercer esa libertad?

El campo onírico es una matriz de experiencias. Atrapa imágenes holográficas que afectan y transforman cada parte de la red. El campo onírico actúa como la teoría del centésimo mono. Según ésta, cuando un mono descubre cómo lavar un boniato, al cabo de un tiempo todos los demás monos saben también cómo hacerlo. Cuando se alcanza una masa crítica (cien monos), el comportamiento aprendido se propaga rápidamente y, de repente, en otras islas, grupos enteros de monos que hasta entonces nunca habían lavado los boniatos, ahora lo hacen. Aunque la teoría del centésimo mono ha sido desmentida, algo similar, aunque mucho más rápido, en realidad, instantáneo, ocurre sin contacto aparente dentro del campo onírico familiar. Una persona que vive en las antípodas y sin ningún tipo de contacto con otros miembros de su familia, es capaz de resonar con el mismo patrón familiar. ¿Existen los sueños cuánticos? Disponemos de numerosos ejemplos de personas que perciben la muerte de un familiar o un acontecimiento familiar traumático. El fenómeno funciona como las ondas de radio. La enciendes, sintonizas tu emisora favorita e, inmediatamente, escuchas sonidos procedentes de la otra punta de la tierra como si estuvieras allí. Si con la radio tus predilecciones emocionales o mentales determinan la emisora que escuchas, cuando sueñas ocurre lo mismo. Claves subconscientes quizá programadas en la sangre que compartes con el resto de los miembros de tu familia, te sintonizan a patrones familiares ocultos. Podríamos denominarlo *telepatía,* ya que los mensajes viajan por el espacio. Pero ¿pueden viajar también hacia adelante y hacia atrás en el tiempo?

Un hermoso día de otoño estaba en compañía de mi maestra Colette. Dos días antes, llevada por un impulso repentino, había viajado de Nueva York a Jerusalén para estar con ella. La Segunda Intifada[3] estaba en pleno apogeo y mi hijo no quería que fuera. Pero yo sabía que tenía que ir. Al verme tan convencida, mi hijo decidió acompañarme. «¡Es

---

3. Levantamiento palestino contra Israel (2000-2005).

mi abuela!», insistió. El sencillo mensaje de Colette de aquella mañana me hizo pensar en las palabras de mi hijo: «¡No olvides a tus antepasados!». No sabía si se refería a mi familia o a la suya. Sobre la cama Colette tenía un retrato de su bisabuela. Como siempre, sus ojos oscuros y misteriosos me seguían por la habitación. Uno de sus bisabuelos, colgado en la pared bajo una imagen de la *shejiná*,[4] nos observaba severamente con su larga barba blanca reluciendo sobre una oscura chilaba.[5] De repente, Colette me señaló con el dedo y gritó: «¡Vete!» Me quedé estupefacta y salí corriendo de su casa completamente confundida. Fue entonces cuando decidió morir. Aunque yo entonces aún no lo sabía, en ese instante se convirtió en mi antepasada.

Los antepasados forman parte de nuestros campos oníricos. Sus caminos y secretos se convierten en los nuestros. Cuando llegué a casa, todavía en trance por su fallecimiento, cogí un libro de mi biblioteca, lo abrí y empecé a leer. No puedo reproducir el fragmento con exactitud, pues jamás he sido capaz de volver a encontrarlo. Decía algo así: cuando el maestro le dice «¡Vete!» a su discípulo, en realidad significa: «Recoge la antorcha. Ha llegado tu momento. Ve y enseña». El mensaje familiar pasaba de generación en generación y mi tarea consistía en hacer posible su continuidad. Podía empeorar la obra, transmitirla tal y como me la habían entregado o «mejorarla», del mismo modo en que se supone que debemos mejorar el sueño.[6] Los primeros años después de su muerte, cada vez que me miraba las manos, veía las suyas. Su bondad estaba conmigo; pero también sus escasos defectos. ¿Sería capaz de honrarla liberándome, convirtiéndome en mí misma y no en ella? ¿Sería capaz de encarnar la tarea y hacerla mía, con mi bondad y mis propios defectos? ¿Qué partes de ella debía conservar y cuáles debía rechazar o descartar? ¿Estaba en mi mano decidirlo?

Después del diluvio, cuando Dios destruye a toda la humanidad excepto a Noé, su familia y una pareja de todas las especies animales, Noé planta una vid en el nuevo mundo y se emborracha. Mientras

---

4. Presencia divina femenina que habita en nuestro interior y entre los seres vivos en el mundo manifestado.
5. Túnica larga y holgada que se usa en el norte de África.
6. *Véase* el capítulo 2.

yace desnudo en su tienda, su hijo Cam (en hebreo, *Jam,* que significa «caliente») entra y, al ver la desnudez de su padre, le hace daño.[7] Más tarde, Cam informó burlonamente del asunto a sus hermanos, quienes, justificadamente disgustados por su falta de respeto, entraron de espaldas en la tienda de su padre y cubrieron su desnudez. Noé, al despertar y comprender lo que había sucedido, maldijo no a Cam, sino al cuarto hijo de éste: ¡Canaán! El razonamiento, según los comentaristas del Talmud, es que, debido al daño recibido, Noé ya no podría engendrar a un cuarto hijo. Sin embargo, en el lenguaje de los sueños «cuatro» también significa algo estable, fijo. «Siervo de siervos será».[8] La inferencia era que Canaán y sus descendientes serían esclavos de la sexualidad descarnada e incontrolada que había exhibido su progenitor, Cam; esa sexualidad desenfrenada sería su maldición, su patrón y su complejo. «Porque Yo, el Señor tu Dios, soy celoso y visito los pecados de los padres sobre los hijos hasta la tercera y cuarta generación».[9]

¿Realmente Dios visita los pecados de los padres sobre sus hijos? ¿Es eso cierto? ¿Es justo?

Los cuerpos son libros abiertos para quienes saben leer sus formas. Y también para aquellos que trabajan con sus sueños. Al dirigir la mirada hacia tu interior, te sumerges en la memoria experiencial impresa en tus células. Descubres la forma interior de esas experiencias, una forma que combina tanto el propio acontecimiento como tu respuesta a él. Normalmente, lo que genera un recuerdo es la intensidad del acontecimiento. El placer, la felicidad, el horror o el dolor crean acontecimientos que vibran a altas velocidades en nuestro cuerpo. Se trata de una imagen extraña que emerge a la superficie sin ningún tipo de fuerza emocional. Si la experiencia se resuelve, el cuerpo recupera la armonía al mismo ritmo o a uno superior. El problema surge cuando

---

7. El Talmud se pregunta: ¿simplemente se regodeó de su embriaguez? ¿Abusó de él sexualmente? ¿Lo castró? Hiciera lo que hiciese, al parecer su comportamiento impulsivo dañó el campo onírico familiar.
8. Génesis 9, 25.
9. Éxodo 20, 5.

no se resuelve; entonces, la armonía rítmica del ecosistema empieza a degradarse.

Durante la Guerra de Yom Kippur estuve en un kibutz en el Néguev. No estábamos muy lejos de la frontera, por lo que podíamos oír el rugido de los cañones en el desierto. Uno de mis vecinos se fue al frente, como hicieron la mayoría de los hombres, y regresó de permiso al cabo de tres semanas. No se había quitado las botas en todo ese tiempo, de modo que tuve que cortarlas para que pudiera quitárselas. Al estar en primera línea con los comandos, tenía historias terribles que contar. A pesar de todo, estaba muy tranquilo. Aquella noche tuvo un sueño.

Estoy con el agua hasta las rodillas en mitad de un pantano embarrado. De repente, una forma monstruosa sale del barro y se eleva sobre mí. Agarro una caña de bambú y se la clavo en el ojo a la criatura. Ésta se desploma y desaparece bajo las aguas del pantano.

Como puedes ver, este hombre estaba sano. Enfrentado a su Goliat, se comportó como un joven David y respondió a la necesidad de la imagen. Podemos aventurar que su cuerpo energético recuperó la armonía, aunque una octava más alta que antes. Aunque yo aún no había conocido a Colette, supe lo que significaba. Sus imágenes lo mostraban avanzando hacia la integración. Sabía que no sufría lo que hoy en día llamamos TEPT, trastorno de estrés postraumático. Recuerda que, a menos que estés preparado para enfrentarte a tus imágenes, el *shock* provocado por su inmediatez puede acelerar la fragmentación. Este hombre encontró en su interior el valor para enfrentarse a sus terroríficas imágenes. Transformar el miedo en coraje, la emoción en sentimiento nos impulsa por la escalera de las vibraciones hacia la luz. El hombre regresó al Sinaí con un nuevo par de botas, la mirada limpia y más confiado. Me alegra decir que sobrevivió ileso a la guerra. Un campo onírico corregido, como veremos, puede mantener a salvo a nuestros cuatro cuerpos, incluso en medio del caos y la guerra.

¿Qué habría pasado si ese hombre hubieras sido tú y no te hubieras enfrentado a tus miedos transformándolos en coraje? Pues que el fracaso se hubiera convertido en un intenso recuerdo negativo. La culpa, la vergüenza y el odio a uno mismo son los tres demonios que te atormentan y actúan como obstáculos del flujo creativo de tu campo onírico. Si no haces algo para remediarlo, la fragmentación, la incapacidad de reintegrarte en el flujo onírico, se convierte en una semilla envenenada que existe fuera del tiempo, *érase una vez,* en cualquier época o momento o congelado en el tiempo. Los demonios adoptan formas y colores perturbadores y oscuros y pueblan tu campo onírico.

«Todo lo que no emerge a la consciencia regresa en forma de destino».[10, 11]

La mejor traducción de esta palabra podría ser «sino» (reservaremos la palabra «destino» para referirnos al futuro que elegimos para nosotros mismos). Estás condenado a perpetuar la culpa, la vergüenza o el odio a ti mismo; a quedar cegado por el patrón, como la familia de Edipo: el rey Layo ordenando matar al hijo que un día podría suplantarle, Edipo matando al padre que le había rechazado y casándose con su madre, los hijos de éste matándose en vano por hacerse con el trono. Aunque según el argumento, Edipo se arrancó los ojos al descubrir que se había casado con su madre, el patrón nos muestra que tanto él como su familia siempre habían estado ciegos a los impulsos del subconsciente, de ahí que su sino estuviera sellado de antemano. «Érase una vez» no da paso a «y vivieron felices para siempre». En su lugar, el conflicto sin fin, la cólera desbocada y la destrucción vengativa, en la forma de las tres Erinias o Furias, persiguen a Edipo y a su familia. Tanto sus hijos como su hija Antígona mueren trágicamente. ¿Qué debemos entender de esto? Parece evidente que los griegos, como los hebreos, están diciéndonos que los pecados de los padres recaen sobre los hijos.[12] Podríamos suponer que, debido a la naturaleza holográfica de los campos oníricos, la organización de la información de cada miembro de la familia se ve afectada por el complejo de Edipo.

---

10. Jung: *Aion.*
11. Carl Jung, psiquiatra y psicoanalista suizo (1875-1961). Estrecho colaborador de Sigmund Freud, más tarde se separó de su mentor y fundó la psicología analítica.
12. Éxodo 20, 5.

El impacto del rechazo del hijo por parte del padre, el asesinato y el incesto, junto a las diabólicas imágenes relacionadas, se infiltra en los campos oníricos de los niños y también en el de los hijos de los hermanos y primos cercanos y lejanos. Todos los miembros de la familia se ven afectados por el bloqueo. ¿Debemos hacer caso a los griegos y a los hebreos?

En *Tótem y Tabú*, Sigmund Freud esbozó la idea del alma colectiva para explicar el modo en que el material inconsciente de una persona puede transmitirse al inconsciente de otra. Carl Jung, desarrollando la idea del inconsciente colectivo, abrió la puerta a diversas teorías en evolución sobre la dinámica del subconsciente familiar. No obstante, fueron psicólogos franceses, tras estudiar a fondo los linajes transgeneracionales, los que realmente abrieron todas las posibilidades de este campo de estudio. Más concretamente, Anne Ancelin Schutzenberger, fundadora del método de la psicogenealogía, se dedicó a estudiar a las familias de sus pacientes remontándose hasta cuatro generaciones. A continuación, les hacía dibujar un árbol genealógico en la forma de un diagrama que llamó «genosociograma». Lo que quería encontrar eran los principales sucesos de la vida de todos nuestros antepasados: nacimientos, matrimonios, muertes, enfermedades, accidentes, escándalos, separaciones, acontecimientos traumáticos, secretos familiares y, sobre todo, cualquier suceso o comportamiento que se repitiera durante las diversas generaciones. Schutzenberger logró demostrar de forma convincente que en el «cuerpo largo» se repiten muchos patrones.

Ejercicio 59
· · · · · · · · ·
Patrones de nombres

Cierra los ojos. Exhala lentamente tres veces mientras cuentas del tres al uno. Visualiza el uno alto, nítido y brillante.

Busca patrones de nombres tanto en tu familia nuclear como en la extensa. ¿Alguien de tu familia se llama igual que un tío, una tía o un abuelo?

Exhala. ¿Reconoces alguna similitud entre el sino del antepasado y el del familiar que lleva su mismo nombre?

Exhala. ¿Qué imágenes o recuerdos surgen?

Espira. Abre los ojos y observa la nueva imagen con los ojos bien abiertos.

✳

El siguiente es un ejemplo de interconexión entre nombre y sino: un hombre llamado Elan viaja a Israel para defender el nuevo país y muere en Hebrón. A modo de recuerdo, su hermana le pone su nombre a su hijo. Muchos años después, el hijo viaja a Israel, contrae un virus indetectable y muere. Curiosamente, nunca había querido ir a Israel porque, según él, terminaría muriendo allí, como su tío, que fue exactamente lo que ocurrió.

Ejercicio 60
. . . .
Posición dentro de la familia

Cierra los ojos. Exhala lentamente tres veces mientras cuentas del tres al uno. Visualiza el uno alto, nítido y brillante.

Observa la posición que ocupas en tu familia. ¿Eres el primogénito, el segundo hijo, el tercero, etc.?

Exhala. ¿Hay algún patrón identificable entre tú y otro miembro de la familia que ocupe la misma posición?

Exhala. Si lo hay, intenta identificar patrones emocionales o de comportamiento similares.

Exhala. Abre los ojos.

En Bali, a los niños se los identifica por su posición en la familia: uno, dos, tres o *Ketut*, cuatro. Después de Ketut no hay más nombres. «¿Por qué?», le pregunté a mi chófer. «Es un método anticonceptivo», me explicó. No sé si lo dijo en serio. De ser así, la verdad es que es un sistema bastante inteligente. Es un ejemplo del modo en que los números ejercen sobre nosotros un hechizo cuasi mágico. Dile a un niño con una rabieta que contarás hasta diez y que cuando termines tiene que estar en la cama. Aumenta el suspense añadiendo fracciones: nueve, nueve y un cuarto, nueve y medio, nueve y tres cuartos... ¡diez!

¡El niño ya estará en la cama! Un ejemplo de patrón de posición en la familia: una madre joven no siente ningún apego por su primer hijo. Cuando tiene el segundo, también varón, la madre, que ya es más madura, se enamora de él. Más adelante, su primer hijo se casa y tiene un hijo. Todo va bien. No obstante, cuando nace su segundo hijo, al padre le coge un ataque de ira y celos y le dice a su mujer que no quiere al niño, que la quiere sólo para él. Se trata de un claro caso de abandono y rivalidad entre hermanos trasladado tanto a su esposa como a su segundo hijo. La historia continúa con su primer hijo, quien, habiendo interiorizado el patrón del padre, prosigue su campaña de celos e ira contra su hermano menor o segundo hijo.

Ejercicio 61
• • • • • • • • • •
Fechas familiares

Cierra los ojos. Exhala lentamente tres veces mientras cuentas del tres al uno. Visualiza el uno alto, nítido y brillante.

Identifica las fechas recurrentes de la familia: nacimientos, muertes, accidentes, enfermedades, éxitos económicos o profesionales y catástrofes.

Exhala. ¿Qué recuerdos e imágenes asocias con esas fechas?

Exhala. Abre los ojos.

Como indico en mi libro *DreamBirth*, las concepciones suelen producirse en determinadas fechas recurrentes para la familia. En el caso de los nacimientos, el entrelazamiento de los campos oníricos de las dos familias hace que se combinen las posibles fechas de entre las recurrentes en ambas familias. Pongamos que un abuelo materno ha nacido el 10 de julio y una tía paterna el 6 del mismo mes. Estas fechas se entrelazan, de modo que la probabilidad de concebir alrededor de esas fechas es mayor. Las enfermedades también suelen producirse en determinadas fechas. En una familia en la que todas las mujeres desarrollan cáncer de mama a la misma edad, la probabilidad de que todas mueran a la misma edad es mayor. Si hay un caso de suicidio en la familia, otros miembros de la familia con depresión son más propensos a seguir sus pasos, especialmente en la misma fecha. Si la empresa del padre quebró cuando éste tenía cincuenta y dos años, el hijo y su empresa son más vulnerables cuando éste alcanza esa edad. Consulta las fechas. No es aconsejable programar una operación, una boda o una reunión importante en una fecha familiar difícil.

¿Y los secretos familiares? ¿También actúan como síntomas de alerta, patrones que se cumplirán tanto si eres consciente de ellos como si no? El famoso esqueleto en el armario o el fantasma de un antepasado existen en el subconsciente.

Ejercicio 62

Arreglar el jardín ancestral

Cierra los ojos. Exhala lentamente tres veces mientras cuentas del tres al uno. Visualiza el uno alto, nítido y brillante.

Pide a tu ángel de la guarda y a tus ayudantes que te acompañen.

Exhala. Imagina que entras en el jardín ancestral. ¿Qué aspecto tiene? ¿Necesita cuidados?

Exhala. Invoca a un antepasado que tenga un agravio o un asunto pendiente y pídele que se manifieste. Confía en lo que te muestra el sueño. Pregúntale cómo puedes ayudarle.

Exhala. Con la ayuda de tu ángel de la guarda y tus ayudantes, encuentra el modo de ayudar a tu ancestro a solucionar su problema.

Exhala. Cuando hayas terminado, dile a tu antepasado que ya es libre y envíalo a donde las almas viven en paz y armonía.

Exhala. Ahora termina de arreglar el jardín, quita la mala hierba, poda y riega hasta que las plantas vuelvan a florecer.

Exhala. Abre los ojos y observa el jardín restaurado con los ojos bien abiertos.

Por muy ocultos que estén, los secretos familiares tarde o temprano salen a la superficie, como si se tratara de los restos de un naufragio. Cuando esto ocurra, puede que se revelen completamente o que sólo lo hagan sus patrones. En un caso documentado por Anne Ancelin Schutzenberger, un hombre acudió a ella porque se encontraba en una situación insostenible. Pese a querer a su mujer, tenía una amante y no entendía por qué. Tras indagar en su familia, descubrió que su padre había tenido una situación extramatrimonial similar, al igual que su abuelo. Aunque el patrón se había gestado con el abuelo, continuaba en la vida del nieto.

Aunque Ancelin Schutzenberger identificó perfectamente la formación de patrones, no acertó a detectar lo que, a estas alturas del libro, debería ser obvio: la formación de patrones es el modo en que el lenguaje onírico adquiere su forma y nos habla. En los sueños, como vimos en los capítulos 1 y 2, las formas, los colores, los números y las fechas aparecen por afinidad, similitud o complementariedad. No estamos ante un caso de causa y efecto, sino de sueño y afecto. Todos somos soñadores afectados por los patrones de los ciclos, que son también los de la naturaleza y de los planetas. Los movimientos vitales, o instintos, siguen patrones rítmicos. Respiramos con un ritmo determinado. Comemos, dormimos, hacemos el amor y nos movemos rítmicamente. Los sueños o las «imágenes míticas son el cuerpo hablándose a sí mismo sobre sí mismo».[13] Del mismo modo que la totalidad de la naturaleza, el subconsciente habla siguiendo patrones, tal y como demuestra **Remez**, el segundo nivel de la apertura de sueños.

El tercer nivel, **Drash**, la pregunta, habla del anhelo que sienten todos los cuerpos por encontrar la estabilidad interna,[14] *ki tov*, en el interior del campo onírico personal, pero también en el de los campos oníricos de la familia, la naturaleza y el universo. ¿Cómo podemos curar los perniciosos patrones repetitivos del linaje familiar? Reconociendo que son sueños repetitivos. Y, como ocurre con todos los sueños repetitivos, respondiendo a su necesidad.

Entonces veremos disolverse el viejo patrón y hacer su aparición Sod, el tesoro o cuarto nivel de la apertura de sueños, con imágenes reparadoras que facilitarán un flujo renovado en el campo onírico familiar y una armonía restaurada en los campos oníricos más amplios de la naturaleza y el universo.

¿Es esto realmente posible? Sí, y el cambio es instantáneo. El pro-

13. Keleman: *Myth & the Body*.
14. Lo que en medicina se conoce como homeostasis.

blema es que no podemos lograrlo simplemente haciendo emerger los patrones hasta la consciencia, como Jung y los seguidores de la psicogenealogía parecen sugerir. El *tikún*, o corrección de las imágenes, es esencial. A medida que cambia la forma en tu campo onírico, pasando de imágenes oscuras y horripilantes a imágenes brillantes y sanas, también tus cuatro cuerpos se vuelven más saludables. Para ayudarnos a regresar a un campo unificado, tomando prestado un término de la física moderna, o a rendirnos (cábala significa «rendición»), como lo llamarían los místicos, a nuestro *ki tov* personal y familiar, hagamos primero un ejercicio para limpiar los recuerdos.

Ejercicio 63
· · · · · · · · · ·
El espejo cilíndrico (formal)

Cierra los ojos. Exhala lentamente tres veces mientras cuentas del tres al uno. Visualiza el uno alto, nítido y brillante.

Imagina que estás ante un espejo alto y cilíndrico.

Exhala. Cuando el espejo cilíndrico empiece a girar, visualiza recuerdos difíciles de los que te gustaría librarte escapando como humo por todos los poros y pliegues de tu cuerpo.

Exhala. No necesitas saber qué recuerdos son. Observa cómo el humo flota hacia la izquierda.

Exhala. Asegúrate de soltar los recuerdos escondidos entre los pliegues de los dedos de los pies y de las manos, detrás de las orejas y entre las piernas.

Exhala. Sigue mirando mientras el espejo cilíndrico gire. Cuando se detenga, sabrás que has dejado atrás los recuerdos que puedes soltar hoy.

Exhala. Mírate en el espejo. ¿Qué aspecto tienes?

Exhala. Abre los ojos y observa la nueva imagen con los ojos bien abiertos.

Al final del ejercicio, deberías verte en el espejo mucho más animado y brillante. Éste es un ejercicio que puedes seguir practicando regularmente durante veintiún días o entre dos ciclos menstruales. Aunque es bueno limpiar recuerdos generales, para los patrones más arraigados son necesarios ejercicios más específicos.

Existen dos tipos de recuerdos, los ligados a una emoción y los vinculados a un sentimiento.[15] Los que crean bloqueos son los primeros. Cuando la ira y el miedo, las emociones primarias relacionadas con la respuesta de estrés agudo, siguen su curso y agotan su razón de ser, todo va bien. (Para la ira: matas al tigre que estaba a punto de abalanzarse sobre ti. Para el miedo: vuelves corriendo a tu choza y cierras la puerta justo a tiempo). Sin embargo, cuando no pueden o no se les permite seguir su curso («No pegues a tu hermana» o «Los niños no lloran»), las emociones se reprimen y se convierten en emociones secundarias, energías bloqueadas en patrones de contención. Cuanto más intensa es la emoción, más profundo es el patrón de contención.

Dado que los patrones de contención son difíciles de sobrellevar (emocional o físicamente), la gente busca alivio en lo que parece un comportamiento instintivo, pero que en realidad sólo es una imitación del instinto, y que además altera los ritmos naturales. Comen cuando no tienen hambre, lo que puede provocar todo tipo de trastornos abdominales. Duermen demasiado o tienen insomnio, con las innumerables consecuencias que conlleva un patrón de sueño alterado. Cometen perversiones sexuales o se dan a los excesos. El miedo convertido en ansiedad puede alterar el ritmo instintivo de la respiración, provocando patrones respiratorios anormales, asma, deseo de fumar y necesidad de estimulantes. Los comportamientos instintivos secundarios, con todos los males relacionados, forman parte del complejo patrón que puede perpetuarse de generación en generación y crear «un agitado campo compuesto por distintos niveles energéticos en constante evolución», que en este caso tienden a la fragmentación. Una vez que el patrón complejo se ha asentado, con sus ritmos disruptivos y caminos neurológicos anormales, es difícil volver a los caminos normales. El sistema nervioso se ha habituado a él.

A largo plazo, las estrategias de manejo del comportamiento no ser-

---

15. *Véanse* los ejercicios 47-49.

virán de nada,[16] ya que las imágenes que determinan cómo funciona el cuerpo están profundamente incrustadas en el campo onírico. Los síntomas, complejos y patrones comienzan con un suceso que queda impreso en el campo onírico. Tanto si se trata de nuestra propia historia como de la historia familiar, el proceso de corrección es el mismo: debemos regresar a la fuente.

Ejercicio 64

El tapiz familiar

Cierra los ojos. Exhala lentamente tres veces mientras cuentas del tres al uno. Visualiza el uno alto, nítido y brillante.

Imagina que te tomas todo el día, empezando al amanecer, para tejer un tapiz con la historia de tu familia.

Exhala. Al anochecer, echa un vistazo al tapiz. Presta atención a las partes que no te gustan, a los colores e historias que destacan de forma desagradable.

Exhala. Empieza a deshacer el tapiz por colores. Dedica toda la noche a hacerlo.

Exhala. Al amanecer tu tapiz está deshecho.

Ahora exhala dos veces. Empieza a tejer un nuevo tapiz de la historia familiar. Conserva lo que te gusta y deja fuera lo que no te gusta. Si lo deseas, puedes utilizar distintos colores.

Exhala. Observa el tapiz familiar terminado. ¿Estás satisfecho? Continúa hasta que estés completamente satisfecho.

Exhala. Abre los ojos y observa el nuevo tapiz con los ojos bien abiertos.

La memoria no lo abarca todo. Como hemos dicho anteriormente, imagínala como una serie de burbujas en la corriente de un gran río. Los recuerdos enmarcan momentos y flujos, dándoles formas e imágenes delimitadas con las que puedes relacionarte. Los recuerdos y

---

16. A menos que estén basadas en sentimientos o en una guía divina superior, como AA (Alcohólicos Anónimos).

flujos subterráneos, de los cuales no eres consciente, también existen. Al deshacerte de los recuerdos desagradables, dejas espacio libre para que nuevos recuerdos emerjan a la superficie de tu consciencia. Los difíciles sentimientos que tenías respecto a tu madre han desaparecido. Ahora sólo recuerdas los momentos divertidos que pasaste con ella. Evidentemente, la tarea de limpieza no resulta tan sencilla cuando el tiempo ha erosionado gran parte de los recuerdos que bloquean el campo onírico familiar a lo largo de varias generaciones. La única forma de rescatar esos recuerdos es reconociendo patrones dolorosos y repetitivos tanto en ti mismo como en otros miembros de tu familia. Aunque hacerles preguntas a tus familiares puede resultar de ayuda, hay una forma más rápida: preguntar a tu subconsciente. Siempre puedes verificar después con los miembros más mayores de tu familia si lo que ha emergido del campo onírico ancestral es cierto.

En primer lugar, identifica el patrón persistente que has observado tanto en ti como en otros miembros de tu familia. A continuación, haz este ejercicio. Se trata del ejercicio principal para limpiar un patrón ancestral.[17]

Ejercicio 65
· · · · · · · · ·
Limpieza de traumas ancestrales

Cierra los ojos. Exhala lentamente tres veces mientras cuentas del tres al uno. Visualiza el uno alto, nítido y brillante.

Identifica un patrón recurrente en tu vida y descubre si también se trata de un patrón familiar.

Exhala. Recorre los principales acontecimientos de tu vida y presta atención para reconocer el patrón cada vez que aparezca. Hazlo rápido. No te entretengas.

Exhala. Ve a la primera vez en tu vida que aparece el patrón. ¿Cuántos años tienes? ¿Dónde estás? ¿Quién más está contigo? ¿Qué tipo de acontecimiento es?

Exhala. Corta el cordón que te une a la(s) otra(s) persona(s).

---

17. Lo mejor es que escuches la grabación del ejercicio, pues es bastante largo. Consulta la sección «Para profundizar en el tema», al final del libro.

Exhala. Regresa al vientre de tu madre. Recorre a la inversa el proceso de gestación. Mantente alerta por si experimentas las mismas emociones que coinciden con el patrón. Fíjate en las etapas de gestación en las que las sientes con más intensidad.

Exhala. Regresa al momento de la concepción. ¿Qué sentimientos experimentas?

Exhala. Regresa al momento anterior a la encarnación. Observa a tus padres y pregúntate qué fue lo que te atrajo hacia ellos.

Exhala. Pregunta cuál es tu misión en la vida. Asegúrate de identificar claramente tu misión antes de seguir adelante.

Exhala. Date la vuelta 180 grados y mira los campos oníricos familiares de tu padre y de tu madre; pregunta en cuál necesitas trabajar para lograr limpiar el patrón recurrente. El campo onírico que se ilumine será en el que debas trabajar.

Exhala. Pide que te lleven directamente al primer acontecimiento que desencadenó el patrón y su posterior repetición en la línea familiar. Es posible que el suceso haya ocurrido hace muchas generaciones. Confía en los sueños y en las imágenes que se te muestran. Describe exactamente lo que está pasando y a quién le está pasando. Describe todo lo que se te muestra del acontecimiento.

Exhala tres veces mientras cuentas del tres al uno. Retrocede en la vida de la persona en cuestión para descubrir qué pasaba antes de que se produjera el suceso traumático.

Exhala. Avanza en la vida de esta persona. ¿Qué consecuencias tuvo el acontecimiento en su vida? ¿Cómo ha sido su vida desde el nocivo suceso?

Exhala. Ve al momento de su muerte. ¿Cuáles son los sentimientos y pensamientos de esta persona en el momento de su fallecimiento?

Exhala tres veces mientras cuentas del tres al uno. Ponte hoy al lado de tu antepasado mientras experimentas el suceso traumático. Dile a tu antepasado que vas a cortar el cordón que ha mantenido su alma, y las almas de todo el linaje familiar, esclavizada al recuerdo.

Exhala. Convoca la gran fuerza de transformación que visualizas en la forma del arcángel Miguel. Observa cómo se abre el cielo azul y desciende Miguel, vestido con una túnica azul zafiro y empuñando una espada llameante del mismo color.

Exhala. Pídele prestada la espada.

Exhala. Con la espada de Miguel, corta el cordón que conecta a tu ancestro con el suceso traumático. Observa lo que le ocurre al responsable o responsables del suceso o a la escena.

Exhala. Si el responsable o responsables sigue ahí, continúa cortando cordones invisibles hasta que desaparezca o se disuelva.

Exhala. Dile a tu antepasado que su alma ya es libre y que puede ir a donde viven las almas. Observa cómo el alma se va.

Exhala tres veces mientras cuentas del tres al uno. Hay un cubo de agua a tus pies. Sumerge la punta de la espada en el agua. Observa el fuego azul zafiro cargando el agua de energía. Ahora tienes agua de fuego.

Exhala. Devuélvele la espada al arcángel Miguel y dale las gracias. Pídele su bendición.

Exhala. Siente su mano sobre tu cabeza. Ve y siente el fuego azul zafiro recorriendo todas las células de tu cuerpo, limpiándolo y purificándolo del viejo patrón. El fuego dejará de recorrer tu cuerpo cuando la limpieza haya terminado.

Exhala. Observa cómo tus células recuperan su disposición natural.

Exhala. Mira al arcángel a los ojos y escucha su bendición.

Exhala. Observa cómo regresa a su morada celestial.

Exhala tres veces mientras cuentas del tres al uno. Observa la línea familiar hasta tus hijos y los hijos de tus hijos, primos, sobrinos y los hijos de éstos.

Exhala. Coge el cubo con el agua de fuego y viértela sobre la línea.

Observa lo que ocurre con el linaje familiar.

Exhala. Queda una gota de agua en el cubo. Cógela con la punta del dedo índice y colócala en la parte del cuerpo que la necesite.

Exhala. Abre los ojos sabiendo que la reparación está completa y que el patrón ha desaparecido, para ti, para todos tus antepasados y para tus familiares presentes y futuros.

¿Cómo puedes estar seguro de que lo que has visto es un acontecimiento histórico que le sucedió a uno de tus antepasados? Puedes hacer averiguaciones, aunque es posible que nunca llegues a descubrirlo. Tampoco importa mucho. Lo importante es que las imágenes estaban impresas en tu subconsciente, han aflorado al indagar y se han transformado. ¡Ya está hecho! Así de simple. Y seguirá así a menos que vuelvas a reproducir tus malos hábitos. Es importante que los tengas bajo control en todo momento. Imagina el siguiente escenario: has dejado de fumar y ya no sientes la necesidad de seguir haciéndolo; entonces, un amigo fumador te tienta con un cigarrillo y, llevado por un perverso desafío contigo mismo, lo aceptas. En ese momento el viejo hábito puede reafirmarse. Si sientes alguna tentación, el mejor modo de deshacerse de los malos hábitos es eliminarlos del subconsciente y sustituirlos por un sentimiento.

Ejercicio 66
· · · · · · · · · ·
La escoba dorada

Cierra los ojos. Exhala lentamente tres veces mientras cuentas del tres al uno. Visualiza el uno alto, nítido y brillante.

Imagina que tienes una pequeña escoba dorada.

Exhala. Saca la tentación de tu cuerpo y bárrela hacia la izquierda.

Exhala. Vuelva a la sensación de paz corporal que tenías cuando no fumabas (o bebías o comías o cualquier otro mal hábito que tuvieras). Localiza en qué parte de tu cuerpo está esa sensación. Observa su color. Ponle nombre.

Exhala. Abre los ojos mientras escuchas el nombre y ves el color con los ojos bien abiertos.

＊

Acabas de deshacerte de un patrón ancestral y ahora disfrutas de la libertad recién descubierta. Pero no puedes dormirte en los laureles. Pide ver otros patrones ancestrales que bloquean tu acceso a una consciencia superior. Puedes hacerlo preguntándole a tus sueños nocturnos[18] o a tu consciencia diurna.[19] Aunque en los campos oníricos familiares abundan los patrones ancestrales, debes deshacerte de ellos lentamente, ya que, como nos dice el Talmud, si pelas una cebolla hasta su corazón por la noche, a la mañana siguiente estás muerto. En otras palabras, no es bueno perder nuestra identidad de golpe. Primero quita una capa y reconstrúyela poco a poco antes de pasar a la siguiente.

Tómate tu tiempo. Obsérvate. Descubre si las cualidades que tienes son o no heredadas. Aunque las hadas madrinas buenas nos colman de buenas cualidades, también hay un hada madrina mala que nos maldice con una o dos malas cualidades heredadas de nuestros antepasados. ¿Podemos elegir lo que queremos desechar y lo que queremos conservar?

Ejercicio 67
· · · · · · · · · ·
Elegir los regalos ancestrales

Cierra los ojos. Exhala lentamente tres veces mientras cuentas del tres al uno. Visualiza el uno alto, nítido y brillante.

Estás de pie en una vasta llanura vacía. Sabes que eres el último de una larga línea de antepasados que serpentea detrás de ti, pero no te das la vuelta para mirarla.

Exhala. Oyes un estruendo que se origina muy atrás y que se hace más fuerte a medida que se acerca. También sientes una oleada de movimiento que se aproxima hacia ti.

Exhala. Alguien a tu espalda te deposita algo en la mano.

---

18. *Véase* el Ejercicio 12: «Cómo hacerle una pregunta a tu sueño».
19. Debe ser una pregunta que mantengas al fondo de tu mente. *Véase* el capítulo 10 para más información.

Exhala. Mira lo que hay en tu mano. ¿Aceptas el regalo o lo rechazas?

Exhala. Si no lo quieres, déjalo a tu izquierda. Si lo aceptas, ponlo a la derecha.

Exhala. Escucha el estruendo y vuelve a sentir la oleada. Mira qué han dejado en tu mano. Decide si lo pones a la izquierda o a la derecha.

Exhala. Escucha una vez más el estruendo y la oleada. Mira lo que hay en tu mano. Decide si lo pones a la izquierda o a la derecha.

Exhala. Si hay algo a tu izquierda, quémalo, cava un agujero en el suelo y entierra en él las cenizas.

Exhala. Recoge lo que hayas decidido conservar y camina hacia la derecha con el regalo o regalos que te han dado tus antepasados (si has decidido descartar todos los regalos, también está bien).

Exhala. Abre los ojos y mira el regalo o regalos con los ojos bien abiertos.

Los antepasados siguen vivos en el subconsciente. Son tu herencia y representan un enorme potencial inexplorado. Tras haber podado el campo de malas cualidades, puedes ver a tus antepasados como un consejo asesor cuyas numerosas aptitudes puedes usar como mejor consideres, pues las tendrás siempre disponibles tanto en tu campo onírico personal como en el familiar. No olvides que siempre puedes hacerles preguntas y aprovechar sus conocimientos y aptitudes. Pídeles ayuda y escucha lo que te dice tu subconsciente.

Ejercicio 68
· · · · · · · · · ·
El árbol ancestral

Cierra los ojos. Exhala lentamente tres veces mientras cuentas del tres al uno. Visualiza el uno alto, nítido y brillante.

Observa tu árbol ancestral. Sus raíces son fuertes y sanas y están profundamente arraigadas en tu campo ancestral.

Exhala. Visualiza el tronco alto y recto; el follaje es abundante y muy verde.

Exhala. Ves los rostros de tus antepasados en camafeos que cuelgan de las ramas.

Exhala. Camina alrededor del árbol. Busca al antepasado que más te guste y pídele consejo.

Exhala. Busca al más sabio e inteligente. Escúchale.

Exhala. Busca al que más te disgusta y escucha aquello que te resulta más desagradable de oír.

Exhala. Agradéceles a tus antepasados sus consejos.

Exhala. Abre los ojos.

❋

La corrección del campo onírico familiar plantea una pregunta importante: ¿soy el guardián de mi hermano? Si todo lo que te ocurre termina afectando al campo onírico familiar, entonces cualquier cosa que le ocurra a otro miembro de la familia te afectará a ti. Somos imágenes especulares los unos de los otros. Al corregir los patrones ancestrales, ¿estamos cambiando al tío abuelo, a la abuela o al bisabuelo? Nunca lo sabremos porque ya hace tiempo que no están entre nosotros. Pero lo que sí sabemos por experiencia es que en esta vida nunca podremos cambiar a otra persona. Nuestra única responsabilidad es responder a la necesidad de las imágenes que entorpecen nuestro campo onírico. Al hacerlo, cambiaremos su configuración, por lo que cualquier persona conectada a él debe, aunque sólo sea de forma subconsciente, sentir el cambio y adaptarse. Tu tío abuelo, tu abuela, tu bisabuelo o incluso tu primo lejano tendrán que adaptarse al nuevo cambio. Por tanto, al modificar los patrones del campo onírico, estás creando las condiciones que modificarán el campo onírico familiar. A medida que aumente tu consciencia, te darás cuenta de que los pequeños cambios y correcciones afectarán a campos oníricos mayores: comunitarios, nacionales o incluso universales. Los pequeños actos de valor y amor por el prójimo tienen enormes implicaciones en la matriz general, el inconsciente colectivo del mundo y del universo.

Piensa en tu corazón como la manifestación física de la *yod*, el prodigio que impulsa la extraordinaria aventura de cobrar vida y manifestarse a través del campo onírico familiar. La primera *yod*, el big bang de tu concepción, es la que inicia tu aventura creativa, y continúa expandiéndose hacia su destino mientras se abre a innumerables posibilidades de expresión. ¿Dónde están las raíces de esa primera *yod*? Se remontan a muchas generaciones atrás, hasta el primer hombre y la primera mujer. Entonces, ¿quién desencadena el big bang? ¿Quién enciende la primera *yod*?

Ejercicio 69

. . . .

La primera vela

Cierra los ojos. Exhala lentamente tres veces mientras cuentas del tres al uno. Visualiza el uno alto, nítido y brillante.

Imagina que tu fuerza vital es la llama de una vela que ha sido encendida de generación en generación hasta que ha encendido tu propia fuerza vital.

Exhala. Si tienes hijos, obsérvate extendiendo tu llama para encender sus fuerzas vitales.

Exhala. Retrocede a través de todas las llamas que encendieron las fuerzas vitales de tus antepasados hasta la primera llama. ¿Quién encendió la primera?

Exhala. Recorre todas las llamas hasta la tuya. ¿Qué ha cambiado en tu fuerza vital?

Exhala. Abre los ojos.

Esta *yod*, este punto creativo en medio del vacío, primero se convierte en líneas, después en formas, después en corazón y cuerpo, después en todos los cuerpos de tus antepasados hasta el tuyo propio, y seguirá manifestándose a través de tu cuerpo, soñando nuevos cuerpos, nuevas formas y nuevos resultados.

En palabras de William Blake: «El Cuerpo Eterno del Hombre es la Imaginación, Dios mismo, el Cuerpo Divino... nosotros somos sus miembros».[20]

---

20. Blake: «Del grabado del Laocoonte».

Tras la muerte de Colette, hice un viaje por el sur de Francia para conocer en persona los lugares ancestrales sobre los que me había hablado. Visité Carcasona, Narbona y Lunel, pero no encontré ni rastro de las importantes comunidades judías que florecieron allí durante la Edad Media. No obstante, en una pequeña librería de pueblo me esperaba una sorpresa: un libro sobre los judíos de la Provenza en el siglo XII. Lo abrí por una página al azar y la primera palabra que llamó mi atención fue el apellido de mi madre: du Cailar. ¿Sería la misma familia du Cailar? ¿Eran judíos? Tras muchas pesquisas y la corroboración de mi primo Jacques du Cailar, resultó que, «salidos de entre la niebla del tiempo», como dijo mi primo, los du Cailar eran judíos. La localidad de la que procedían, Le Cailar, estaba situada a menos de un kilómetro de Posquières,[21] donde Isaac el Ciego tenía su *yeshivá*.[22] Los du Cailar no sólo eran propietarios de los terrenos donde estaba ubicada la *yeshivá*, sino que habían sido alumnos de Isaac el Ciego. Después de ochocientos años, la hija de una madre antisemita había vuelto a recuperar unas prácticas ancestrales. No sé si mi familia y la de Colette están unidas genéticamente, pero la alianza forjada por dos familias que sueñan juntas ochocientos años después sigue viva, un testimonio del último deseo de mi maestra: «¡No olvides a tus antepasados!».

---

21. Hoy en día se llama Vauvert.
22. Escuela judía centrada en el estudio del Talmud, la Torá y la Halajá.

10

EL NIÑO INTERIOR

De la dualidad a la singularidad

«El rabino Eleazar empezó: "Levanta los ojos a lo alto y mira: ¿Quién creó esto? (Isaías 40, 26) Levanta los ojos a lo alto. ¿Hacia qué lugar? Hacia el lugar hacia el que miran todos los ojos. ¿Qué lugar es ese? La apertura de los ojos"».

ZOHAR 5, 26 O PETAJ EINAYI

¿De dónde venimos? ¿Por qué estamos en este mundo? ¿Y por qué somos asignados a un linaje específico, cuyos pecados debemos pagar a menos que aprendamos a limpiar la línea ancestral?[1] ¿Nuestra encarnación depende sólo de la mezcla de cromosomas presentes en el «cuerpo largo»? ¿Qué pasa entonces con las peculiaridades y cualidades únicas, las sonrisas o expresiones faciales personales? ¿Las heredamos de una abuela o bisabuelo o hay algo único que nos convierte en lo que somos, una combinación entre ADN y alma? ¿La consciencia espiritual puede elegir dónde encarnarse? ¿O su configuración energética única la atrae irresistiblemente hacia otro núcleo cuyos patrones le resultan familiares? La forma tiende a la forma, el embrión al vientre materno, uno luchando contra el otro, *kenegdo,*[2] para estimular el cambio y la transformación. Nacemos con instintos animales, pero, de todos los animales que pueblan el planeta, somos los más vulnerables. Llegamos

---

1. *Véase* el capítulo 9.
2. Génesis 2, 18. Eva fue creada como *ezer kenegdo* para Adán, es decir, «una ayuda contra Adán».

al mundo desnudos, desprotegidos. Los gritos y chillidos –una molestia que no podemos ignorar– son nuestra única defensa ante el mundo. Somos el Loco proverbial, la carta cero de los Arcanos Mayores del tarot. Los cuentos de hadas nos llaman «simplones». En la mitología egipcia, la tragedia griega, la Biblia hebrea o la hagiografía cristiana, esta masa concentrada de consciencia energética, el primogénito, es una intrusión que hay que perseguir y destruir. La amenaza de muerte pende sobre el inocente.

¿Poderosos machos, dioses como Seth o Saturno, rígidos faraones, reyes como Layo o Herodes o sencillamente los tiranos de la familia atacando a un recién nacido? Que se sientan amenazados por un niño de pecho parece ridículo hasta que analizamos las historias como si fueran sueños recurrentes. Piensa en la cantidad de visiones, inspiraciones e ideas recién nacidas que hemos aplastado porque nuestra mente lógica (el tirano interior) las consideraba poco prácticas, mientras que, en secreto, la voz de nuestro subconsciente sigue instándonos a que salgamos a la luz de la luna para «caminar de puntillas entre los tulipanes» [*Tiptoe through the Tulips*], como dice la canción.[3]

Piensa en estas historias como sueños en los que cada protagonista es una parte de ti mismo. ¿Quién es el poderoso hombre adulto que destruye tu inocencia? Argüirás ser una víctima, y puede que sea cierto. Una vez fuiste un recién nacido, limpio y puro, que olía a leche y ternura. Alguien te hizo daño, a propósito, o involuntariamente, y perdiste tu inocencia, como le ocurre a todo el mundo cuando se hace mayor.

Tras sufrir muchos traumas, el subconsciente te curte contra los peligros y, a modo de defensa, la víctima se convierte en tirano. Hoy eres un adulto, responsable de la persona que eres. Tu victimismo (probablemente me odies por decir esto) es una opción personal. Tu tiranía, la que te infliges a ti mismo y a los demás, es una opción personal. Las dos van de la mano, erigiéndose en un doble obstáculo para tu libertad: eres la víctima que tiraniza a tu entorno con tu victimismo. Eres el tirano que intenta ocultar su victimismo oculto, incluso de ti

---

3. Canción escrita originalmente en 1929 para la película *Las castigadoras de Broadway* y que fue convertida en un éxito por Tiny Tim en 1968.

mismo. Ahora que ya tienes a tu disposición las herramientas oníricas para deshacerte de los traumas, deja de huir. Si no te deshaces de ellos, los traumas seguirán acumulándose con el paso del tiempo y acabarás convirtiéndote o en un abusón amargado y sin corazón o en una víctima lastimera (roles especulares). Pero ¿realmente quieres pasar de tiranizar a tu entorno a convertirte en un inocente? La ingenuidad no es una cualidad envidiable. ¿Y la inocencia reclamada, aquella que te esfuerzas por alcanzar y que eliges con los ojos bien abiertos?

«De cierto os digo que, si no os volvéis y os hacéis como niños, no entraréis en el reino de los cielos».[4]

De forma mítica, estos niños en peligro, Horus, Isaac, Moisés y, sí, Jesús de Galilea, cuya fecha de nacimiento real no es la Navidad (¡lo siento!), nacen tradicionalmente en primavera, cuando la naturaleza emerge del largo invierno y lo que se ha gestado en la oscuridad de la tierra de repente brota. ¡Oh, revelación! Horus es fruto de un milagro; Seth (el dios del tiempo y la linealidad) corta el cuerpo de su padre, Osiris, en catorce trozos y los esparce por los cuatro rincones de Egipto. Su madre, Isis, encuentra todas las partes, a excepción del pene, que se había tragado un pez (una metáfora de la pérdida de la efervescencia creadora del subconsciente), y reconstruye su cuerpo. Toth, el dios que inventó los jeroglíficos,[5] volvió a **formar** el pene con oro e Isis concibió y dio a luz a un niño de oro, cuyo ojo derecho brillaba como el sol y el izquierdo como la luna. Los padres de Isaac eran estériles; cuando uno tenía noventa y el otro cien años, Dios les anunció que tendrían un hijo. Isaac es el hijo del asombro de Sara, concebido desde la risa que hizo aparecer la menstruación. ¡Que a su edad sucediera tal cosa! ¡Qué alegría! E Isaac significa «risa». Moisés, cuya mera existencia había sido prohibida por el faraón, nace con un rostro tan radiante que la habitación se llena con la luz del sol y de la luna. Tras flotar en el Nilo en una cesta de juncos, la hija del faraón (es decir, el lado misericordioso de éste) lo rescata y adopta, y después

---

4. Mateo 18, 3; sermón de la Montaña.
5. Caracteres o pictogramas sagrados del antiguo sistema de escritura egipcio.

lo cría en la misma casa del tirano. Jesús nace en un pesebre y huye a Egipto cuando su vida, como la de todos los niños varones nacidos en Belén, se ve amenazada por el rey Herodes.

¿Significa esto que una conmoción, una sacudida o un peligro para nuestra supervivencia pueden inducir el matrimonio de nuestros dos cerebros, el sol y la luna? No es la primera vez que encontramos al sol y la luna, el Emperador y la Emperatriz unidos. El ojo de la consciencia insemina la luna del subconsciente. Ella concibe, dando a luz una nueva revelación que ilumina nuestra pantalla interior, un niño luminoso metafórico. En el calendario hebreo, *Shavuot*,[6] la fiesta en que el trigo alcanza su máxima floración, llamada «Pentecostés» en la tradición cristiana, es también el día de la revelación. Esperamos toda la noche a que los cielos se abran y revelen... un niño luminoso de nuestra propia creación («En el séptimo día, Dios creó el mundo para hacer»). Dios creó el mundo para hacer»). En este día se dice que Moisés subió al monte Horeb, el monte de la desolación (*Hareb* significa «asolar». *Hereb* es la palabra bíblica para «espada»). Las viejas formas deben ser destruidas para dar paso a lo nuevo: nuevas leyes, nuevas historias, la Torá. A partir de entonces, en este día los hebreos llevaban los *bikurim* o primeros frutos al templo. Aunque el templo físico ya no existe, todavía nos queda el templo interior. En esta noche en la que «levantas los ojos a lo alto y miras», o diriges la mirada hacia tu interior, al «lugar hacia el que miran todos los ojos», ¿cuáles son los primeros frutos sin mácula, las primeras revelaciones que llevas a tu templo interior? «Sea la voluntad divina que no deje vacía esta casa».[7] El Zohar,[8] la obra fundacional del misticismo judío, llama a esta concepción de lo nuevo «apertura de los ojos».

¿La iluminación pasa por la conversión que lleva de regreso a la inocencia, al redescubrimiento de los caminos que llevan a estas nuevas creaciones nacidas en el subconsciente? Al rechazar a los tiranos de la duda, la desesperación y la desilusión, verás cómo la luz emerge de

---

6. El sexto día del mes lunar hebreo, de *Siván* (normalmente entre mayo y junio).
7. Bereshit Rabá 85, 7.
8. Publicado en España en el siglo XIII por Moisés de León, se trata de un comentario sobre aspectos místicos de la Torá.

la opacidad en un caleidoscopio de colores iridiscentes que después cristalizan en una deslumbrante luz blanca.

¿Cómo empezamos el viaje de regreso a la trascendental singularidad de inocencia pura oculta en nuestro interior? Para muchas personas en el mundo occidental, la Navidad es un momento especial, un tiempo de paz cuya imagen más popular es la de un radiante recién nacido en un pesebre. No debe extrañarnos que la escena reciba el nombre de «adoración». Dondequiera que haya un recién nacido, los ojos se sienten irresistiblemente atraídos hacia él o ella; la gente se inclina para sonreír y disfrutar de su aura. La atracción que sentimos hacia lo novedoso, lo impoluto, es demasiado seductora. Siempre me hace pensar en una extraordinaria fotografía en la que un padre, tatuado desde el cuello hasta la cintura, sostiene en brazos a un niño recién nacido desnudo. ¡Es la imagen de la inocencia en brazos de la sofisticación! No obstante, en la escena del pesebre también sucede otra cosa. ¿Qué hacen allí todas esas personas, la madre, el padre, los animales (la vaca o el toro y el burro), los pastores y el rebaño de ovejas, los tres Reyes Magos? Y por encima de todos ellos, una gran estrella luminosa. ¿Se trata de una reunión fortuita o todas esas personas quieren decirnos algo?

¿La verdad se esconde a plena vista? Es una escena muy familiar y venerada, pero nadie se pregunta por su significado. Vayamos paso a paso y exploremos el motivo por el cual cada una de estas figuras se ha ganado un lugar en la iconografía navideña. Como todos los sueños, la escena de la natividad es un mapa que nos señala el *ki tov*, la buena dirección. El hecho de que en el sueño todos los ojos se dirijan de una forma tan evidente hacia el niño luminoso sugiere una enseñanza: sus protagonistas no siempre han estado tan bien alineados. La necesidad del sueño, y de la Navidad, es precisamente esa: realinearnos con la luz. Todos podemos dar fe, por propia experiencia, de que todas las relaciones necesitan *tikún,* ser corregidas. ¿Son los padres, los animales, las ovejas, los Reyes Magos las fuerzas que han contribuido a destruir nuestra inocencia? Veamos cada una de estas figuras desde una perspectiva negativa:

1   el padre y la madre que, consciente o inconscientemente, nos han hecho daño, humillado o traicionado;

2   las bestias interiores, las emociones (ira, miedo, tristeza, ansiedad, celos, envidia, culpa, resentimiento) que, al no poder controlarlas, nos han llevado a comportarnos como animales salvajes;

3   las ovejas, los malos hábitos que se han apartado del movimiento equilibrado del rebaño (los instintos que ya no actúan para nuestro bienestar; los llamaremos «instintos secundarios»), de modo que ya no seguimos la voluntad del pastor interior que vela por nuestra salud y bienestar;

4   los tres magos, el cuerpo, el corazón y la mente (Baltasar, negro como la tierra, es nuestro cuerpo; Melchor, el oro, es nuestro corazón y Gaspar, que lleva mirra, es nuestra mente) los hemos enfrentado entre sí, descuidando a uno en beneficio del otro;

5   la estrella que brilla en lo alto de la escena es nuestra intuición (la cual adopta la forma de visiones, sueños o una «voz apacible y delicada») a la que no hemos prestado atención ni hemos escuchado, pero que es la única que puede guiarnos, a través del caos, de vuelta a casa y a la inocencia reconquistada, porque «si no os volvéis y os hacéis como niños», no podremos hacer descender el reino de los cielos a nuestras vidas y la felicidad nos será esquiva.

Empecemos este viaje donde dio comienzo, con los tres reyes, el cuerpo, el corazón y la mente. Empecemos con Baltasar, el cuerpo, y con los cinco sentidos. Los cinco sentidos es lo que nos permite reconstruir el mundo en el cerebro. «La apertura de los ojos», al igual que el término «imagen», es un término inclusivo que abarca los cinco sentidos, «veamos con los ojos, con los oídos o con cualquiera de los otros sentidos que se activan cuando no utilizamos ninguno de ellos»,[9] ya que la imagen tiene la capacidad única de incitar a todos los sentidos. Cuando Isis busca a su marido, son los cinco sentidos los que le indican dónde encontrarlo. Los cinco sentidos son como niños pequeños. Son inocentes, sienten lo que sienten y nunca mienten. Pero también son los responsables de registrar las cosas que nos hacen daño: una visión dolorosa, palabras dolorosas,

---

9. Gershon Winkler: «*Eye-eye sir!*». Publicado en Facebook el 22 de marzo de 2019.

olores, sabores o contactos dolorosos. Es comprensible que la víctima de un acto violento o inapropiado establezca una barrera subconsciente que bloquee su piel de una interacción normal con el mundo. Lo mismo ocurre con el resto de los sentidos. Una acumulación de malas experiencias terminará por aislarnos de la dicha y la inocencia. Empecemos por despejar las entradas.

Los ojos son el mayor acumulador de imágenes traumáticas, como bien puedo atestiguar, ya que, tras la muerte de mi marido, mis ojos no podían soportar la luz intensa. Fueron necesarias las gentiles manos de un sanador para que la dolorosa imagen –su rostro en el momento de su muerte– emergiera a la superficie y pudiera deshacerme de ella. Tras hacer las paces con la imagen, mis problemas con la luz intensa desaparecieron de golpe.

Ejercicio 70
· · · · · · · · · ·
Apertura de los ojos

Cierra los ojos. Exhala lentamente tres veces mientras cuentas del tres al uno. Visualiza el uno alto, nítido y brillante.

Siente y ve cómo se abre el músculo del esfínter que rodea tu ojo izquierdo. Visualiza tu ojo como un gran globo lleno de agua.

Exhala. Observa el agua del ojo y comprueba si está limpia. Si no lo está, exhala. Imagina los numerosos canales de agua que alimentan el ojo, vertiendo el agua limpia de la atmósfera en el globo ocular. Visualiza cómo el agua sucia es expulsada y el globo ocular se llena de agua limpia y clara hasta que el agua del ojo esté completamente limpia.

Exhala. Ahora observa el otro ojo; comprueba si el agua está limpia. Si no lo está, exhala. Repite la operación con este ojo: observa cómo entra el agua y limpia el ojo hasta que toda el agua esté completamente limpia.

Exhala. Siente y ve cómo los músculos del esfínter se cierran cómodamente alrededor de tus globos oculares.

Exhala. ¿Cuál es la primera imagen que ves con los ojos limpios?

Exhala. Abre los ojos y observa la nueva imagen con los ojos bien abiertos.

*

Los oídos acumulan muchos sonidos y palabras ofensivas. Ésta es la historia de una mujer que, cuando era niña, siempre se sentaba en la mesa a la derecha de su madre. La mujer recuerda cómo la voz estridente y enojada de su madre era para ella como una flecha que le atravesaba el oído, por lo que siempre tenía dolor en el oído izquierdo. Los médicos no pudieron encontrar ninguna causa física para el dolor y lo achacaron a un problema emocional. La mujer tuvo que hacer varios ejercicios de limpieza y sanación como el que aparece a continuación, pero finalmente el dolor desapareció y no ha vuelto a reaparecer. En su caso, fueron los oídos los que se abrieron.

Ejercicio 71

. . . .

Apertura de los oídos

Cierra los ojos. Exhala lentamente tres veces mientras cuentas del tres al uno. Visualiza el uno alto, nítido y brillante.

Imagina que estás tumbada en la playa un día soleado. Estás escuchando el sonido de las olas. Sientes cómo te crecen las orejas y se convierten en grandes conchas de nautilo.

Exhala. Sal de tu cuerpo físico en el sueño y entra en tu oreja izquierda con una escoba en la mano. Adéntrate en la parte más profunda de la concha.

Exhala. Vuelve sobre tus pasos mientras barres con un movimiento en espiral. Barre todo lo que te bloquea el oído.

Exhala. Ve al oído derecho y repite la operación. Adéntrate en la parte más profunda de la concha.

Exhala. Vuelve sobre tus pasos mientras barres con un movimiento en espiral. Barre todo lo que te bloquea el oído.

Exhala. Vuelve a entrar en tu cuerpo. Observa cómo tus orejas recuperan su tamaño habitual. Ahora escucha con los dos oídos. ¿Cuál es el primer sonido que oyes?

Exhala. Abre los oídos mientras escuchas el primer sonido con los ojos bien abiertos.

*

Como sabes bien, los olores pueden ser potentes desencadenantes de recuerdos traumáticos. Un olor específico puede evocar con claridad un suceso del pasado. Aunque lo mejor es disolver los olores de raíz, a continuación, tienes un ejercicio más general para empezar la limpieza. Recuerda que muchas enfermedades aparecen junto a un olor extraño y persistente procedente del cuerpo. Este ejercicio te ayudará con eso. También puedes ponerlo en práctica cuando tengas dificultades respiratorias.

Ejercicio 72

Apertura de la nariz

Cierra los ojos. Exhala lentamente tres veces mientras cuentas del tres al uno. Visualiza el uno alto, nítido y brillante.

Imagina que estás en un prado un día claro y soleado. ¿Dónde está el sol? Si está a la izquierda, obsérvalo mientras se desplaza por el cielo y queda encima de ti o a tu derecha.

Exhala. Imagina que tienes en la mano un pequeño cepillo en espiral, como los que se utilizan para limpiar botellas. Levántalo, sumérgelo en el sol y sácalo rápidamente. Observa toda la luz que contiene.

Exhala. Introduce el cepillo por la fosa nasal izquierda y vuelve a sacarlo. El cepillo limpia y disuelve los olores y las formas de las moléculas conectadas a esos olores.

Exhala. Levanta el cepillo, sumérgelo en el sol para volver a limpiarlo y llenarlo de luz.

Exhala. Bájalo, introdúcelo por la fosa nasal derecha y vuelve a sacarlo. El cepillo limpia y disuelve los olores y las formas de las moléculas conectadas a esos olores.

Exhala. Levanta, sumérgelo en el sol para volver a limpiarlo y llenarlo de luz.

Exhala. Inspira; ¿cuál es el primer olor que percibes?

Exhala. Abre los ojos mientras hueles el primer olor.

El gusto está relacionado con el olfato. Si no puedes oler, tampoco puedes saborear. La expresión «dejar mal sabor de boca» es cierta. La energía tiene su propio sabor. Algunas situaciones y personas provocan mal sabor de boca. No juzgues a los demás; simplemente reconoce cómo te afectan, y deshazte y aléjate de la situación o de la persona en cuestión.

Ejercicio 73

Apertura de la lengua

Cierra los ojos. Exhala lentamente tres veces mientras cuentas del tres al uno. Visualiza el uno alto, nítido y brillante.

Imagina que abres mucho la boca y la lengua se desenrolla como una alfombra roja hasta posarse en el suelo y extenderse sobre la hierba.

Exhala. Coge una aspiradora transparente y aspírate la lengua, desde la punta hasta la garganta. Asegúrate de dedicar más tiempo a las zonas que más lo necesitan.

Exhala. Enrolla la lengua.

Exhala. Vacía la aspiradora en un agujero que has cavado previamente en el suelo, a tu izquierda.

Exhala. ¿Cuál es el primer sabor que capta tu lengua?

Exhala. Abre los ojos mientras degustas el primer sabor con los ojos bien abiertos.

Finalmente, la piel es el órgano sensorial más extenso. Debido a su gran superficie, la piel es muy receptiva a todo lo que ocurre a su alrededor. He conocido a personas con dolores crónicos en extensas zonas del cuerpo. El dolor a menudo está relacionado con un suceso traumático que afectó a esa zona del cuerpo en concreto. A continuación, tienes un ejercicio general, basado en un antiguo ritual de Santería, para limpiar sucesos traumáticos impresos en la piel.

Ejercicio 74

Apertura de la piel

Cierra los ojos. Exhala lentamente tres veces mientras cuentas del tres al uno. Visualiza el uno alto, nítido y brillante.

Imagina que tienes un huevo fresco. Empieza a frotarlo por toda tu piel. No te saltes ninguna parte del cuerpo. Imagina que tu brazo se alarga para poder frotar el huevo por la espalda. No te olvides de las plantas de los pies ni de las palmas de las manos ni del cráneo.

Exhala. Rompe el huevo en un vaso lleno de agua.

Exhala. Vierte la mezcla de agua y huevo en un agujero que habrás cavado previamente en el suelo, a tu izquierda.

Exhala. Siente y observa tu piel. ¿Cómo la sientes? ¿Qué aspecto tiene? ¿Cuál es tu primera impresión del mundo que te rodea?

Exhala. Abre los ojos mientras percibes tu primera impresión con los ojos bien abiertos.

Puedes repetir estos ejercicios de manera regular,[10] especialmente si tienes un problema físico con alguno de tus sentidos. Al limpiarlos, abrirás los caminos de luz que terminarán uniéndose en tu interior para formar la estrella guía. Si prestas atención, la luz te guiará hablándote en imágenes o sonidos, olores y sabores, o mediante el oscurecimiento o decoloración de la piel. Estos mensajes intuitivos, cuando les prestamos atención, nos ayudan a enfocar los otros dos reyes, el corazón y la mente, hacia el mundo interior.

En nuestro interior conviven dos niños: el niño luminoso, del cual hace tiempo que no sabemos nada, y el niño que sufre, el traumatizado; este último aún está vivo, pese a estar sucio y manchado por las heridas, las traiciones, las humillaciones y la violencia. El niño traumatizado anhela reencontrarse con su hermano gemelo porque recuerda que su auténtica naturaleza es recibir la luz de la alegría. En el Tarot de Marsella, la carta del Sol nos muestra al niño herido reuniéndose finalmente con su hermano gemelo, quien le espera con los brazos abiertos para llevarlo al *témenos*, el espacio sagrado delimitado por un muro bajo. Para llegar allí, el niño herido ha tenido que atravesar aguas turbulentas y aún presume de tener la cola de un diablillo, un resto de su pasado animal a

---

10. *Véase* la «Introducción».

los pies del Diablo[11]. El gemelo que lo recibe está sobre «la tierra blanca del nuevo mundo», y los tres puntos que forman un triángulo en su costado izquierdo representan su «consciencia activa».[12] Las manos de ambos se entrecruzan para tocarse el cuello y el corazón; los dedos gordos de los pies están juntos, lo que indica que sus mentes, corazones y cuerpos trabajan al unísono. El sol está en su cenit, por eso los gemelos, reunidos al fin, no producen sombra alguna. Sobre ellos cae una lluvia de lenguas de fuego, como los apóstoles en Pentecostés.

> Dichoso aquel que aún ama algo que amó en el parvulario, pues significa que el tiempo no lo ha partido en dos; no es dos hombres, sino uno, y ha salvado no sólo su alma, sino también su vida.[13]

No obstante, la inmensa mayoría sigue siendo «dos hombres». El viaje aún no ha dado comienzo. El niño víctima que hay en nosotros sigue agazapado en el pasado, y su forma congelada actúa como una atracción tiránica que impide el paso al flujo saludable de imágenes. Necesitamos «despejar» el camino, persuadir a la forma congelada para que tienda hacia la libertad del movimiento. Debemos conseguir que el niño que sufre vuelva a divertirse jugando.

Ejercicio 75
. . . .
Rescatar al niño que sufre

Cierra los ojos. Exhala lentamente tres veces mientras cuentas del tres al uno. Visualiza el uno alto, nítido y brillante.

Mira dentro de ti. ¿Dónde está tu niño que sufre? ¿Qué está haciendo? ¿Qué necesita?

Exhala. ¿Qué sientes al verlo? ¿Qué puedes hacer para ayudarle? ¿Necesita que lo cuiden o salir del lugar donde lo encontraste?

Exhala. Haz lo que puedas por tu niño que sufre.

Exhala. Abre los ojos.

---

11. *Véase* la carta del Diablo.
12. Jodorowsky y Costa: *La vía del tarot.*
13. Chesterton: *The Illustrated London News.*

Recuerda que, por mucho que el niño que hay en ti siga atrapado en los traumas del pasado, eso no significa que el pasado exista. Aunque estemos viviendo en imágenes calcificadas del pasado que aún tienen el poder de exudar miasmas de desesperación, es bueno recordar que no son más que sueños repetitivos. Puede que su presencia te parezca inflexible e inmutable, pero volvamos a la idea del monte Horeb,[14] a la necesidad de destruir lo fijo, las formas «idólatras» repetitivas. La tarea consiste en devolverlas al lugar del que salieron, es decir, al caos, a la efervescencia creadora de los *bikurim,* los primeros frutos del subconsciente.

Esto significa abandonar los males recurrentes, el viejo hábito de presentarnos ante el mundo como víctimas. La sencillez del proceso es asombrosa: al disolver las viejas imágenes y confiar en la creatividad, estás reparando tu vida.

Ejercicio 76
• • • • • • • • •
Sanar al yo herido

Cierra los ojos. Exhala lentamente tres veces mientras cuentas del tres al uno. Visualiza el uno alto, nítido y brillante.

Mira dentro de tu cuerpo. Pregunta dónde está el dolor y ve a ver el lugar donde está la herida.

Exhala. ¿Qué recuerdos surgen de ella? Observa las imágenes. ¿Qué edad tienes en esos recuerdos? ¿Quién está contigo? ¿Qué está ocurriendo?

Exhala. Ponte al lado de tu yo más joven y dile: «A partir de ahora, yo cuidaré de ti». Ahora deja que ese tú más joven exprese sus emociones a la persona o personas que le han hecho daño de la forma más adecuada a su edad. Tener rabietas, dar golpes o patadas está bien, siempre y cuando las viejas emociones salgan de su cuerpo.

---

14. El monte Horeb o el monte Sinaí son la misma montaña (o montañas adyacentes) donde Moisés recibió los Diez Mandamientos y la Biblia hebrea. *Horeb* significa «desolación», «sequedad» o «resplandor/calor».

Exhala. Corta el cordón negativo que une a tu yo más joven a quienquiera que le esté molestando. Usa un cuchillo, una espada, unas tijeras o cualquier otra cosa que te funcione. Observa lo que le ocurre a la persona que perturba a tu otro yo. Puedes seguir cortando cordones, e incluso cordones invisibles, hasta que esa persona desaparezca.

Exhala. Lleva a tu yo más joven a un prado y dile que es libre de jugar, recoger flores, trepar a los árboles, nadar, lanzar piedras y crecer.

Exhala. Juega con él y observa cómo crece.

Exhala. Cuando haya crecido hasta alcanzar tu tamaño, abrázalo. Mírale a los ojos. Abrázalo cada vez más fuerte hasta que ocurra algo.

Exhala. Abre los ojos.

En la mayoría de los casos, los dos os fundiréis en uno. Si no es así, continúa queriendo a tu otro tú hasta que os fundáis en uno. No lo fuerces; limítate a quererle. Puedes realizar la parte del abrazo del ejercicio cada noche durante un minuto hasta que se produzca la fusión. En algunas tradiciones, esto recibe el nombre de recuperación del alma, y consiste en recobrar energías bloqueadas en un antiguo patrón. Cuando el hijo (o la hija) pródigo vuelve a casa, se produce un festín de nuevas imágenes. «Y un río brotó del Edén para regar el jardín».

No sólo los bloqueos sensoriales o emocionales obstruyen el río de la imaginación. Los sistemas de creencias son igual de obstinados. Una de las formas en que los sistemas de creencias actúan en contra de nuestra libertad y creatividad es mediante el gran apego que sentimos por las historias que nos contamos a nosotros mismos.

Ejercicio 77

Historias que nos contamos a nosotros mismos

Cierra los ojos. Exhala lentamente tres veces mientras cuentas del tres al uno. Visualiza el uno alto, nítido y brillante.

Pregúntate si crees en una o en todas las afirmaciones siguientes:

La vida es injusta; no has conseguido lo que mereces; te han rechazado; otra persona ha conseguido más cosas que tú; te han maltratado.

Exhala. Mira al espejo y siente y ve de qué modo esta historia en la que crees se refleja en tu cuerpo.

Exhala. Observa y reconoce cómo el mundo te devuelve las historias que proyectas en él.

Exhala. Levanta el dedo índice hacia el sol. Vuelve a bajarlo y, en el espejo, corrige tu cuerpo como creas que debe ser corregido. ¿Qué sientes ahora? ¿Cómo ha cambiado la historia?

Exhala. Abre los ojos mientras ves tu cuerpo recién corregido con los ojos bien abiertos.

Existe una gran diferencia entre la queja y la aceptación. Intenta decir lo siguiente sin dramatismos ni adornos, de la forma más sencilla posible: «No me quisieron, me rechazaron, me compararon siempre con mi hermano, me maltrataron».

Ejercicio 78
Aceptación

Cierra los ojos. Exhala lentamente tres veces mientras cuentas del tres al uno. Visualiza el uno alto, nítido y brillante.

Estás en mitad de un desierto. Escribe una queja en la arena.

Exhala. Acéptala completamente como la verdad de lo que sientes.

Espira. Aún en el desierto, expresa tu queja en voz alta.

Espira. Espera a que el desierto te conteste.

Espira. ¿Qué ha pasado con lo que has escrito en la arena?

Espira. Abre los ojos.

Aunque tu historia no desaparezca de repente, es posible que notes un cambio positivo en tu estado de ánimo. A medida que sigas trabajando en la limpieza interior, la historia irá cambiando de forma imperceptible, hasta que un día haya desaparecido del todo. Ahora dispones de más espacio interior para que puedan surgir *nuevos* recuerdos. Es como si, tras el derrumbe de un viejo edificio, el terreno de tu campo onírico se despejara y se abrieran nuevas perspectivas. La «apertura de ojos» sigue adelante. De repente recuerdas momentos divertidos con tu madre que habías olvidado completamente. Recuerda que se trata de una tarea en desarrollo. Como solía decir mi maestra Colette: «Lo que se ha hecho con tiempo debe deshacerse con tiempo».

Ejercicio 79

La ciudad devastada

Cierra los ojos. Exhala lentamente tres veces mientras cuentas del tres al uno. Visualiza el uno alto, nítido y brillante.

Coge a tu niño de la mano y cruza la ciudad devastada.

Exhala. Escucha la pregunta de tu niño. ¿Qué le respondes?

Exhala. Sigue escuchando y respondiendo.

Exhala. Sal de la ciudad devastada y dirígete hacia el campo. ¿Qué dice ahora tu niño?

Exhala. Abre los ojos.

Si aún tienes muchas emociones dolorosas, te recomiendo que hagas el siguiente ejercicio cuando lo necesites.

Ejercicio 80

Un océano de lágrimas

Cierra los ojos. Exhala lentamente tres veces mientras cuentas del tres al uno. Visualiza el uno alto, nítido y brillante.

Imagina que lloras todas las lágrimas que hay en tu cuerpo. Observa cómo salen de tus ojos y se acumulan formando un charco a tus pies.

Exhala. Sigue llorando. El charco se convierte en un lago y después en un océano.

Exhala. Sumérgete en el océano y nada hasta llegar al centro de este. Encuentra el tesoro que te espera allí.

Exhala. Nada hasta la otra orilla. Sal del océano con el tesoro.

Exhala. Deja el tesoro en el suelo y sécate al sol.

Exhala. Recoge el tesoro; ¿qué contiene?

Exhala. Mira por encima de tu hombro izquierdo; ¿qué le ha pasado al océano?

Exhala. Aléjate con el tesoro.

Exhala. Abre los ojos.

Tras haber limpiado los cuerpos físico, emocional y mental de la mejor manera posible, veamos si podemos forjar una colaboración entre los tres reyes.

Ejercicio 81
. . . .
Los Reyes Magos

Cierra los ojos. Exhala lentamente tres veces mientras cuentas del tres al uno. Visualiza el uno alto, nítido y brillante.

Ve, siente y descubre qué ha impedido que tus tres reyes colaboren. ¿Qué rey se cree superior a los demás? ¿Qué rey se siente infravalorado y victimizado?

Exhala. Encuentra el modo de que los tres reyes hagan las paces.

Exhala. Ve, siente y descubre qué regalo te hace el rey mago del cuerpo.

Exhala. ¿Qué regalo te hace el rey mago del corazón?

Exhala. ¿Qué te regala el rey mago de la mente?

Exhala. Observa cómo los tres reyes magos pueden colaborar para guiarte hacia la siguiente revelación.

Exhala. Descubre que, paso a paso, cada revelación hace crecer tu luz interior, revelando cada vez más al niño luminoso, que es tu auténtico yo.

Exhala. Abre los ojos mientras ves con los ojos bien abiertos la siguiente imagen de tu camino.

El viaje de regreso para recuperar la inocencia no es fácil. Debemos lidiar con los pastores y su rebaño. Un animal extraviado, un instinto desviado, compromete a todo el rebaño. También debemos lidiar con las bestias que se han extraviado en el pesebre. Aunque parecen domesticadas, un movimiento en falso puede hacer que el toro pierda los estribos, la vaca podría dejar de producir leche y el burro negarse a obedecer.

Volveremos más adelante al rebaño, los instintos, y a las bestias, nuestras emociones. Mientras tanto, los mayores obstáculos para el viaje –y sus principales protagonistas– resultan ser nuestros dos mayordomos, los padres del ser luminoso que anhelamos y buscamos, los dos pilares de nuestro santuario interior. Es imposible entrar o salir sin pasar entre ellos.

Ejercicio 82
· · · · · · · · · ·
Honrar a tus padres

Cierra los ojos. Exhala lentamente tres veces mientras cuentas del tres al uno. Visualiza el uno alto, nítido y brillante.

Imagina que estás delante de tu progenitor. Presta atención a lo que sientes en tu cuerpo, especialmente a cualquier constricción, oscuridad o dificultad.

Exhala. Una vez localizado el dolor, pon una mano encima y verbalízalo mientras sondeas la constricción, oscuridad o dificultad hasta que desaparezca del cuerpo.

Exhala. Inhala la radiante luz celeste y llena las zonas recién despejadas con su luz azul.

Exhala. Mira ahora a tu progenitor y acepta la verdad de la persona que es realmente. ¿Notas algún cambio?

Exhala. Dale las gracias por haberte dado la vida. Inclínate en honor y gratitud.

(Si no puedes hacerlo, entiende que tus padres son sólo los padres de tu cuerpo físico. Exhala. Mira quiénes son los padres de tu cuerpo emocional, mental y espiritual. Hónralos e inclínate ante ellos).

Exhala. Abre los ojos.

¿Estamos obligados a amar a nuestros padres? No. El cuarto mandamiento no menciona el amor, sólo nos pide que los honremos y reconozcamos su necesidad primordial.

En la literatura de Hekhalot[15] el aspirante debe encontrar el modo de entrar por las puertas del palacio, momento en el que debe enfrentarse a los dos guardianes, la madre y el padre, del pasadizo. La dualidad es la primera prueba. Enfrentar al uno contra el otro no es la solución. Si lo hace, el aspirante será rechazado, adoptará retorcidas formas antinaturales y quedará congelado por su incapacidad de superar a los guardianes. Al depender completamente de los padres para sobrevivir, el niño es el aspirante que no puede trascender a sus guardianes/padres y debe encontrar formas antinaturales para adaptarse.

Ejercicio 83
· · · · · · · · · ·
Medidas heroicas

Cierra los ojos. Exhala lentamente tres veces mientras cuentas del tres al uno. Visualiza el uno alto, nítido y brillante.

Ve, siente y asume las medidas heroicas que tomaste para poder protegerte en una familia o entorno disfuncional.

Exhala. Acepta que esas medidas heroicas ya no sirven de nada.

Exhala. ¿Qué otra forma mejor eliges hoy para protegerte?

Exhala. Abre los ojos.

Debes saber que para domar a los dos grandes poderes que se interponen en tu camino, primero debes eliminar la imagen negativa que hay dentro de ti. Cuando esas imágenes violentas y furiosas dentro de ti desaparezcan, descubrirás que los amenazadores guardianes también han desaparecido. ¡Oh, sorpresa, tus padres son seres humanos razonables con defectos de carácter y cualidades dignas de admirar! Pese a no expresarse nada verbalmente, tus padres captarán de un modo subliminal tu cambio de forma y no les quedará más remedio que cambiar inconscientemente su propia forma interior. ¿Recuerdas cómo la canasta de baloncesto atrae de forma inevitable a la pelota? Si tu plexo solar está hundido hacia dentro, algún objeto esférico, como

---

15. Los textos sobre palacios de principios de la Era Común se refieren a visiones de ascensos a palacios celestiales.

una pelota, un puño o una cabeza, llenará la cavidad. Si te enderezas y expandes el plexo solar, la pelota, el puño o la cabeza no se sentirán atraídos hacia ti. Así es cómo funciona el campo onírico, donde las formas internas encajan unas con otras como las piezas de un puzle. Si cambias tu forma interior, los guardianes no tendrán más remedio que cambiar también la suya.

Ejercicio 84

· · · · · · · · · ·

Sacar a los padres de tu cuerpo

Cierra los ojos. Exhala lentamente tres veces mientras cuentas del tres al uno. Visualiza el uno alto, nítido y brillante.

Dirige la mirada hacia tu interior y busca en todo tu cuerpo hasta encontrar la parte donde reside tu madre.

Exhala. ¿En qué parte reside tu padre?

Exhala. ¿Cómo te sientes con tus padres dentro de ti? Averigua por qué ocupan esa parte específica de tu cuerpo.

Exhala. Extrae lentamente a tus dos padres de tu interior. Si no lo consigues a la primera, trata de sacarlos con ayuda de las manos. Exhala. Si continúan negándose a salir, hazlo con un cuchillo.

Exhala. Colócalos a tu derecha o a tu izquierda, lo que consideres más adecuado.

Exhala. Vierte agua fresca sobre las zonas que tus padres acaban de abandonar. Pide a todas las células de tu cuerpo que recuperen su alineación más sana y natural.

Exhala y abre los ojos mientras te sientes libre y completo.

Mantener esta nueva postura significa que también tendrás que cambiar los habituales caminos emocionales que tradicionalmente han acompañado a las imágenes negativas de tus dos tutores/padres. Pongamos, por ejemplo, que durante años has estado asustado o enfadado. La ira y el miedo son emociones primarias, la reacción de lucha o huida. Sin embargo, al no poder expresarlas (los tutores/padres te lo han impedido), has reprimido la energía, la cual se dedica a dar vueltas dentro de ti como un animal salvaje enjaulado. Estas energías atrapadas, que llamaremos **emociones secundarias**, siempre se manifiestan a través de una contracción. Sus rutas están profundamente impresas en tu cuerpo físico. Traza un mapa de las emociones secundarias prestando atención a las rutas que siguen por tu cuerpo la próxima vez que te sientas frustrada. Haz lo mismo para la tristeza, la depresión, la ansiedad, la vergüenza, la culpa, el resentimiento, los celos, la duda y otras emociones. Si vuelves los ojos hacia tu interior también descubrirás que las emociones exhiben colores desagradables como rojos intensos, verdes caqui u otros colores mezclados o chillones. Estos colores deberían recordarte al nivel *nefesh*[16] de la escalera de los sueños, pues, evidentemente, las emociones atrapadas son uno de los motivos por los que tenemos pesadillas, sueños repetitivos o sueños ajetreados.

Ejercicio 85
. . . .
Emociones y sentimientos

Cierra los ojos. Exhala lentamente tres veces mientras cuentas del tres al uno. Visualiza el uno alto, nítido y brillante.

Dirige la mirada hacia tu interior y siente tu cuerpo desde la cabeza hasta los pies. ¿En qué parte de tu cuerpo reside la frustración? ¿Cómo se mueve?

Exhala. Una vez localizada, pon las manos sobre esa parte del cuerpo y conjura un sonido para tu frustración. Verbalízalo y déjalo salir.

Exhala. Ahora siente la sensación opuesta en tu cuerpo. ¿De qué color es? ¿Cómo se mueve? ¿Qué nombre le pones?

Exhala. Abre los ojos mientras experimentas esa sensación con los ojos bien abiertos.

Acabas de concebir una sensación totalmente nueva y de ponerle nombre. Lo que experimentas ahora es un **sentimiento**. Amor, alegría, serenidad, compasión, paz, valentía y confianza son sentimientos. Sus caminos son expansivos y, como las ondas que se crean en un estanque

---

16. *Véase* el capítulo 2.

al tirar una piedra, limpian caminos más escarpados. **Los sentimientos despejan al instante todas las emociones. No puedes estar enfadado cuando sientes amor.** No hay espacio dentro de ti para que los dos puedan coexistir. **Las emociones son reacciones, mientras que los sentimientos son respuestas.** Examina dentro de ti y comprueba si la ruta obturada ha dado paso ya a un claro movimiento expansivo. Los colores también cambiarán, dando paso a colores más claros o brillantes, como los de *ruaj*[17] (el sueño nítido) y *neshamá*[18] (el gran sueño) en la escalera de los sueños. El sueño nítido muestra el camino transformador hacia el *ki tov,* que es un sentimiento, y el gran sueño muestra su conquista.

Ejercicio 86
. . . .
Energía renovada

Exhala lentamente tres veces mientras cuentas del tres al uno. Visualiza el uno alto, nítido y brillante.

Dirige la mirada hacia tu interior y siente tu cuerpo desde la cabeza hasta los pies. ¿En qué parte de tu cuerpo renovado reside tu energía vital? ¿Y en qué parte reside tu alegría? ¿Y el amor?

Exhala. Siéntelos y consérvalos como algo muy preciado dentro de ti.

Exhala. Abre los ojos mientras sientes la energía renovada con los ojos bien abiertos.

¿Qué son las ovejas? Tus instintos. Cuando el pastor controla su rebaño, todas las ovejas se mueven al unísono. El pastor es tu cronómetro. Él se asegura de que respiras acompasadamente, de que comes cuando tu cuerpo tiene hambre y de que te mueves, descansas, duermes y te despiertas según profundos ritmos internos que sólo tu pastor interior conoce y dispone. Es el guardián de tus instintos, los cuales se alteran cuando estás enfadado o asustado. Si la reacción de lucha o huida te

---

17. *Véase* el capítulo 2.
18. *Ídem.*

ha protegido, las energías regresan a su cauce natural. Pero ¿qué ocurre cuando la reacción de lucha o huida ha sido reprimida y te sientes tan frustrado o ansioso que ya no puedes soportar más la constricción física de tus emociones secundarias? La energía se reconduce hacia los instintos, pero no regresa a su cauce, lo que termina por alterar tu ritmo natural: comes cuando no tienes hambre o fumas para aliviar la ansiedad. Todas las adicciones siguen la misma pauta anormal. Una de las ovejas se descarría, alterando al resto del rebaño, y después es muy difícil volver a sincronizarlo. A estos instintos descarriados los llamamos malos hábitos o **instintos secundarios**. Escoge un mal hábito y haz este ejercicio durante veintiún días o entre dos períodos menstruales.

Ejercicio 87

· · · · · · · · ·

Parar un minuto

Exhala lentamente tres veces mientras cuentas del tres al uno. Visualiza el uno alto, nítido y brillante.

Está a punto de comer un pastel y desviarte de tus instintos naturales. Antes de comerlo, detente un minuto.

Cuando haya pasado el minuto, pregúntate esto: «¿qué me apetece hacer ahora?».

Exhala. Abre los ojos.

Al cabo de un minuto, es posible que ya no te apetezca comerte el pastel. Pero, aunque finalmente te lo comas, tu cuerpo se sentirá mucho más relajado. Reunir a todas las ovejas descarriadas es una tarea que requiere tiempo. No intentes corregir todos tus instintos secundarios al mismo tiempo, sino uno al mes.

Ejercicio 88

· · · · · · · · ·

El pastor reúne a su rebaño

Exhala lentamente tres veces mientras cuentas del tres al uno. Visualiza el uno alto, nítido y brillante.

Imagina que eres el pastor cuyas ovejas se han extraviado. Extiende los brazos y reúne a todas tus ovejas. ¿Qué sientes? ¿Qué ha cambiado? ¿Qué sentimiento identificas ahora dentro de ti?

Exhala. Abre los ojos mientras experimentas ese sentimiento con los ojos bien abiertos.

Las historias de los sueños tienen mucho en común. En la historia de Abraham y Sara, llegan tres ángeles (posteriormente, en la historia del niño luminoso, Jesús de Galilea, los tres ángeles se convierten en los tres Reyes Magos) para anunciar a Sara que dentro de poco se quedará embarazada. Conmocionada por el mensaje, Sara hace algo realmente sorprendente: se echa a reír. Entonces los tres ángeles se convierten en uno solo. «El Señor le dijo a Abraham: ¿por qué se ríe Sara?... ¿Hay para Dios alguna cosa difícil?».[19] Ahora ya podemos concebir nuestro propio hijo luminoso, ya sea como una visión luminosa, un gran sueño, nuestra propia alegría o nuestra inocencia. «Así que, si tu ojo es bueno, todo tu cuerpo estará lleno de luz».[20]

Ejercicio 89
· · · · · · · · · ·
Los *bikurim*, las premisas o primeros frutos

Exhala lentamente tres veces mientras cuentas del tres al uno. Visualiza el uno alto, nítido y brillante.

Escucha el primer pájaro que canta al amanecer.

Escucha el primer atisbo de un brote verde que asoma en la tierra.

Escucha cómo se abre la primera flor.

Escucha el primer soplo de viento.

Escucha el primer sonido del agua.

Escucha la primera estrella.

Escucha tu voz apacible y delicada. ¿Qué dice?

Exhala. Abre los ojos.

---

19. Génesis 18, 13-14.
20. Mateo 6, 22.

Los guardianes han soltado las armas. El subconsciente nos llama a través de la puerta. Más allá nos espera una maravilla oculta que, como un manantial burbujeante, riega nuestro jardín y nos renueva constantemente. La creación ocurre aquí y ahora. Siente la dicha pura; es tu inocencia recuperada.

Ejercicio 90

La dicha, la maravilla oculta

Exhala lentamente tres veces mientras cuentas del tres al uno. Visualiza el uno alto, nítido y brillante.

Siente y percibe la dicha como la promesa de la vida. Comprende que esta dicha eterna pertenece sólo a este momento.

Exhala. Siente y comprende que este instante de dicha es la maravilla de la vida que nos eleva por encima de nosotros mismos.

Exhala. Siente y comprende que el descubrimiento de la maravilla oculta de este instante de dicha es la razón que impulsa todos los tipos de búsqueda.

Exhala. Ve y comprende la magnificencia que hay en ti. Piensa sólo en imágenes de salud, fuerza, éxito, bondad, dicha y amor.

Exhala. Abre los ojos.

No puedes querer a otra persona a menos que te quieras a ti mismo. Pero ahora que has vuelto a fusionarte con tu niño interior, estás preparado para volverte hacia fuera y atraer a los demás. Ya estás por fin listo para encontrar tu imagen en el espejo, «hueso de mis huesos y carne de mi carne»,[21] tu *kenegdo*, aquel contra el que debes medirte y crecer, tu colega y compañero del alma con el que estás destinado a viajar por esta vida. Puede que aún lo estés buscando o que ya lo hayas encontrado. El viaje hacia el otro nunca se detiene. Siempre traerá consigo más anhelo, más búsqueda y más formación. Exigirá que te reinventes a ti misma una y otra vez.

---

21. Génesis 2, 23.

11

MISERIA Y ESPLENDOR

Restaurando relaciones

«El uno se junta con el otro y ni el viento entra entre ellos».

JOB 41, 8

S omos seres sociales. Aunque seamos ermitaños y vivamos en la cima de una montaña, no podemos evitar relacionarnos con la brizna de hierba, el arroyo, el sol o las estrellas. Sólo con fijarnos en un árbol, un animal, otro ser humano o incluso un objeto, creamos una pareja, la ley fundamental de nuestro universo. En nuestro mundo de dualidades siempre estamos buscando –o enfrentándonos– a la otra parte de la ecuación: caliente o frío, duro o blando, masculino o femenino. Del mismo modo en que el cielo trata de alcanzar la tierra, o la mano derecha busca la izquierda, nosotros también ansiamos –o tememos– la pareja perfecta que nos complete. La dualidad es la firma del universo, por eso Bereshit (Génesis) empieza con la segunda letra del alfabeto. Con tal de que comprendamos bien esta ley fundamental, se nos dice que Adán, una criatura andrógina masculina/femenina, está hecha a imagen y semejanza de Dios. Lo que sugiere que la unidad divina de Dios es andrógina, un concepto radical en el pensamiento bíblico. La diferencia entre Dios y el hombre es que Dios puede tener *shenei panim*, dos caras, pero nunca es más de uno, mientras que, para que el mundo se ponga en movimiento, antes debe dividirse en dos. Dios amputa a Adán, un corte drástico y fundamental para la concesión de su libertad, una amputación que nos esforzamos constantemente por reparar. ¿Lo vivimos como una herida, un insulto o un desafío? Dios pone a Eva contra (*kenegdo*) Adán para que pueda ponerse a prueba comparándose a su forma.[1] Tras ser liberada, Eva explora otras opciones, se deja tentar por las diversas formas ondulantes que le ofrece la serpiente y prueba un fruto prohibido cuya configuración aún no está madura. Eva tienta a Adán y aparece el dolor, pues, como dice Iosef Gikatilla, cabalista español del siglo XIII, en el apasionado apresuramiento de la pareja por copular, no esperaron al momento en el que sus imágenes especulares estuvieran lo suficientemente maduras para encajar como un guante la una en la otra y configurar de ese modo la forma completa a la que estaban destinados.[2] Vivimos en un mundo de acción en el que nuestros actos, nuestras obras, conforman nuestra realidad. Si, como aseguran los cabalistas, la unión perfecta es aquella en la que dos formas, enfrentadas cara a cara, recrean la androginia primordial, debemos esforzarnos para lograr que vuelvan a estar una frente a la otra.

Pero ¿cómo podemos estar seguros de que toda forma tiene su correspondiente pareja? Por definición, una forma incompleta no puede emanar de la divinidad. En una creación perfecta, lo masculino y lo femenino están unidos como una mano y un guante. De ahí que, según la tradición oral, cada vez que nacía uno de los hijos de Jacob, también nacía una hermana gemela con la que luego se casarían. ¿Significa esto que las parejas están predestinadas a estar juntas? «Un eco de la Voz viene del monte Horeb y proclama: la hija de éste está destinada a éste, incluso más allá de los mares».[3] Si esto es así, ¿cómo se encuentran dos almas gemelas en este mundo de separaciones?[4] Recuerdo que una vez leí sobre una antigua tradición nativo-americana en la que, cada vez que nace un nieto, el abuelo incuba un sueño y le pide a éste que le muestre el alma gemela del niño y, después, tejen y bordan el vestido de novia. Todo esto se hace en secreto, y cuando el nieto llega a la edad adulta, los abuelos observan si gravita hacia su pareja predestinada. Si

---

1. Génesis 2, 18.
2. Gikatilla: *El secreto de la unión de David y Betsabé.*
3. Sanhedrín 22a, Sota 2b, Moed Qatan 18b.
4. *Véase* la «Introducción». Debe entenderse hombre y mujer como tensiones arquetípicas, no como tipos de personas. Las parejas de cualquier orientación sexual tienen las mismas dicotomías.

lo hace, presentan ceremoniosamente el vestido de novia a la familia de la chica. Tanto en la tradición nativo-americana como en la judía, el hombre no está solo. La pareja es el estado original del hombre, por lo que debe esforzarse por regresar al estado de unión.

Gikatilla describe tres tipos de matrimonio: el del *tzadik* (el hombre piadoso), el del *benoni* (el hombre normal) y el del *rasha* (el hombre malo). El *tzadik* no andará haciendo pruebas; como la flecha que da en la diana, encuentra y reconoce a su alma gemela y se casa con ella. El *ra* nunca encontrará su alma gemela, porque está demasiado alejado del camino recto. El *benoni,* como Adán,[5] lo intentará con diferentes formas y probará la fruta antes de que esté madura. Aquí nos ocuparemos del *benoni,* pues hoy en día es habitual que los jóvenes prueben con varias personas antes de decidirse. No son los únicos que están confundidos. Sabemos que el mismísimo rey David era un *benoni.* Tenía «una dura disposición» que a menudo le hacía precipitarse. Sucumbió a la «satisfacción pasajera de sus deseos inmediatos»[6] y tuvo otras parejas. Sin embargo, el alma que tenía predestinada desde los seis días de la creación era Batsheva. Cuando por fin mereció volver a encontrarla, ella estaba casada con otro hombre. En su apresuramiento, David la tomó antes de que ella estuviera libre de su matrimonio. La impaciencia de David le provocó dolor, como se lo provocó a Adán o a nosotros cuando empezamos una relación a destiempo o una que no nos conviene. Cuando el alma no está alineada con la verdad interior, quien sufre es el cuerpo. David perdió a su primogénito y el trono. Si hubiera esperado al momento adecuado, nos dice la tradición, habría llegado a ser como Dios, eterno a través del amor.

Todo esto lleva a preguntarnos: ¿el objetivo más importante de nuestra vida es volver a encontrar y encajar las dos partes de nuestra alma dual? Al esforzarnos por vivir en armonía con nuestra otra mitad, ¿estamos reparando el mundo? Los cabalistas llaman a esto «construir el Nombre» o dar forma a la divinidad. No es exagerado afirmar que el

---

5. Adán tuvo una primera esposa llamada Lilith. Cuando ella lo abandona tras una disputa sobre quién detenta el poder, Adán toma a Eva como esposa. Eva le ofrece la fruta prohibida, la cual, según los comentaristas, no está madura cuando ambos la comen.

6. Ginsburgh: *The Mystery of Marriage.*

amor, cuando nos llega, es un éxtasis divino que, momentáneamente, nos permite re-crear el paraíso en la Tierra. ¿No es, por tanto, algo que merece la pena que le dediquemos toda nuestra atención? Sin embargo, la experiencia también nos dice que las relaciones traen consigo numerosas fatigas y dificultades. Todos hemos sufrido y nos hemos obsesionado, a menudo en vano, por las relaciones sentimentales. La búsqueda del amor no puede seguir los caminos de la lógica, sino que debe, necesariamente, sumergirse en las profundidades del subconsciente.

Independientemente de que creamos o no en el concepto de alma o almas gemelas, todos sabemos por experiencia que una alineación perfecta es difícil de encontrar, e igual de difícil de mantener. Como equilibristas caminando por la cuerda floja, o bien nos esforzamos por mantener un precario equilibrio o bien jugamos a la gallinita ciega para encontrar y atrapar al escurridizo compañero perfecto. Las relaciones son lo que más nos angustia y preocupa. El anhelo de volver a ser completos nunca cesa. Curiosamente, la palabra «anhelo» está relacionada con la idea de elongación.[7] El anhelo nos alarga hacia lo desconocido, hacia algo que parece deseable o que aún no existe. «*Lej lejá*», vete, le dice Dios a Abraham, pero ¿a dónde? Hacia alguien que aún no conocemos, pero que esperamos que nos haga completos. Y cuando lo encontramos, los sentimientos de respeto, gratitud y amor, o las reacciones –el miedo, la repulsión y el deseo de poseer o destruir– nos mostrarán quiénes somos realmente. Porque *lej lejá* también significa «ir hacia uno mismo». Y una relación, desde el principio, nos revela a nosotros mismos. ¿Realmente quieres encontrar a tu alma gemela? O si ya tienes pareja, ¿estás haciendo todo lo posible por dar con ese momento indescriptible en que el tiempo se detiene y los dos os convertís en dos espejos que se reflejan mutuamente? Puede que pienses que sí, pero imperativos más profundos podrían estar bloqueándote. Son muchas las personas que han acudido a mí llorando de nostalgia, en-

---

7. Juego de palabras de imposible traducción. En inglés, «anhelo» (*longing*) y «elongación» (*elongation*) comparten una raíz común. (*N. del T.*)

furecidos contra el destino o contra su pareja sin comprender que ellos mismos son los principales responsables del bloqueo que les impide ver cumplidas sus expectativas. La primera tarea que tienes ante ti es tomar plena conciencia de que tú eres el creador de tu propia vida.[8] Tú eres el responsable de liberarte de los programas subconscientes que te impiden atraer a tu alma gemela o decir con dichoso agradecimiento: «Por fin hueso de mis huesos y carne de mi carne».[9]

¿Qué significa relacionarse? ¿Cómo reinvertimos el mundo y a nosotros mismos con una relación respetuosa, agradecida y tierna?

Una antigua historia bíblica nos ofrece una pista. Se trata de la historia de los habitantes de la Torre de Babel. *Érase una vez*, nos dice el texto, «toda la tierra tenía una misma lengua y un mismo propósito». Pero entonces la gente decidió «hacerse un nombre, no sea que estemos dispersos por toda la tierra»[10]. En efecto, en cuanto la cuestión del nombre entra en escena, los hombres y las mujeres que estaban construyendo la torre empezaron a balbucear.[11] ¿En qué consistía este misterioso lenguaje común? El énfasis en el hecho de poner nombre como la causa de la desgracia de nuestros antepasados –estos pueblos dispersos descendían de Sem, que se traduce como «nombre»– sugiere que el lenguaje en cuestión era radicalmente distinto a los que usamos actualmente. Antes de Babel, estas personas tenían un «mismo propósito». ¿Cuál puede ser este propósito común? ¿Qué es aquello que todos anhelamos? La felicidad, por supuesto, además del amor, la bondad y la paz. ¿Puede ser nuestro lenguaje unificado la lengua franca del corazón?

¿Cómo recuperamos los sentimientos? ¿Qué nos está bloqueando? Pasamos fácilmente del deseo a la emoción, de los instintos frustrados a la reacción. Vivimos en un mundo donde la gratificación instantánea se da por hecha y el propósito común es despreciado por la mayoría. Atrapados en el bucle de nuestros propios intereses, del deseo de «hacernos un nombre», ¿cómo podemos distanciarnos lo suficiente como

---

8. *Véase* el capítulo 7.
9. Génesis 2, 23.
10. Génesis 11, 4.
11. Babel significa «la confusión está aquí».

para contemplar otras posibilidades? ¿Cómo salir de este empobrecimiento general y entrar en el mundo de los sentimientos?

El amor surge cuando menos te lo esperas, en un instante. Doblamos una esquina y nos quedamos sin aliento ante una visión asombrosa. Conocemos a un desconocido, nos da un vuelco el corazón y ya está, perdidamente enamorados. Una sonrisa, la cara de un niño, la belleza, un poema, la música o el arte pueden hacernos sentir así. Sin esa sacudida no podemos sumergirnos en el misterioso mundo de los sentimientos, el lugar donde nos sentimos completos. Pero ¿realmente podemos esperar lo inesperado? ¡Lo necesitamos tanto! ¿Hay algún modo de zambullirse caprichosamente en la plenitud? ¿Qué lenguaje común olvidado debemos redescubrir para que nos ayude a dar el paso? Sí, lo has adivinado: no existe el amor sin la imaginación. ¿Cómo podemos amar a los demás si no somos capaces de prolongarnos más allá de nosotros mismos y abrazarlos metafóricamente, incluirlos, abarcarlos, fundirnos con ellos y convertirnos en uno? «Ama al prójimo como a ti mismo».[12] La conmoción necesaria para abandonar nuestro insignificante ser no puede venir dada por la mente racional, sino por nuestra imaginación.

Como sabemos bien, en la actualidad la imaginación está devaluada; se la pone a la misma altura que la fantasía o la ensoñación. Si partimos de la premisa de que debemos ser fieles a los hechos, de que debemos desentrañar cada declaración conflictiva de «él dijo, ella dijo» en su guerra de desgaste, volveremos a dejar de lado el lenguaje común. ¿A qué nos referimos exactamente? Tenemos dos cerebros: el sol, o cerebro verbal, causal, lógico y lineal, y la luna, el cerebro imaginativo, soñador, creativo, espontáneo, saltarín, juguetón y sorprendente. La acumulación de datos y la obtención del auténtico conocimiento, como *conocer* al otro, son dos realidades completamente distintas. Sin embargo, continuamente oponemos la una a la otra. No pueden existir separadamente sin consecuencias nefastas, tal y como demuestran numerosos ejemplos. Separar la experiencia sentida y encarnada de la realidad interior de la estimación verificable paso a paso de la realidad exterior no nos ayudará a resolver las tristezas y dificultades de las

---

12. Levítico 19, 18.

relaciones humanas. Como primer paso hacia la creación de un «propósito común», ¿podemos al menos ponernos de acuerdo en respetar ambas realidades?

El filósofo judío Martin Buber acuñó para estos modos duales del ser los conceptos del Yo-Ello y el Yo-Tú:

> El Yo-Ello se vive como un monólogo en el que el Ello se convierte en «un objeto pasivo de conocimiento» del cual el Yo está «realísticamente alienado».
>
> El Yo-Tú, por el contrario, es «la compañía en la creación, siempre que nos acercamos los unos a los otros, porque estamos unidos de forma relativa al mismo centro».[13]

¿Cómo puede esto ayudarnos a describir nuestras dificultades? Son dos tipos de relaciones que, paradójicamente, nos sitúan en ambos lados a la vez, como observadores y como actores. Aceptando que ambos tienen un papel que desempeñar, ¿cómo podemos desentrañar las dificultades inherentes a toda relación humana? Imagina que estás sentado a la mesa de la cocina, acusando airadamente a tu pareja, lanzándole insultos y recriminaciones, es decir, poniéndole nombres. ¡Es muy difícil renunciar al airado placer que se siente al ponerle nombres a otra persona! Esto me recuerda a una escena que presencié entre mi maestra y su marido. Una tarde, estaba sentada con ellos en el jardín cuando algo que dijo él provocó la ira de Colette, quien lanzó una diatriba de quejas que parecía no tener fin. Él se escondió detrás del periódico y yo me encogí en un rincón, horrorizada. De repente, Colette se detuvo, le dio un beso en la mano y dijo coquetamente: *«Mais je vous aime, chéri».*[14] Él se asomó por detrás del periódico, le besó la mano y le respondió con una amplia sonrisa: *«Moi aussi, chérie».*[15] Nunca he olvidado aquel cambio instantáneo del Yo-Ello al Yo-Tú.

---

13. Buber: *Yo y tú.*
14. «¡Pero te quiero, cariño!».
15. «¡Yo también, cariño!».

Ejercicio 91

Yo-Ello y Yo-Tú

Exhala lentamente tres veces mientras cuentas del tres al uno. Visualiza el uno alto, nítido y brillante.

Delante de alguien con quien tengas dificultades, di: «Yo-Ello». ¿Qué es Ello? ¿Qué te permite decirlo?

Exhala. Di: «Yo-Tú». ¿Qué es Tú? ¿Qué te permite decirlo?

Exhala. Abre los ojos.

Ahavá, «amor» en la sagrada lengua hebrea, utiliza la A, el sonido del corazón, tres veces. Exhala lentamente tres veces mientras cuentas hacia atrás hasta el uno con los ojos cerrados, trasladándote de este mundo al mundo interior, y después imagina un círculo. Observa lo que aparece en el interior del círculo. Acabas de comenzar tu viaje de regreso a *ahavá*, la experiencia. Verás algo que estaba oculto, algún aspecto mágico y hermoso de aquel que estás contemplando, algo más allá de lo que eres capaz de ver. Sentirás el misterio y el poder del otro. Imagina si todo el mundo practicara la introspección, si todos nos permitiéramos ese lujo antes de embarcarnos en duras negociaciones de paz con nuestras parejas enemistadas. El amor brilla como una gema, y su calidez atrae más calidez, bondad, armonía y paz. La solución no es nombrar lo que no te gusta, sino entrar en tu habitación, cerrar la puerta y dejar que tu imaginación se expanda y envuelva al otro. Aunque seamos criaturas perfectas, íntegras y sepamos lo que es mejor para nosotros, las historias, emociones y rencores siguen ejerciendo una gran influencia sobre nosotros. Es innegable que renunciar a ellas requiere de un gran esfuerzo. Dios va y viene diez veces antes de manifestar finalmente Su forma completa, la que Él ama, Adán, Su imagen. Abraham pasa por diez pruebas antes de ofrecer finalmente a Dios su amor incondicional y su vida, completando así la forma y haciéndose a sí mismo a Su imagen y semejanza. Es posible que tú también debas superar un número de pruebas similar para alcanzar lo que deseas. El número 10 se parece a un hombre transpuesto mirándose en un espejo redondo.

Ejercicio 92
. . . .
Deseos

Exhala lentamente tres veces mientras cuentas del tres al uno. Visualiza el uno alto, nítido y brillante.

Recorre en círculos concéntricos todos tus deseos, desde el más banal al más sublime, terminando por aquello que más deseas. ¿Cómo lo ves en el espejo redondo del cero?

Espira. Abre los ojos.

Siempre andamos buscando, anhelando algo mejor, porque aún no hemos llegado al centro, la fuente del amor. Estaremos yendo y viniendo entre el sol y la luna, entre el Yo-Ello y el Yo-Tú, hasta que alcancemos la plenitud, el diez. Incluso en momentos de unidad perfecta, somos incapaces de aferrarnos al Yo-Tú. Inevitablemente regresamos al Yo-Ello, a la posición del observador. En hebreo, «relación» es *kesher*, vínculo, que suena sospechosamente parecida a *gesher*,[16] «puente», que implica un ir y venir. En las lenguas romances, «relacionarse» viene de la palabra latina *relatus* (*re* de vuelta + *latus* llevado), llevarse de vuelta. Tendremos que avanzar y retroceder, entretejiendo conocimiento y nombres hasta que los dos mundos se conviertan en uno. Una relación implica siempre un riesgo, una entrega a lo desconocido, cuya esencia, una vez ha sido revelada, regresa para iluminar al que busca. Presta especial atención a tus emociones cuando realices el siguiente ejercicio. Hazlo para recordar la verdad de la pareja con la que tienes un problema o, si aún no os conocéis en persona, para descubrir la esencia de tu futura alma gemela.

---

16. Es posible que exista una antigua conexión etimológica. Una empresa de inversiones actual, Gesher l'Kesher, que significa «Puente a la Conexión», ha utilizado la casi homofonía de ambas palabras para lanzar un mensaje.

Ejercicio 93

Acariciar una mejilla

Exhala lentamente tres veces mientras cuentas del tres al uno. Visualiza el uno alto, nítido y brillante.

Alarga el brazo y toca la mejilla de otra persona. Siente cómo tu mano se vuelve receptiva al contorno de la mejilla de la otra persona. ¿Notas algún cambio emocional en ti?

Exhala. Retira la mano.

Exhala. Si has tenido algún problema, vuelve a alargar el brazo para tocar la mejilla de otra persona. Esta vez espera y pide permiso antes de hacerlo. Cuando te den permiso, tócale la mejilla. ¿Qué ha cambiado?

Exhala. Retira la mano. ¿Has notado alguna diferencia?

Exhala. Abre los ojos.

¿Y si no eres capaz de acariciarle la mejilla a la otra persona? ¿Y si a la otra persona no le gusta que le toques la cara con la palma de la mano? Aceptar al otro con una mano (y una mente) sin prejuicios puede resultar más difícil de lo que estás dispuesto a reconocer. Einstein dijo que en este universo sólo hay curvas, relaciones ante las que debes adaptarte o recibir en la curvatura de tu entrega a su realidad. Aceptar la necesidad de ser receptivo hará que tu vida en este mundo dual sea mucho más fácil. Sé paciente. Apenas estamos empezando a descifrar dónde están tus bloqueos en el terreno de las relaciones.

Ejercicio 94

Llevarse un regalo

Exhala lentamente tres veces mientras cuentas del tres al uno. Visualiza el uno alto, nítido y brillante.

Visualiza a alguien con quien tengas dificultades de pie a unos metros de ti. Alarga una mano hacia esa persona y mira lo que hay en tu mano. ¿Qué le estás ofreciendo?

Exhala. Observa si la persona acepta tu regalo.

Exhala. Observa lo que la persona decide ofrecerte a cambio.

Exhala. Si la persona no acepta tu regalo, o no te ofrece otro a cambio, examina lo que le has dado tú y cómo se lo has dado. Decide qué debes cambiar. Hazlo hasta que recibas algo a cambio.

Exhala. Llévate el regalo que has recibido de vuelta a casa. ¿Qué sientes ahora al mirar a la otra persona?

Exhala. Abre los ojos.

Aunque es costumbre intercambiar regalos como señal de buena voluntad, aquí no nos referimos a regalos materiales, sino a ofrendas subconscientes. Lo que le damos a la otra persona, y lo que esa persona nos da a nosotros en secreto, determinará el futuro de la relación. En *A Little Book on the Human Shadow*, Robert Bly, poeta y junguiano, describe la situación del siguiente modo: mientras el hijo y la hija se casan en la iglesia de arriba, las madres intercambian las agendas ocultas de sus familias en la cripta de abajo.[17] Se trata de una evocadora historia de agendas discordantes que acaba bien, al menos para dos de los protagonistas. Si bien el rey David permitió generosamente que el ejército del rey Nabal atravesara sus tierras, cuando llegó el momento de que Nabal le devolviera el favor, éste se negó.[18] Esto provocó una gran animosidad entre los hombres de David, y los dos ejércitos se prepararon para el combate. Abigail, a quien encontraremos en el siguiente ejercicio, es la esposa de Nabal.

Ejercicio 95
· · · · · · · · · ·
El rey David y Abigail

Exhala lentamente tres veces mientras cuentas del tres al uno. Visualiza el uno alto, nítido y brillante.

Imagina que eres el rey David y que estás rodeado de tus hombres ansiosos por enfrentarse al ejército del rey Nabal, alineados delante de ti. Siente cómo surge en ti la ira, el deseo de combatir.

---

17. Bly: *A Little Book on the Human Shadow*.
18. 1 Samuel 25.

Exhala. Una hermosa mujer con una granada roja en la mano avanza entre los dos ejércitos.

Exhala. Coge la fruta que te ofrece. Sostenla con delicadeza para que no se eche a perder. ¿Qué sientes ahora?

Exhala. Abre los ojos.

Si has hecho el ejercicio, ya sabrás por qué no hubo batalla. Al descubrir lo que había hecho su mujer, el rey Nabal, quien prefería matar a reconciliarse, sufrió un ataque al corazón y murió. Dos semanas después David se casaba con Abigail. Aunque «Haz el amor y no la guerra» siempre parece la mejor solución, es posible que a veces la situación no resulte tan fácil o favorable. Como hemos señalado antes, nuestro cerebro es dual. El cerebro solar ilumina los límites, le gusta ponerles nombre a las cosas, nos considera fundamentalmente antagónicos y en guerra permanente. Por su lado, el cerebro lunar difumina todos los límites, nos ve holísticamente y favorece la fusión y la unidad. Mientras que el cerebro solar brilla con el ego y el orgullo, el lunar nos devuelve el reflejo con abnegada aceptación. ¿Quién es más poderoso, el Yo-Ello o el Yo-Tú? ¿Lo masculino o lo femenino? Si queremos tener una buena relación, no podemos dejar que la afectación del cerebro lunar eclipse lo que nos dicen los hechos. Por otro lado, no podemos permitir que la agudeza del cerebro solar destruya los sentimientos de aceptación y compasión. Así es la desafortunada historia de Adán y Lilith, su primera esposa. Ella era precisa e implacable en su perfecta y auténtica imagen especular de Dios. Como su consciente y su subconsciente formaban una unidad, Lilith era capaz de relacionarse cara a cara con Dios y sobrevivir. Incluso Adán la encontraba excesiva. «Y he hallado más amarga que la muerte a la mujer».[19] Así que Dios le dio a Eva, formada a partir de su vertiente soñadora, de su cerebro lunar subconsciente. Como Adán, no podemos mirar la afilada espada de la revelación sin un espejo que nos proteja del impacto de la verdad. Ser despedazado sin piedad por una pareja enojada es demasiado hiriente y no sirve a ningún propósito. Necesitamos justicia acompañada de

19. Eclesiastés 7, 26.

misericordia. Pero ¿podemos pedírsela a otra persona? Los sabios dicen que cada uno de nosotros tiene *deyo partzuf panim*, dos caras, una masculina y otra femenina, que están «espalda contra espalda» y que, por tanto, no se conocen.[20] Dado que no podemos obligar al otro a reconocer lo que está haciendo ni a cambiar, la única opción que tenemos es reconocer nuestros propios errores y aprender a cambiarnos a nosotros mismos.

Ejercicio 96
· · · · · · · · · ·
Espalda contra espalda

Exhala lentamente tres veces mientras cuentas del tres al uno. Visualiza el uno alto, nítido y brillante.

Sé Adán. Observa el mundo a través de tus ojos masculinos.

Exhala. Date la vuelta y contempla el mundo a través de tus ojos femeninos.

Exhala. Ve y siente cómo «espalda contra espalda» significa que tus lados masculino y femenino no pueden verse el uno al otro.

Exhala. Ten objetivos distintos.

Exhala. Ten en consideración los intereses de ambos.

Exhala. Abre los ojos.

Dos tipos de consciencia enfrentadas inevitablemente crearán problemas en la relación, y obviamente no pueden solucionarse los problemas sentimentales de ese modo. Así que intentemos reconciliar **tus** dos lados, el masculino y el femenino. Recuerda que Adán y Eva estaban espalda contra espalda y que, por tanto, no podían verse. Hizo falta que los partieran por la mitad para que pudieran darse la vuelta y mirarse a la cara. Para mirarte cara a cara y descubrir lo que realmente te motiva primero debes lograr que tu cerebro solar mire de frente a tu cerebro lunar.

---

20. Eiruvim 18a; también Shlomo Yitzchaki, conocido como Rashi, 1040-1105, rabino y comentarista francés del Tanaj y el Talmud.

Ejercicio 97

. . . .

Cara a cara

Exhala lentamente tres veces mientras cuentas del tres al uno. Visualiza el uno alto, nítido y brillante.

Mírate en uno de los lados de un espejo de dos caras y contempla tu lado masculino.

Exhala. Si hay algo que te desagrada de tu lado masculino, levanta el dedo índice hacia el sol, llénalo de luz y bájalo de nuevo hasta el espejo.

Exhala. Utiliza el dedo índice cargado de luz para corregir en el espejo lo que no te gusta de tu lado masculino.

Exhala. Dale la vuelta al espejo. Observa tu lado femenino en el espejo.

Exhala. Si hay algo que no te gusta de tu lado femenino, levanta el dedo índice hacia el sol, llénalo de luz y bájalo de nuevo hasta el espejo.

Exhala. Utiliza el dedo índice cargado de luz para corregir en el espejo lo que no te gusta de tu lado femenino.

Exhala. Observa cómo los dos lados del espejo se convierten en un único espacio interior. Contempla cómo el lado masculino y el femenino se dan la vuelta y se miran cara a cara. Observa cómo se saludan. Si aún son antagónicos, haz las correcciones necesarias hasta que puedan saludarse, abrazarse y convertirse en una unidad.

Exhala. Haz que los dos lados fusionados te miren. ¿Qué sientes?

Exhala. Abre los ojos.

Ya hemos visto lo perjudicial que es ponerle nombre a alguien (criticarlo, atacarlo) en una relación. Pero si se fusionan las dos partes, ¿quedará la una subordinada a la otra?

> *Intentan convertirse en una sola criatura...*
> *son casi un animal,*
> *arrastrados a las orillas de un mundo*
> *o acurrucados contra la puerta de un jardín.*[21]

---

21. Robert Hass: «Miseria y esplendor».

¿O el recuerdo de sus almas originales ayudará a consumar la unión? Corregir las dos partes de ti mismo puede ayudarte a corregir otros problemas que puedas tener con tu pareja o en tus relaciones personales. El ser andrógino que estás contemplando es lo que eras en la fase embrionaria, antes de que se produjera la escisión y adquirieras un género en la fase fetal. Anatómicamente está claro que eres (al menos en la mayoría de los casos) de un género u otro, pero ¿de qué género eres psicológica, mental, espiritualmente? El «sexo de tu alma»[22] puede entrar en conflicto con tu género. Eres una mujer, pero te comportas más como un guerrero, o eres un hombre que utiliza más la empatía. Corregir lo que te desagrada de tu lado masculino o femenino y después recuperar la unidad te ayudará a conseguir *shalom bayit*, «la paz en el hogar», un concepto al que los judíos dan gran importancia. Pues, ¿cómo puedes tener paz en el hogar si no hay paz en tu interior? El secreto de un hogar pacífico está oculto en las palabras *ish* e *ishá*, «hombre» y «mujer».

Ish = *Álef- yod- shin* = hombre
Ishá = *Álef -shin- hei* = mujer

Si quitamos el nombre de Dios, *Yah,* que se escribe *yod hei,* nos queda *álef shin,* que se pronuncia «esh», fuego. «Si lo merecen, la Presencia Divina mora entre ellos, pero si no lo merecen, el fuego los devora».[23] ¿Qué hace falta para que el fuego no te devore? Adán lleva a Lilith a la tienda y allí tienen su primera pelea. ¿Adivinas el motivo? Quién se pondrá encima, quién someterá al otro. No se puede llevar un «fuego extraño» a la tienda, al espacio donde mora Dios en la tierra, como hicieron Nadav y Avihu, los hijos de Aarón, sin que salga «un fuego que viene del Señor que te consume».[24] Todos hemos experimentado cómo la ira, el miedo, los celos, la envidia, la amargura, la rebeldía, la lujuria, la avaricia, el poder, la debilidad, la dependencia, la decepción, el miedo a la incertidumbre o la diferencia han transformado el amor en un campo de batalla y la dulzura en un fuego devorador.

---

22. *Véase* también el libro de Charles Mopsik *Sex of the Soul* (2005).
23. Sotá 17a.
24. Levítico 10.

Ejercicio 98

Fuegos extraños

Exhala lentamente tres veces mientras cuentas del tres al uno. Visualiza el uno alto, nítido y brillante.

Repasa tu vida, desde el principio hasta el día de hoy, e identifica los fuegos extraños repetitivos a los que te has entregado.

Exhala. Estás de pie sobre los acantilados del océano Pacífico. Exhala esos fuegos extraños y observa cómo forman una pelota roja que se aleja sobre las aguas del océano.

Exhala tu alma. Visualízala como si fuera una bola blanca. Obsérvala alejarse rápidamente sobre el océano, alcanzar a la bola roja y pulverizarla.

Exhala. Observa cómo regresa la bola blanca.

Inhala tu alma y observa cómo su luz blanca llena lentamente todo tu cuerpo.

Exhala. Abre los ojos.

Mantener el espacio entre tu lado masculino y femenino, o entre tú y tu pareja, limpio de basura depende enteramente de tu actitud. ¿Amarás al otro dentro de ti o al otro en el interior de tu pareja como a ti mismo? ¿O seguirás un camino beligerante y egocéntrico? Esto me recuerda a una alumna que me llamó porque quería verme con urgencia después de algún tiempo sin saber de ella. Cuando llegó, me di cuenta enseguida de que estaba muy enfadada. Su marido había perdido el trabajo hacía seis meses y ella no podía soportar mirarle a la cara ni que él la tocara. Dejé que me hablara de su marido durante unos minutos y, cuando menos se lo esperaba, le dije: «Cierra los ojos».

Ejercicio 99

Recuerda el amor

Exhala lentamente tres veces mientras cuentas del tres al uno. Visualiza el uno alto, nítido y brillante.

Recuerda la primera vez que te enamoraste (de tu marido).

Exhala. Abre los ojos.

Cuando la mujer abrió los ojos, estaba muy enfadada conmigo, y así supe que había conseguido mi objetivo. No lo esperaba, pero gracias al suave trance autohipnótico de la cuenta atrás, volvió a sentir el amor. Durante un instante dejó de estar consumida por un fuego devorador y conoció la dicha. Lo único que le hizo falta fue mirar en otra dirección. El espacio se abrió y, al día siguiente, su marido consiguió trabajo. Despejar el espacio permite la entrada de la creatividad.

Según dicen, Dios habla desde la parte superior del Arca de la Alianza, «desde el espacio que queda entre los dos querubines».[25] Tú y tu pareja debéis ser como esos dos querubines que protegen el espacio sagrado. Sin embargo, sabemos que los espacios vacíos pueden resultar inquietantes, ya que nunca sabemos qué puede salir de ellos. El amor nos sitúa en ese espacio vacío.

Ejercicio 100
· · · · · · · · · ·
El miedo a amar

Exhala lentamente tres veces mientras cuentas del tres al uno. Visualiza el uno alto, nítido y brillante.

Pregúntate qué es lo que más te asusta del amor.

Exhala. Cuando tienes miedo, ¿con qué sueles llenar el espacio?

Exhala. Abre los ojos.

El miedo a amar está estrechamente relacionado con el miedo a la muerte. La muerte es la rendición definitiva. En francés, «orgasmo» se dice *la petite mort*, la pequeña muerte, porque requiere una entrega total. Para poder aceptar que perder el control puede ser positivo y que, de hecho, forma parte de la propia naturaleza del enamoramiento,

---

25. Éxodo 25, 22.

debemos dejarnos llevar por nefastas atracciones emocionales con las que estamos demasiado familiarizados, como la ira, la impaciencia, la rebeldía, el miedo, la humillación y el control.

Ejercicio 101

Lo semejante se atrae

Exhala lentamente tres veces mientras cuentas del tres al uno. Visualiza el uno alto, nítido y brillante.

Ve, siente y resuena de forma parecida recordando un momento de tu vida en el que reaccionaste:

1. a la ira con impaciencia;
2. al control con rebeldía;
3. al miedo con rabia;
4. al odio hacia ti mismo con humillación;
5. a la debilidad con poder.

Exhala y encuentra la manera de perdonarte a ti mismo. ¿Cuál es la nueva cualidad que surge? ¿Bondad afectuosa, humildad u otra cualidad?

Exhala. Responde a la ira, al control, al miedo, al odio hacia ti mismo y la debilidad con esa cualidad.

Exhala. Abre los ojos.

La fuerza rebelde llamada Lilith está intentando, como mi alumna, controlar el espacio interior. La fuerza autogratificante llamada David llena el espacio con lujuria pasajera. Las colinas gemelas de la rebeldía y la impaciencia son los adversarios, los diablillos, contra los que, *kenegdo*, debemos medirnos. Nuestro trabajo consiste en engañarlos para que se conviertan en nuestros aliados. Al ser corregidas, se dice que estas fuerzas traen consigo al Mesías, cuyo reino está hecho de amor y paz. Hacer el siguiente ejercicio todos los días durante un mes[26] te ayudará a eliminar las tentaciones residuales, los pequeños demonios que corrompen la integridad del espacio. La respetuosa espera y el

26. *Véase* la «Introducción».

consentimiento son los ingredientes del amor. Lo que el amor necesita es soberanía, la libertad para que el otro sea quien es con plenitud.

Ejercicio 102

La rueda de la limpieza (formal)

Exhala lentamente mientras sueltas todo lo que te perturba, cansa o eclipsa.

Inhala la luz azul celeste. Observa cómo te recorre las fosas nasales, la garganta y la espalda como un gran río luminoso. Cuando llegue al suelo pélvico, ve cómo se mueve a la parte frontal de tu cuerpo, vuelve a subir hasta la garganta y después vuelve a bajar por tu espalda hasta la pelvis para repetir el proceso mientras inscribe un óvalo de luz azul en tu cuerpo. Deja que el óvalo se haga más grande y redondo hasta convertirse en una gran rueda de luz que gira de atrás hacia delante y de nuevo hacia atrás. Continúa observando la rueda hasta que adquiera un color blanco brillante.

Cuando sea de un color blanco brillante, observa cómo empieza a girar en espiral hacia el interior de la cámara secreta de tu corazón. Síguela y contempla el portal a lo divino (o al misterio) que se abre en la parte posterior de tu corazón.

Exhala. Inclínate ante él, póstrate completamente en el suelo y promete someterte al misterio inherente a ese espacio.

Exhala. Date la vuelta y siéntate mirando al frente mientras emites la luz blanca brillante en todas direcciones.

Exhala. Reintegra lentamente todo tu cuerpo mientras tes ves a ti mismo emanando luz en todas direcciones.

Abre los ojos y observa lo que ocurre con los ojos bien abiertos.

Según la historia, Adán soñó con Eva antes de que ésta fuera creada.[27] Cuando corrijas tu imaginación, serás como un océano sin desperdicios, lo que te permitirá a ti también tener la percepción de ver a tu alma gemela. Tu sueño hecho realidad, o a punto de hacerse realidad.

---

27. Bereshit Rabá 18, 4.

Lo que tu alma gemela necesita para manifestarse o, si ya forma parte de tu vida, lo que necesita para acercarse a ti, es tu amor paciente y expectante. No sentir amor, ser una víctima que codicia lo que tienen los demás, no te ayudará a atraer el amor. En cambio, dicen los sabios, para atraer el amor, debes tener un poco de amor dentro de ti. No se trata de ser pasivo o estar vacío, sino de convertir de forma activa tu mente consciente en tu sueño subconsciente, como el Emperador del tarot contemplando amorosamente a su Emperatriz, aprendiendo a recordar.

Ejercicio 103

Llamar a tu alma gemela

Exhala lentamente tres veces mientras cuentas del tres al uno. Visualiza el uno alto, nítido y brillante.

Mira en tu interior y siente el fuego del amor que atesoras. Apágalo con la mirada.

Exhala. Mira la puerta de las relaciones cerrada frente a ti.

Exhala. Cuando el fuego del anhelo arda en tu interior, sácalo por la boca para abrir la puerta.

Exhala. Cruza el umbral y siente quién viene hacia ti. No te preocupes por su aspecto. Sólo presta atención a las cualidades que emanan de él o ella.

Exhala. Guarda la percepción en tu corazón.

Exhala. Abre los ojos.

Si deseas conocer la fecha en la que os conoceréis, ve al ejercicio 42: «Fecha límite». Una de mis alumnas me contó una historia que me puso la piel de gallina. Mucho antes de conocerme, había asistido a un taller en el que el profesor pidió a los participantes que eligieran a un compañero para dar un paseo de media hora cogidos de la mano. A mi alumna le incomodó mucho el ejercicio y estaba decidida a pasear con la chica sentada a su lado. Sin embargo, un hombre le hizo una señal y ella aceptó. Cuando le dio la mano, reconoció su tacto. Se casaron cuatro meses después. Así que mantén tu corazón abierto y a la expectativa.

Siempre debes mantener vivo tu ardor interior. No desesperes. No tengas miedo de anhelar y desear. El encuentro, ya sea con tu alma gemela o con la pareja con la que ya estás, debe renovarse continuamente. Tu actitud siempre debe estar abierta al asombro. Una de mis alumnas, que había acudido a mí para deshacerse de los bloqueos que le impedían encontrar pareja, un día entró en mi despacho y me dijo que había recibido una llamada de un cliente importante, pero que no le devolvía la llamada, aunque sabía que debía hacerlo. «¡Hazlo ya!», le insistí. Le dejé mi teléfono, le llamó y ahora es su marido. Imagina si no le hubiera devuelto la llamada. Mantente alerta. Cultiva el mismo cuidado, la misma intención, la misma paciencia. Tómatelo como domar a un ciervo salvaje.

Ejercicio 104

Domar al ciervo salvaje

Exhala lentamente tres veces mientras cuentas del tres al uno. Visualiza el uno alto, nítido y brillante.

Imagina que estás en el bosque por donde deambula un ciervo salvaje. Llevas comida para atraerlo hacia ti. Aunque no tienes ni idea de dónde puede estar, sabes que anda cerca. ¿Cuál es tu actitud?

Exhala. Cuando el ciervo se acerca, ¿cambia algo dentro ti?

Exhala. ¿Y cuando te acaricia la mano con el hocico?

Exhala. ¿Qué sientes cuando se marcha?

Exhala. Abre los ojos.

Una vez conocí a un hombre que podía hacer eso. Era un antiguo alumno y amigo. Se quedaba en completo silencio en mitad del bosque, con la mano extendida llena de semillas y los pájaros se acercaban a él y comían de la palma de su mano. Enseñó a mi hijo a dar de comer a los ciervos salvajes y a los furiosos cisnes que acudían a su llamada. Esto me recuerda a la oración de san Francisco, quien fue capaz de domar al lobo salvaje y de hablar con los pájaros:

Señor, haz de mí un instrumento de tu paz:
donde haya odio, ponga yo amor,
donde haya ofensa, ponga yo perdón,
donde haya duda, ponga yo la fe,
donde haya desesperación, ponga yo esperanza,
donde haya tinieblas, ponga yo luz,
donde haya tristeza, ponga yo alegría.

Oh, Maestro, que no busque yo tanto
ser consolado como consolar,
ser comprendido como comprender,
ser amado como amar.
Porque dando se recibe,
olvidando se encuentra,
perdonando se es perdonado,
y muriendo se resucita a la vida eterna.[28]

La conclusión es que, aunque no puedes entrar en el espacio a menos que te inviten a hacerlo, debes permanecer vigilante como las fieles vírgenes de la parábola, las cuales tenían preparadas las lámparas y el aceite para cuando llegara el esposo.[29]

El amor como revelación, como la perfección del jardín, el resplandor donde somos uno, se llama Árbol de la Vida. El amor como camino, como proceso de lenta gestación y maduración, como semilla en el útero, es el resultado de comer del fruto del árbol del conocimiento del bien y del mal. ¿Eres capaz de albergar a ambos en tu corazón sin compararlos?

Para abordar la mezcla entre el bien y el mal mientras mantienes viva la llama de la percepción, practica los siguientes ejercicios. Los necesitarás cuando la tentación de ceder al «él dijo, ella dijo» te resulte abrumadora.

---

28. «Oración de san Francisco».
29. Mateo 25, 1-13.

Ejercicio 105

La almohada azul

Exhala lentamente tres veces mientras cuentas del tres al uno. Visualiza el uno alto, nítido y brillante.

Colócate frente a la persona con la que estás teniendo dificultades. Presta atención a lo que ocurre en tu cuerpo.

Exhala y da tres pasos atrás. ¿Qué sientes ahora? ¿Qué ves? Si es necesario, da otros tres pasos atrás y después tres más. Nota la diferencia.

Inhala la luz azul celeste. Llénate la boca con su luz. Ahora expúlsala para crear una almohada luminosa entre tú y la otra persona. Observa y siente el espacio flotante entre ambos.

Exhala. Abre los ojos.

Practica con la almohada azul flotante entre ambos. Visualízala siempre que pienses en la otra persona. El espacio que ocupa se llama «amor». Siempre que quieras decir algo, dilo a través del espacio azul flotante. Es mejor no comunicarse directamente, pues con ello no harás más que repetir las mismas ofensas. Vuelve a tu habitación y sigue practicando la comunicación a través de los sueños.

Ejercicio 106

El puente

Exhala lentamente tres veces mientras cuentas del tres al uno. Visualiza el uno alto, nítido y brillante.

Mira dentro de tu corazón y descubre de qué color es el amor que sientes por tu pareja. Proyecta ese color como un puente de luz hacia el corazón de la otra persona. Observa cómo recorre el espacio azul flotante. ¿Qué ocurre cuando llega al corazón del otro?

Exhala. Utilizando imágenes o palabras, relata a través del puente de luz lo que necesitas decirle a la otra persona.

Exhala. Observa y escucha. Ve y oye lo que el otro te devuelve a través del puente.

Exhala. Continúa la conversación hasta que haya paz y amor entre vosotros.

Exhala. Abre los ojos.

＊

Recuerdo a una madre angustiada que no había visto a su hijo de siete años desde hacía varios meses. Después del divorcio de sus padres, el niño se había mudado con su padre y se negaba a ver a su madre. Después de hacer el ejercicio, la mujer volvió a su casa. Al llegar, había un mensaje en el contestador: «Te echo de menos, mamá. ¿Cuándo puedo verte?». ¿Recuerdas los sueños cuánticos? Comunicación instantánea. Mientras que la mente solar sólo puede analizar la ira, el dolor y el rencor, la mente lunar son tus sueños recordándote cómo te sientes realmente. En ese instante madre e hijo dieron forma a la divinidad.

Si aún no has encontrado a tu alma gemela, consuélate pensando que cualquier acto de amor entre dos personas (madre e hijo, dos amigos, dos socios) invoca la presencia de Dios o, si no crees en Dios, la presencia del espacio misterioso, vigorizante y creativo. *Ahavá*, «amor», y *ejad*, que significa «uno», tienen el mismo valor numérico.[30] El acto mágico requiere del conjuro expresado con suaves palabras de alabanza, aceptación y amor; también requiere imaginar al otro, extendernos para abarcarlo y convertirnos en uno con él o ella. Olvidarse de uno mismo por un momento para experimentar completamente al otro es la forma más elevada de amor.

Ejercicio 107
· · · · · · · · · · ·
Los ojos y la unidad

Exhala lentamente tres veces mientras cuentas del tres al uno. Visualiza el uno alto, nítido y brillante.

Ve a tu amada de pie delante de ti. Presta atención a todos los cambios en tu cuerpo y tu corazón.

---

30. 13. El resultado se obtiene sumando el valor de cada letra de la palabra «*ahavah*»: álef (1) + hei (5) + bet (2) + hei (5) = 13 y de la palabra «*ehad*»: álef (1) + jet (8) + dalet (4) = 13.

Exhala. Acércate cada vez más. Abrázala.

Exhala. Clava los ojos en los de tu pareja. Siente todo tu ser sumergiéndose en el océano de luminosidad que son los ojos de tu pareja.

Percibe, ve, siente y experimenta cómo os convertís en uno.

Exhala lentamente y abre los ojos.

El acto amoroso no puede darse sin dualidad. Utiliza la división en lugar de luchar contra ella. Avivad el fuego mutuo hasta que vuestras llamas se fundan y se eleven cada vez más alto. En el acto de encontrar a tu alma gemela, o en el acto amoroso, el tiempo lo es todo. El amor nos sumerge en profundidades temporales donde el tiempo como lo conocemos se detiene y penetramos en un glorioso estado de no-tiempo, en el paraíso terrenal. En el próximo capítulo veremos cómo gestionar y acelerar el tiempo.

12

TIEMPO Y ELECCIÓN

«Dios unió el principio al final y el final al principio».

SEFER YETSIRÁ I, 9

Una vez, en Judea, un anciano estaba plantando una higuera. El emperador romano Adriano pasó por allí y le preguntó: «¿De verdad esperas vivir lo suficiente para comer la fruta de estos árboles?» El anciano le respondió: «Mis antepasados plantaron para mí, y ahora yo planto para mis hijos». A primera vista, se trata de una historia sencilla, pero, en tanto soñadores conscientes, ¿también os dejaréis engañar? ¿Qué está sucediendo aquí para que merezca la pena reunir a un anciano judío y al emperador del mundo? ¿Es una historia sobre higos y árboles o sobre el tiempo lineal? Busquemos el *Remez*,[1] el patrón, y para ello empecemos con la primera mención de una higuera en el Génesis. Después de comer del fruto del árbol del conocimiento, Adán y Eva utilizan hojas de higuera para cubrir su desnudez.[2] Antes de eso, formaban un ser luminoso atemporal que no conocía la vergüenza y que «se extiende desde un extremo del cielo hasta el otro».[3] Después de la expulsión, como sabemos, se encogieron y «Dios hizo pieles para cubrir su desnudez».[4] Ya no eran uno con todo, sino cuerpos constreñidos por la forma, obligados por su nueva realidad a moverse por el

---

1. *Véase* el capítulo 1.
2. Génesis 3, 7.
3. Deuteronomio 4, 32.
4. Génesis 3, 21.

espacio, «afanándose... todos los días de su vida». ¿Por qué afanándose? Nos afanamos cuando las cosas no suceden instantáneamente. El anciano está sembrando con el sudor de su frente y, presumiblemente, no verá en vida los frutos de su trabajo.

«Si vives lo suficiente, tráeme higos de tu árbol», le dice el emperador. El hombre tenía cien años cuando tuvo lugar el encuentro. No obstante, unos cuantos años después, aparece ante Adriano con una cesta llena de higos maduros. Podemos imaginarlo muy animado y sonriendo de oreja a oreja. ¿Para qué se afanó tanto? El gesto del emperador resuelve la pregunta planteada por el *Drash*.[5] El emperador llena de oro la cesta del anciano, cumpliendo de este modo con el nivel *Sod* del sueño. ¿Qué ha hecho el sueño por el anciano, que el emperador reconoce? ¿Ha engañado el anciano al tiempo? Así parece indicarlo el oro incorruptible que brilla en todas direcciones. ¿Acaso el anciano, como el Adán primordial, vive en un presente intemporal? ¿Es ése su tesoro? ¿Ha logrado escapar del tiempo lineal o simplemente ha prolongado su vida?

¿Podemos también nosotros, los que escuchamos la historia, dominar el tiempo? Son muchos los que han echado a perder su vida en busca de la famosa fuente de la eterna juventud. ¿Somos soñadores o idealistas, como tantos nos acusan de ser? ¿Realmente creemos poder escapar de la fatiga y el sudor de la vida cotidiana? ¿O alejarnos de la corrosión de la duda que lleva a preguntarnos por qué hemos de vivir si nuestro destino inevitable es morir? Si la respuesta a la longevidad y quizá a la vida eterna se esconde en el reino subconsciente de los sueños, ¿no te gustaría descubrirla?

La queja que más se oye hoy en día es la falta de tiempo. No tenemos tiempo para nuestros hijos, para nuestras parejas o amantes, ni tampoco para nuestros amigos y nuestras comunidades. ¡Ni siquiera tenemos tiempo para nosotros mismos! «¿Cómo se ha hecho tan tarde, tan pronto?».[6] Sobrecargados de trabajo a cambio de muy poca recom-

---

5. *Véase* el capítulo 1.
6. Atribuido al Dr. Seuss.

pensa, ya sea en forma de dinero o en tiempo para el ocio, y separados de nuestro entorno por una niebla de ajetreo (el sueño estresado) que se ha convertido en un hábito de la mente, hemos perdido la capacidad para disfrutar de la vida. Son pocos los que hoy recuerdan la exhortación de Dios a Abram, «*lej lejá*», ve a ti mismo, o la más sencilla indicación de Horacio: «*Carpe diem*», aprovecha el día. Nos decimos a nosotros mismos que la «pobreza temporal» que padecemos es un hecho. Pero, en realidad, no lo es. Pese a disponer de más tiempo libre que nunca, ¿lo estamos utilizando? Lamentablemente, «El tiempo es la materia de la que está hecho el dinero»[7] se ha convertido en una realidad tangible para muchas personas en un mundo donde las necesidades son zanahorias cuyo único propósito es el de engañar al consumidor para que gaste su dinero. Y si quieres cosas, tienes que robarles el tiempo a otras cosas para ganar el dinero suficiente para poder permitírtelas. El círculo se cierra. Conseguir todas las cosas que creemos que necesitamos es una tarea estresante, y el estrés es la principal causa de las enfermedades físicas y psíquicas que asolan el mundo actual y que acortan la esperanza de vida.

Entonces, ¿todo se resuelve aprendiendo a controlar nuestros impulsos? Si necesitamos menos cosas, necesitaremos menos dinero y tendremos más tiempo para vivir.

El problema es que entonces tendremos que descubrir qué queremos hacer con nuestra vida. El sentido de la vida está íntimamente relacionado con la existencia del tiempo. Si utilizamos el tiempo de forma productiva –independientemente de lo que eso signifique para cada uno de nosotros–, nuestra vida tendrá sentido. Si malgastamos el tiempo, tendremos la sensación de que nuestra vida está vacía. Tratar de encontrar el camino que lleva hasta el oro que el emperador, el gobernante de nuestro mundo interior, quiere darnos es una búsqueda que sólo puede elucubrar nuestro subconsciente. Por tanto, este capítulo no es una exposición acerca del tiempo, sino un viaje experiencial a través de las distintas manifestaciones del tiempo y los retos que éste plantea. Nuestro objetivo es aprender a combinar y utilizar las diferentes experiencias temporales para dejar atrás la adicción al tiempo y la

---

7. Franklin: «*Consejos a un joven comerciante*».

desesperación, y adentrarnos en la sabiduría atemporal, que es «árbol de vida para aquellos que de ella echan mano».[8]

Los últimos rumores aseguran que el tiempo se está acelerando. Aunque ni siquiera los cosmólogos se ponen de acuerdo en eso. Puede que algunos ganen el Premio Nobel por decir que la expansión del universo se está acelerando, y el tiempo con ella,[9] pero mientras tanto otros ya están cuestionando esos descubrimientos, lo que es posible que les haga ganar otro Premio Nobel.[10] Pero ¿cómo podemos estar seguros? Si el mundo se acelera, todo lo que contiene el mundo también se está acelerando, por lo que no tenemos nada con qué compararlo. Necesitaríamos disponer de relojes fuera de nuestro universo para medirlo. Somos un gigantesco barco lleno de locos que viajan juntos. Tras comer del fruto del conocimiento del bien y del mal, son muchos los que creen que el tiempo, la fatiga y el dolor son compañeros ineludibles en el camino que lleva al polvo y las cenizas, una triste actitud que hasta el momento la ciencia no ha hecho más que exacerbar.

Dejando a un lado la ciencia, las tradiciones místicas tienen otra explicación. Si sigues el rastro de las culturas indígenas de todo el mundo, descubrirás que sus tradiciones predicen unánimemente un inminente y gran despertar, un cambio en la consciencia que acelerará enormemente los niveles de vibración, la velocidad de transformación de nuestra energía y el paso de materia densa a luz. Esto es lo que dice el Zohar: «En el año seiscientos del sexto milenio,[11] se abrirán las puertas superiores de la sabiduría, y también los manantiales inferiores de la sabiduría, y el mundo se preparará para entrar en el séptimo milenio».[12] Ahora estamos en el año 5782 (2022 e. c) y nos acercamos rápidamente al séptimo milenio. Pero incluso los 218 años que quedan del actual milenio están sujetos a aceleración. Con el «despertar desde abajo», es decir, con nuestra participación, el proceso se acelerará, y el «Señor lo

---

8. Proverbios 3, 18.
9. Adam Riess, de la Universidad Johns Hopkins; Brian Schmidt, de Harvard; Saul Permutter, del Proyecto Cosmológico Supernova (2011).
10. Profesor Subir Sarkar y su equipo del Departamento de Física de la Universidad de Oxford y del Instituto Niels Bohr de Copenhague.
11. Es decir, el año 1840 e. c. o 5600 del calendario lunar judío.
12. Vayerá 117a.

apresurará a su debido tiempo».[13] ¿Es este cambio en el ritmo de las vibraciones lo que experimentamos como una aceleración del tiempo?

El Gaón de Vilna, talmudista y cabalista del siglo XVIII, profetizó que la ciencia y el misticismo, al haberse hecho globales, y revelar sus secretos más íntimos, terminarían separándose y tomando caminos separados, pero al final volverían a unirse en una gran visión unificada del mundo que daría paso al nuevo despertar. Instó a sus seguidores a dedicarse a las ciencias y a aprender de ellas como una forma de acelerar la llegada de la nueva consciencia, la cual en el pensamiento judío se la denomina «Era Mesiánica». Mientras tanto, los creyentes en la ciencia y los creyentes en la verdad mística avanzaron como buenamente pudieron, pero despreciándose mutuamente. ¿Algún día volverán a encontrarse? Si, como asegura Alfred North Whitehead,[14] «lo que se ha acelerado es el ritmo en que aparecen las novedades en el mundo»,[15] ¿aprenderemos a adaptarnos con la suficiente rapidez? Desde la Revolución Industrial, hemos asistido a una explosión de inventos que han revolucionado nuestras vidas. El ritmo de los cambios se está reduciendo de un lapso indeterminado de miles de años (la rueda), a treinta (coches y aviones), a siete (la explosión de la información con el ordenador, el iPhone, Internet, etc.), y hoy en día el lapso en el que la novedad entra en el mundo es de apenas tres años. Como le dijo un técnico de Apple a una señora que quería reparar un ordenador que tenía tres años: «Su máquina es *vintage,* señora». La ley de Moore, que predice que el rendimiento de los microchips se duplicará cada dos años, está «provocando un aumento en el ritmo de los cambios que desafía la propia capacidad del ser humano para adaptarse».[16] ¿Deberíamos renunciar a toda la tecnología y regresar a la naturaleza? Sabiendo que los cambios que estamos experimentando en todas las esferas de la vida no son fenómenos aislados sino parte de una consciencia cambiante unificada, y que tratar de frenar la marea sólo hará que los cambios sean más dolorosos, ¿cómo podemos participar

---

13. Isaías 60, 22.
14. Matemático y figura clave de la filosofía del proceso (1861-1947).
15. Whitehead: *Las conferencias de Harvard de Alfred North Whitehead.*
16. Moore: *«Cramming more components onto integrated circuits».*

en el «despertar desde abajo»? Para acelerar la llegada de una nueva era de «paz y fraternidad universales» debemos aprender a deshacernos de la adicción al tiempo y de los diversos patrones emocionales y sistemas de creencias que nos bloquean el camino y nos impiden convertirnos en amos del tiempo.

«El tiempo sólo existe para que todo no ocurra al mismo tiempo»,[17] dijo Albert Einstein. Aunque probablemente era un chiste, piensa en ello durante un instante. Sin tiempo, el mundo tal y como lo conocemos no existiría. El secreto está entrelazado en el significado de la raíz hebrea SFR, que puede leerse como *SeFeR*, «espacio», «universo», «libro»; o como *SeFaR*, «tiempo», «número», «año»; o como *SiPuR*,[18] «alma», «historia». *Sefer* es la forma del espacio o de las cosas que crean nuestro universo. *Sefar* es una secuencia, caminar por el espacio, contar nuestros pasos, crear el tiempo. *Sipur* es la historia que elabora el alma, las líneas y curvas que dibuja al atravesar el continuo espacio-temporal en el que nos bañamos.

Ejercicio 108
. . . .
La historia del continuo espacio-temporal

Cierra los ojos. Exhala lentamente tres veces mientras cuentas del tres al uno. Visualiza el uno alto, nítido y brillante.

Ve y siente que sin espacio no se puede definir el tiempo.

Exhala. Ve y siente que, sin tiempo, el espacio se congela.

Exhala. Cuenta la historia de tu paso por el espacio y el tiempo. Quédate con una imagen que defina la apariencia de esa historia.

Exhala. Abre los ojos mientras ves esa imagen con los ojos bien abiertos.

✳

¿Tener una imagen concentrada de nuestra historia realmente puede colapsar el continuo espacio-temporal? ¿Puede el tiempo lineal ceder

---

17. Atribuido a Albert Einstein.
18. Como hemos dicho anteriormente, los sonidos «pe» y «fe» se representan con la misma letra P, *pei* en hebreo.

ante otras fuerzas misteriosas? ¿No nos dirigimos todos inexorablemente hacia el momento de nuestra muerte? «El tiempo pasa, el tiempo pasa, *Madame*/Ay, el tiempo no pasa. Somos nosotros los que pasamos».[19] ¿Quién es el *nosotros* que pasa? ¿Todo nuestro ser o sólo nuestros cuerpos, hechos de arcilla y agua? Veamos si podemos deshacernos de la sólida creencia según la cual el tiempo, como el Saturno antropomorfo del famoso cuadro de Goya, nos devorará a todos.

Ejercicio 109

El río del tiempo

Cierra los ojos. Exhala lentamente tres veces mientras cuentas del tres al uno. Visualiza el uno alto, nítido y brillante.

Imagina que giras sin control en el río del tiempo, y que eres zarandeado y arrastrado por los rápidos y las corrientes, sobre los que no tienes control.

Exhala. Encuentra la forma de salir del río y llegar a la orilla que lo domina. ¿Qué ha cambiado?

Exhala. Cuando vuelves a meterte en el río, ¿ha cambiado algo?

Exhala. Abre los ojos.

Si podemos tener la experiencia de abandonar el tiempo, entonces significa que la propia experiencia del tiempo contiene más matices de los que imaginamos. Ahora mismo, tu mente puede estar ocupada con el pasado, recordando algo que te dijo tu abuela cuando tenías cuatro años. ¿O está imaginando un futuro en el que conduces un coche volador? Tu tiempo puede ser muy profundo, cuando contemplas a tu amada, por ejemplo, o muy superficial, cuando te preguntas si tendrás tiempo de terminar el informe antes de recoger a los niños. La cronología es algo a lo que nos aferramos para poder atrapar el discurrir de la vida. Pero como hemos visto con los sueños, existen cuatro niveles de realidad dentro del tiempo, y cada uno ellos tienen simultáneamente otras tantas realidades giratorias que experimentamos al mismo tiem-

---

19. De Ronsard: «Soneto a Marie».

po. Está la realidad de *Peshat,* el pasado, nuestro argumento; la realidad de *Remez,* nuestra configuración del Ahora; la realidad de *Drash,* nuestras esperanzas y fantasías acerca del futuro; el cuarto nivel es el de *Sod,* la respuesta, un No-Tiempo eterno «que no pasa» y que llamamos PRDS, el Jardín del Edén. Pasado, presente, futuro y No-Tiempo. La asombrosa afirmación del Talmud según la cual «no hay un orden cronológico en la Torá»[20] puede aplicarse también a la vida humana.

Aunque es indiscutible que nuestros cuerpos se mueven por el tiempo secuencial, nuestra experiencia interior hace avanzar, saltar o invertir el tiempo a voluntad. El tiempo tiene muchas formas de manifestarse, así como muchas direcciones, sonidos y colores.[21] El tiempo es un Ahora en constante expansión.

Ejercicio 110
. . . .
El tiempo de los árboles

Cierra los ojos. Exhala lentamente tres veces mientras cuentas del tres al uno. Visualiza el uno alto, nítido y brillante.

Vive el tiempo de los árboles.

Exhala. Vive el tiempo de las hojas.

Exhala. Vive el tiempo de los pájaros.

Exhala. Vive el tiempo de la hierba.

Exhala. Vive el tiempo de las mariposas.

Exhala. Vive el tiempo de las piedras.

Exhala. Vive el tiempo de los océanos.

Exhala. Vive el tiempo de los relojes. ¿Qué ha cambiado?

Exhala. Mira dentro de ti y vive tu tiempo interior.

Exhala. Abre los ojos.

El tiempo de los árboles, los pájaros o las piedras resuena como una experiencia en tu mente onírica. Mientras que, al vivir en el tiempo del reloj, vuelves a entrar en el reino de la mente causal. ¿Podemos renun-

---

20. Pesajim 6b, 7; Rashi sobre Éxodo 31, 18-1.
21. Inspirado en el libro de Jay Griffiths: *A Sideways Look at Time.*

ciar al tiempo del reloj y, utilizando nuestra mente onírica, aprender a expandir el tiempo (tiempo del océano), contraerlo (tiempo de la hierba) o incluso detenerlo (tiempo de la piedra) a voluntad? Antes de adentrarnos en esto, déjame mencionar un hecho asombroso: no tenemos ninguna evidencia de la existencia de una fuerza que haga fluir el tiempo. El tiempo como fuerza no existe. Entonces, ¿en qué consiste esta ilusión que nos resulta tan real que vivimos y morimos por ella? «Si no me preguntan sobre el tiempo, sé lo que es. Pero si me lo preguntan, no lo sé», dijo san Agustín[22] en el siglo v.[23] Hoy en día seguimos igualmente a oscuras, pese a que el tiempo rige nuestras vidas con la precisión de las horas, los minutos y los segundos. Los relojes digitales proclaman un tiempo desligado completamente de los ciclos naturales. Con la aparición de los relojes mecánicos en el siglo xiv, se inició un lento proceso de divorcio entre el hombre y la naturaleza. Ya no necesitábamos consultar el tiempo biológico ni los ciclos celestes. El tiempo artificial empezó a imponer un ritmo antinatural a nuestro tiempo biológico, alterando los procesos corporales subconscientes y afectando a nuestra salud, para la cual, como veremos en el próximo capítulo, los ritmos son fundamentales. Para engañar al tiempo del reloj, debemos alejarnos del tiempo en tanto fuerza coactiva impuesta.

Ejercicio 111
. . . .
Terminar con la adicción al tiempo del reloj

Cierra los ojos. Exhala lentamente tres veces mientras cuentas del tres al uno. Visualiza el uno alto, nítido y brillante.

¿Qué es lo primero que te preguntas cuando te despiertas cada mañana?

Exhala. Ve, siente y reconoce que eres adicto al tiempo del reloj.

Exhala lentamente tres veces. Haz retroceder el tiempo. Escucha el canto del gallo despertándote. ¿Cómo se mueve tu consciencia?

---

22. Teólogo, filósofo y uno de los más importantes Padres de la Iglesia; autor de *La ciudad de Dios* y *Confesiones*, entre otras muchas obras (354-430 e. c).
23. San Agustín: *Confesiones*, Libro 9, 14-17.

Exhala. Retrocede hasta el anochecer y escucha el aullido de los lobos.

Exhala. Al atardecer escucha el canto de las ranas.

Exhala. Cuando el sol esté en su zenit, escucha el grito penetrante del halcón, el batir de sus alas surcando el cielo azul.

Exhala. Con la primera luz de la mañana, escucha el cacareo de las gallinas en el patio.

Exhala. ¿Qué ha cambiado en tu consciencia?

Exhala. Al amanecer, siente los primeros rayos de sol sobre tu cuerpo.

Exhala. Abre los ojos.

La idea de que el pasado y el futuro están irrevocablemente fijados en el espacio es otra ilusión, una convención que algunas tribus del Amazonas ven al revés. Experimentan el pasado delante de ellos –saben qué aspecto tiene– y el futuro detrás, por lo que aún no pueden verlo. Los judíos también ven el pasado delante de ellos, ya que, justo cuando lo ven, ¡ya se está deslizando hacia el pasado!

Ejercicio 112

Direccionalidad

Cierra los ojos. Exhala lentamente tres veces mientras cuentas del tres al uno. Visualiza el uno alto, nítido y brillante.

Estás en una llanura inmensa y vacía. No hay puntos de referencia visibles. Pregúntate a ti mismo: ¿dónde está mi pasado?

Exhala. Y ahora: ¿dónde está mi futuro?

Exhala. Cambia de dirección y coloca el pasado donde estaba el futuro y el futuro donde estaba el pasado. ¿Notas algún cambio?

Exhala. Observa el sol en el cielo. ¿Dónde está con relación a ti? Colócate de cara al sol. ¿Notas alguna diferencia?

Exhala. Abre los ojos.

Dado que la tiranía del tiempo es considerada por la mayoría como una inevitabilidad histórica, invertir de forma sistemática la dirección del tiempo te ayudará a debilitar aún más el control que la adicción temporal ejerce sobre ti. Aunque en el último ejercicio ya has practicado la inversión del tiempo, el siguiente es un ejercicio de inversión que se puede realizar de forma recurrente y que forma parte de la herencia de mi linaje. Está basado en la idea de *teshuvá*, TSHVH, que suele traducirse como «arrepentimiento», pero que en realidad significa «retorno». ¿A qué estamos regresando? A un tiempo más inocente, a un presente intemporal «que se extiende desde un extremo del cielo hasta el otro», a la cesta del Emperador llena del radiante oro del *Sod*.

Ejercicio 113
. . . .
Rebobinar el día

Haz este ejercicio todas las noches, tumbada en la cama, con los ojos cerrados y justo antes de dormirte: repasa todo tu día hacia atrás, como si estuvieras rebobinando la película de tu día. Cuando llegues a un encuentro difícil con alguien, ponte en la piel de esa persona. Mírate a ti mismo desde el punto de vista de esa persona. Cuando veas claramente cómo te has comportado, regresa a tu cuerpo y continúa rebobinando los acontecimientos del día. Si te quedas dormida, recuerda que el cerebro nunca duerme y que seguirá rebobinando. Te despertarás renovada y más aliviada de tus cargas.

Una vez mi hijo me echó en cara que no le había enseñado nada acerca de la realidad. «¿Qué realidad?», le pregunté. Retroceder en el tiempo nos permite acceder a las raíces de la realidad en la que estamos atrapados. Cambiar de lugar abre nuevas percepciones y realidades en nuestra construcción espacio-temporal. También relaja la creencia según la cual sólo existe un modo de ver las cosas, lo que, a su vez, provoca la escisión entre el espacio y el tiempo tal y como lo concebimos. Lo que más ayuda a fijar el tiempo es la creencia de que sólo existe una realidad. De hecho, existen muchas otras realidades. Y una de ellas es el tiempo cíclico.

La naturaleza cíclica del tiempo es evidente incluso para los niños. El día sigue a la noche y la primavera sigue al invierno. El sol sale por el este y se pone por el oeste. La luna creciente y menguante afecta a las mareas oceánicas y también a nuestras aguas internas y estados de ánimo. Desde tiempos inmemoriales, la gente de cualquier parte del mundo ha basado su comprensión del tiempo en la naturaleza cíclica de los planetas y las estrellas en el firmamento. Los rituales que celebran los ciclos forman parte integrante de todas las ceremonias religiosas. Shavuot y Sucot son fiestas de la cosecha.[24] La Navidad es el día más corto y la noche más larga del año y, para regocijo de los niños, se repite cada trescientos sesenta y cinco días. En la antigüedad se creía que las estrellas y planetas eran astros inmóviles sobre esferas celestes giratorias. ¿Es el universo un reloj mecánico gigante? Ésta era la opinión de Isaac Newton:[25] el tiempo absoluto, que fluye a un ritmo constante, no se ve afectado por ningún observador o influencia externa. La inevitabilidad de la repetición de los días y las estaciones es tanto un consuelo como una fuente de ansiedad.

Ejercicio 114

El tiempo cíclico

Cierra los ojos. Exhala lentamente tres veces mientras cuentas del tres al uno. Visualiza el uno alto, nítido y brillante.

Escucha y ve: «¿Qué es lo que fue? Lo mismo que será. ¿Qué es lo que ha sido hecho? Lo mismo que se hará; y nada hay nuevo debajo del sol». (Eclesiastés 1, 9) ¿Qué sientes?

Exhala. Imagina que te mueres y regresas a la misma vida y la vives exactamente igual. ¿Qué sientes? ¿Eres capaz de aceptar este

---

24. Fiestas judías de peregrinación que se celebran en primavera y otoño y que incluyen la Pascua judía. Los antiguos israelitas celebraban la fiesta peregrinando al Templo de Jerusalén. Shavuot (Pentecostés) es una fiesta de la cosecha y conmemora la entrega de la Torá y los Diez Mandamientos en el monte Sinaí. Sucot, la fiesta de las cabañas, es también una fiesta de la cosecha (otoño) y conmemora cómo los israelitas se cobijaron en cabañas y Dios los protegió durante los cuarenta años en el desierto.
25. Isaac Newton fue un matemático, físico y astrónomo inglés (1643-1727).

eterno retorno y hacerte más fuerte? ¿Qué es lo que obtienes? ¿Qué te falta?

Espira. Abre los ojos.

✳

Si creyéramos inequívocamente en las tristes palabras de Salomón, o en el tiempo absoluto de Newton, no nos quedaría más remedio que inclinarnos ante la realidad de un universo determinista. Nietzsche[26] lo expresó más claramente: «Es imposible escapar»,[27] una actitud que probablemente nos llevaría, como le llevó a él, a la locura. Y aunque no podamos conocer el motivo de su locura, la idea nos deja un sabor amargo. Su idea de la «recurrencia como principio selectivo al servicio de la fuerza (y la barbarie)»[28] destruye toda esperanza en un mundo de paz y fraternidad. Llegados a este punto, ¿qué motivo tenemos para seguir adelante? Job, la víctima paradigmática de las más horribles aflicciones, se hace la misma pregunta. Su nombre, que significa «perseguido» u «odiado por la vida», podría indicarnos que la duda corrosiva ya se había instalado en su mente y en su corazón. Es posible que la tormenta perfecta que convirtió en cenizas y polvo todo lo que amaba estuviera sólo en su cabeza. En cuanto reconoce finalmente la existencia de un poder por encima de él, Uno que dirige el tiempo lineal, cíclico y eterno, recupera tanto a sus seres queridos como sus posesiones. Sacudido por la desesperación, la visión de la realidad le abrió la mente y le transformó completamente.

Ejercicio 115
· · · · · · · · · · ·
Deshacerse de la cronofobia

Cierra los ojos. Exhala lentamente tres veces mientras cuentas del tres al uno. Visualiza el uno alto, nítido y brillante.

Ve, siente y experimenta el miedo a perder lo que tienes.

Exhala. Reconoce que es un impedimento para disfrutar de la vida.

---

26. Friedrich Nietzsche fue un filósofo, filólogo clásico y escritor (1844-1900).
27. Nietzsche: *La voluntad de poder.*
28. *Ídem.*

Exhala. Levanta las manos hacia el sol, siente cómo se calientan y se convierten en luz.

Exhala. Baja las manos hasta los pies y extrae el miedo de tu cuerpo por la boca.

Exhala. Eleva tu miedo hacia el cielo. Observa cómo tus manos desaparecen en el cielo azul.

Exhala. Siente cómo disminuye el peso en tus manos. Bájalas. ¿Qué tienes ahora en las manos?

Exhala. Alarga las manos con su regalo hacia el este y el sol naciente. ¿Qué sientes? ¿Qué esperas? ¿Qué sucede con el regalo que tienes en las manos?

Exhala. Abre los ojos.

Afortunadamente, Heráclito[29] nos recuerda que «ningún hombre cruza dos veces el mismo río, ya que nunca es el mismo río ni él el mismo hombre».[30] Lo que significa que los ciclos no son realmente ciclos. Nuestras vidas, los planetas y las galaxias, de hecho, describen un patrón en espiral. Dicho patrón nos asegura que nunca podamos cruzar el mismo río dos veces, ni hacer dos cosas exactamente del mismo modo. Si no fuera así, seríamos como robots escupiendo exactamente la misma respuesta una y otra vez. No existiría el libre albedrío ni evolucionaríamos. Nuestro propósito creativo, el aliento de vida que mora en nuestro interior, no se manifestaría. Aunque los mismos acontecimientos se repitieran sin cesar, la persona que los reviviera podría reaccionar de forma distinta, como queda perfectamente ilustrado en la película *Atrapado en el tiempo*. La neutralidad no es aplicable en este caso. Nosotros somos los que elegimos vivir desesperados o responder a la necesidad de la situación. *Tikún*, la misma estrategia que utilizamos para corregir o mejorar los sueños, también puede aplicarse de forma consciente a los desafíos de la vida.

---

29. Heráclito fue un filósofo griego (535-475 e. c).
30. Heráclito: *Sobre la naturaleza.*

Ejercicio 116

Las horas serenas

Cierra los ojos. Exhala lentamente tres veces mientras cuentas del tres al uno. Visualiza el uno alto, nítido y brillante.

Estás paseando por un jardín y te encuentras con un antiguo reloj de sol en el que hay escrito lo siguiente: «Sólo cuento las horas serenas». ¿Qué le pasa al tiempo? ¿Y a ti?

Exhala. Abre los ojos.

Hemos oído hablar mucho de la evolución de la materia. Pero ¿qué hay de la evolución del alma? Según los cabalistas, es tan importante o incluso más. Esto nos lleva directamente a la pregunta definitiva: al morir, ¿mueren todo nuestro ser o sobrevive alguna parte de nosotros y continúa viviendo en el paraíso uterino de la eternidad? ¿Continuamos el movimiento cíclico que es la ley de este universo? ¿O podemos utilizar ese tiempo añadido (YSF, la raíz del nombre de José[31]) para soñarnos a nosotros mismos en un peldaño superior de la escalera de la transformación? Te presento a la Muerte, la misteriosa dama de rojo que una noche se topó con el gran visir en los jardines del sultán y se mostró sorprendida. Horrorizado ante su inminente destino, el gran visir le suplicó al sultán que le dejara su caballo más rápido para viajar a Samarcanda. Sin embargo, según nos cuenta la historia, el tiempo y el espacio se disponen para el encuentro del gran visir con la nada. Movido por la curiosidad, el sultán sale a sus jardines para buscar a la dama de rojo. «Estimada dama, ¿por qué habéis asustado a mi gran visir? Por tu culpa, ahora mismo cabalga hacia Samarcanda en mi caballo más rápido». «¡Ah! Ahora lo entiendo», exclama la Muerte. «Estaba en mi lista de esta noche en Samarcanda».[32] La inevitabilidad de la muerte, el horror inminente al vacío, puede paralizar incluso al más poderoso. La muerte es una incógnita ante la que todos debemos presentarnos, someternos y confiar en que la ley cíclica del universo se

---

31. *Véase* el capítulo 2.
32. *Cuentos de las mil y una noches.*

aplique, si no a nuestra envoltura física, al menos a nuestras almas, y las devuelva cíclicamente a nuevos cuerpos. Las meticulosas entrevistas del Dr. Ian Stevenson a niños de todo el mundo que aseguran tener recuerdos de vidas pasadas son fascinantes. Pero si eso no te convence, haz una apuesta, como hizo Pascal, sobre la existencia de Dios. No estarás solo; son muchas las tradiciones de todo el mundo que creen en la reencarnación. La esperanza en la reencarnación te proporcionará mucho consuelo y descanso frente al miedo de la muerte, «porque la muerte viene con la llave de la otra vida».[33] Te cambiará la vida.

Ejercicio 117

· · · · · · · · · ·

La flor de origami

Cierra los ojos. Exhala lentamente tres veces mientras cuentas del tres al uno. Visualiza el uno alto, nítido y brillante.

Tienes delante de ti un cuenco transparente lleno de agua. Echa dentro una flor de origami doblada y observa cómo se despliega, pétalo a pétalo, hasta que está completamente abierta.

Exhala. Observa cómo los pétalos vuelven a doblarse hasta que toda la flor se pliega sobre sí misma.

Exhala. Observa cómo la flor vuelve a desplegarse.

Exhala. Observa el proceso tres veces. ¿Cómo te sientes?

Exhala. Abre los ojos.

✳

En el universo cabalístico, la rueda de la muerte y el renacimiento recibe el nombre de *guilgul*. Según Isaac Luria, el Ari,[34] el gran cabalista del Safed[35] del siglo xv, todos tenemos *guilgulim,* pero los justos muchos más, pues éstos son «transformadores» activos cuya función primordial es reparar el mundo. Aunque nosotros no seamos justos, ¿qué nos impide responder a la necesidad de los desafíos vitales? Una soleada mañana del mes de agosto de 1980, un hombre entró en el

---

33. Yeats: *«Kanva on Himself».*
34. El león.
35. Israel.

jardín de Colette. La noche anterior había visto su propia lápida en un sueño. En la lápida estaba escrita la fecha 17 de septiembre de 1980. Obviamente, el hombre estaba conmocionado. «Cierra los ojos y exhala». Colette le hizo borrar la fecha con cincel y martillo y sustituirla por otra. El 17 de septiembre, un camión arroyó su coche y éste quedó destrozado. Sin embargo, el hombre salió del vehículo sin un rasguño.

Si «el hombre es el agente perfeccionador de la estructura del cosmos»,[36] ¿qué nos impide perfeccionar nuestras vidas cada vez en un nivel superior de la consciencia? ¿Y qué nos impide renacer en un nivel superior de la escalera? No tenemos nada que perder y mucho que ganar. Obviamente el despertar que desencadena el renacimiento response sólo al deseo de nuestra alma, o al del campo onírico universal, que nos empuja a intentarlo de nuevo, a comprometernos con un reto mayor. Para los budistas, la rueda del renacimiento permite que el alma corrija su karma. Para los rabinos, el *guilgul* nos ofrece otra oportunidad de ampliar nuestra consciencia a través del *tikún*. «A medida que la mente crece, el tiempo decrece... hasta que finalmente se anula».[37] El *tikún* pone en marcha la *teshuvá*, el retorno a la luz y la unidad (*yehidá*) que brilla en lo alto de la escalera de los sueños.

Ejercicio 118
. . . .
Visión de 360 grados

Cierra los ojos. Exhala lentamente tres veces mientras cuentas del tres al uno. Visualiza el uno alto, nítido y brillante.

Estás en medio del campo y te encuentras con un gran árbol.

Exhala. Abrázalo. Apoya la oreja izquierda en el tronco y escucha el murmullo de su vida interior.

Exhala. Conviértete en el árbol.

Exhala. Conviértete en las raíces.

Exhala. Conviértete en el tronco.

Exhala. Conviértete en las ramas.

---

36. Scholem: *Cábala*.
37. Najmán de Breslov: *Likutei Moharán*.

Exhala. Conviértete en todas y cada una de las hojas del árbol.

Exhala. Sé consciente de la amplitud de tu visión. ¿Tienes una visión de 360 grados?

Exhala. Presta atención a tu sentido del tiempo.

Exhala. Vuelve a ser tú mismo y siéntate en la parte superior del árbol. ¿Sigues teniendo una visión de 360 grados?

Exhala. Baja y aléjate del árbol mientras miras 360 grados a tu alrededor.

Exhala. Abre los ojos.

En muchas leyendas y mitos, y también en la Biblia hebrea, encontramos héroes que logran trascender el tiempo. Sera, la nieta de Jacob, vive a lo largo de los siglos, reapareciendo en el paso del mar Rojo, el juicio del rey Salomón y en los campos de concentración. El ritmo de su melodía que va y viene, como sucede con toda la música, es lo que reconforta y apacigua a Jacob cuando le canta acerca de la reaparición de su hijo José, a quien Jacob había llorado durante veinte años. Sera representa el consuelo del tiempo cíclico, y por eso es bendecida con la vida eterna.

Sera es la personificación de la ley cíclica eterna. Sin embargo, quien realmente trasciende el tiempo es el profeta Elías, quien sube al cielo en un carro de fuego y se convierte en el Ángel de la Presencia,[38] el hombre luminoso «que se extiende desde un extremo del cielo hasta el otro».[39] El carro de fuego, como la zarza ardiente que no se consume de Moisés, convierte el tiempo lineal en una experiencia de tal intensidad que anula todo el tiempo tal y como lo conocemos. En un presente vertical, «el tiempo no se mide por longitudes, sino por intensidades».[40]

---

38. Metatrón.
39. 3 Enoc 9, 2.
40. Bonder: *The Kabbalah of Time*.

Ejercicio 119

Tiempo vertical

Cierra los ojos. Exhala lentamente tres veces mientras cuentas del tres al uno. Visualiza el uno alto, nítido y brillante.

Ve y experimenta los miedos, las dudas, los remordimientos y la culpa que te han impedido transformar tu vida y te han empujado al vacío y la soledad.

Exhala. Ve y experimenta cómo estos miedos son en realidad miedo a lo desconocido y a la muerte.

Exhala. Ve, siente y comprende que, para luchar contra estos miedos, debemos abandonar la horizontalidad de la vida cotidiana y adentrarnos en un presente tan intenso que es vivido como una eternidad vertical.

Exhala. Observa y siente cómo construyes la línea vertical paso a paso. Cada paso es como un punto. Ve y siente que estás viviendo paso a paso, como si estuvieras renaciendo.

Exhala. Abre los ojos mientras sientes esto con los ojos bien abiertos.

Al pasar «de la multiplicidad de nuestras naturalezas a la Unidad de la que fuimos creados», aterrizamos en un punto que denominamos AHORA. Es un punto que no puede durar, ya que sólo con pensar en el Ahora, se convierte en pasado. Pero lo que sí puede durar es la presencia extendiéndose en todas direcciones, como la expansión de un sentimiento (dicha, paz, serenidad) que nada tiene que ver con el dolor, el sacrificio o la esclavitud. La presencia existe en el ámbito de la matriz, la mente superconsciente que conoce «la profundidad del principio, la profundidad del final; la profundidad del bien, la profundidad del mal; la profundidad superior, la profundidad inferior; la profundidad al este, la profundidad al oeste; la profundidad al norte, la profundidad al sur».[41] No tiene nada que ver con el yo individual, sino con la fuente intemporal del ser. Al rememorar esta unidad, detenemos el tiempo.

---

41. Sefer Yetsirá 1, 5.

Ejercicio 120

La gota solar

Cierra los ojos. Exhala lentamente tres veces mientras cuentas del tres al uno. Visualiza el uno alto, nítido y brillante.

Imagina que estás de pie en mitad de un prado mirando el cielo azul. Fíjate dónde está el sol. Si está a la izquierda, mira cómo se desplaza por el firmamento hasta quedar justo encima de ti.

Exhala. Observa cómo cae una gota del sol y se detiene a la altura de tus ojos, a un metro de distancia.

Exhala. La gota solar se expande lentamente hacia los lados, adquiriendo una forma larga y oblonga. ¿Qué le pasa al tiempo?

Exhala. Decide cuánto tiempo quieres permanecer en este No-Tiempo prolongado.

Exhala. Abre los ojos manteniendo la imagen y la intención en tu mente durante unos segundos.

Aquí están pasando dos cosas aparentemente incompatibles de forma simultánea: la luz infinita extendiéndose como el firmamento «desde un extremo del cielo hasta el otro» y la interacción de los resultados cuantificables del espacio y el tiempo. Como profetizó el Gaón de Vilna, los procesos de pensamiento divergentes encuentran puntos en común. Según Einstein, el espacio y el tiempo no son dimensiones separadas, sino productos de «la velocidad de la luz, que es absoluta, invariable y no puede superarse». Según el pensamiento cabalístico, la única manera de reintegrarnos a la Unidad es fusionándonos con la luz. La luz no sólo se extiende por todas partes, sino que también viaja más allá y a través de nosotros en todas direcciones. Puedes visualizar estos dos conceptos en uno si piensas en la imagen de un colibrí vibrando a tal velocidad (la intensidad de la luz) que da la sensación de estar quieto (el movimiento le permite permanecer inmóvil en el espacio y el tiempo).

En términos prácticos, la única forma de avanzar es mediante la colaboración entre nuestros dos cerebros. Los necesitamos a ambos para poder conciliar la experiencia física de una vida limitada con la de la eternidad del alma. El cerebro consciente, que vive en el tiempo lineal, y el cerebro subconsciente, que vive en el No-Tiempo, se encuentran donde hay intención. La intención o *kavaná* es el ardiente deseo del yo y del objetivo de llegar a ser instantáneamente uno. El sueño, un acto consciente con muchos siglos de historia, pero también a la vanguardia del pensamiento moderno, es la mejor herramienta que tenemos para alcanzar un objetivo sin esfuerzo ni dolor. Como se describe en el midrash,[42] después de que Jacob despierta de su gran sueño de la escalera,[43] reanuda su viaje hacia la tierra de su tío Labán, el hermano de su madre. Sin embargo, ya no lo hará caminando: la tierra se comprime bajo sus pies y, al instante siguiente, ya está junto al pozo de Harán, en la tierra de Labán, donde los pastores acuden para abrevar los rebaños y las mujeres a llenar sus cántaros.

Ejercicio 121
· · · · · · · · · · ·
El amor conquista el espacio-tiempo

Cierra los ojos. Exhala lentamente tres veces mientras cuentas del tres al uno. Visualiza el uno alto, nítido y brillante.

Visualiza delante de ti a alguien a quien quieres. Siente y ve la luz del amor emanando de ti hacia esa persona.

Exhala. Ve la luz de tu amor rodeando y abarcando a la persona que amas. ¿Qué sucede con el espacio entre vosotros? ¿Qué ocurre con la separación temporal?

Exhala. Abre los ojos.

La excitación amorosa de Jacob atrae a su alma gemela justo en la encrucijada entre el espacio y el tiempo; me estoy refiriendo a su primer encuentro con Raquel. El espacio-tiempo se colapsa y el movimiento se ralentiza, hasta adoptar el paso de una tortuga. Con el aumento energético que señala su entrada en la eterna fuente del No-Tiempo, Jacob encuentra la fuerza sobrehumana necesaria para levantar la gran piedra que bloquea el pozo. El agua empieza a brotar del pozo, y también de los

---

42. Targum Yerushalmi 28, 10; Sanedrín 95b; Jullin 91b.
43. *Véase* el capítulo 2.

ojos de Jacob. He aquí la legendaria fuente de la eterna juventud. Los rabinos llaman a este estado realidad profunda. «En la realidad profunda, desaparecen el espacio y el tiempo».[44] Los atletas lo denominan «la zona». También se puede entrar en ella poniéndolo en práctica a cámara lenta mientras te ves a ti mismo alcanzar completamente tu objetivo sin esfuerzo. Pruébalo cuando llegues tarde a una cita en la otra punta de la ciudad y sepas que no hay forma humana de llegar a tiempo.

Antes de aprender el ejercicio principal para colapsar de forma consciente el espacio-tiempo, aquí tienes dos sencillos ensayos previos.

Ejercicio 122
Hora de despertarse

Pon el despertador a las 8:05 de la mañana.

Túmbate en la cama y cierra los ojos. Exhala lentamente tres veces mientras cuentas del tres al uno. Visualiza el uno alto, nítido y brillante.

Date a ti mismo la orden de despertarte a las 8 h en punto de la mañana.

Cuando te despiertes, no abras los ojos inmediatamente. Antes visualiza la hora en el despertador.

Abre los ojos. Comprueba qué hora es.

Si eres capaz de hacerlo, pasa al siguiente ejercicio.

Ejercicio 123
Adivinar la hora

Cierra los ojos. Exhala lentamente tres veces mientras cuentas del tres al uno. Visualiza el uno alto, nítido y brillante.

Mira el reloj de forma imaginaria. Debes ver con precisión tanto la hora como los minutos.

Exhala. Abre los ojos y comprueba la hora en un reloj físico.

---

44. Rabino Shneur Zalman de Liadí: *Tania*.

Repite el ejercicio varias veces al día hasta que seas capaz de saber la hora con precisión sin tener que mirar el reloj. Una vez liberada de la tiranía del reloj, podrás estar segura de que, al sumergirte en el tiempo profundo, no correrás el riesgo de abandonar la realidad secuencial, sino que saldrás de ella exactamente a la hora que establezcas.[45] Tus dos cerebros pueden funcionar perfectamente de forma simultánea. Para crear sin esfuerzo el objetivo que estás imaginando, necesitas la percepción profunda de la mente subconsciente. Y para hacer realidad tus sueños en la realidad cotidiana, necesitas los plazos que establece tu mente secuencial.

Para ello, te sugiero que añadas algo a los ejercicios: ¡Nunca te quejes del tiempo!

A continuación, tienes el ejercicio principal que te enseñará a colapsar el espacio-tiempo.

Ejercicio 124
· · · · · · · · · · ·
Colapsar el espacio-tiempo

Cierra los ojos. Exhala lentamente tres veces mientras cuentas del tres al uno. Visualiza el uno alto, nítido y brillante.

Siendo consciente de que llegas muy tarde, exhala lentamente todo tu pánico.

Ahora visualiza el lugar donde debes estar y la hora exacta a la que debes estar.

Exhala. Hazlo todo a cámara lenta —recoge la habitación, guarda la ropa, ordena los papeles— antes de salir de casa.

Exhala. Piensa en el lugar donde quieres estar y el lugar en el que estás y fusiona ambos hasta que se conviertan en uno.

Exhala. No olvides en ningún momento que llegarás exactamente a la hora prevista.

Exhala. Abre los ojos.

---

45. *Véase* el capítulo 7.

Es bueno hacer este ejercicio mentalmente antes de ponerlo en práctica en la vida cotidiana. Es posible que debas practicarlo varias veces antes de hacerlo bien. No te rindas. Llegará un día en que lo harás de forma natural, sin esfuerzo ni dolor.

Muchos fenómenos se explican fácilmente cuando entiendes y te sumerges en la mente subconsciente. El subconsciente existe en el No-Tiempo, y el pasado y el futuro coexisten en sus profundidades. Fenómenos como la telepatía (ver en tiempo real algo que sucede en otro lugar), la precognición (ver acontecimientos futuros), viajar en el tiempo (asomarse a otro marco temporal, como, por ejemplo, aparecer de golpe en el jardín de María Antonieta), los viajes espaciales visionarios (el pueblo dogón, en Mali, describió las lunas de Júpiter mucho antes de que los telescopios o las naves espaciales confirmaran su existencia), la bilocación (el Baal Shem Tov, fundador del movimiento jasídico, era visto a menudo en dos lugares diferentes a la vez), la levitación (los efectos de la gravedad cambian cuando la energía se transforma en luz; numerosos testigos aseguraron haber visto al padre Pío o santa Teresa de Ávila levitando) empiezan a tener sentido cuando se desintegra el corolario espacio-temporal. Si has experimentado alguno de estos fenómenos, anótalo en tu Libro de Sueños. Sin embargo, por muy valiosos que sean, no te marques como objetivo ninguno de ellos, ya que tu ávida curiosidad se convertiría en un obstáculo. Volverías a caer en la emoción, y la emoción pertenece al tiempo secuencial. Tu objetivo debe ser la luz. Luz y sentimiento forman una unidad, y trascienden tanto el espacio-tiempo como la historia.

¿Recuerdas a los cuatro rabinos que decidieron ir a PRDS, el Jardín del Edén? El primero sólo vio el argumento y murió de la impresión. El segundo sólo vio el patrón de la historia y se volvió loco. El tercero hizo la pregunta, pero descartó la respuesta al considerar que era demasiado simple. Sólo el rabino Akiva llegó y se marchó en paz.

Por tanto, esfuérzate por recordar las horas serenas y deja que todas tus horas lo sean.

13

CURACIÓN

¿Lepra, bienestar o plenitud?

«Y su corazón entienda, y él regrese y se cure».

ISAÍAS 6, 10

«Pues Dios preparó el remedio antes de provocar la enfermedad».

MEGUILÁ 13b

¿Cómo podemos vivir las horas serenas cuando estamos enfermos o tenemos dolor? ¿Por qué, en cuanto nos ponemos enfermos, nos alejamos del mundo? Los árboles ya no son tan verdes, el agua ya no es tan azul, la luz nos molesta e incluso nuestros seres queridos nos irritan. Su salud es un insulto ostentoso. Nos convertimos en leprosos, exiliados para siempre a la colonia de los mutilados. Nuestra única compañía es la desesperanza, la alienación y el aislamiento. Según la Biblia, la lepra, *tzara'ath*, es una impureza que nos separa de los demás. Un día, mientras visitaba a un amigo en el hospital, comprendí lo pernicioso que era eso. Mi amigo tenía artritis aguda y caminaba con muletas. El pronóstico no era muy bueno y todo parecía indicar que acabaría en una silla de ruedas. El hombre sentado en la cama contigua estaba paralizado de la cintura para abajo. Me indicó que me acercara y me susurró en voz alta lo mucho que odiaba a mi amigo. Yo tenía las dos piernas sanas; ¿por qué no me odiaba mi amigo? El abismo que separa a las personas sanas de las enfermas es enorme y parece infranqueable. ¿Existen realmente dos mundos separados? ¿Se puede regresar al mundo de la plenitud y la salud? ¿Podemos saltar por encima del abismo y caer de pie en lo que denominamos plenitud? ¿O existe una fase intermedia que algunos denominan bienestar? El bienestar no es una condición muy estable. Quizá estemos en un puente precario que une los dos mundos. Estamos caminando en la dirección correcta, hacia la salud, pero algún síntoma podría enviarnos de vuelta al campo de los leprosos. El bienestar es un estado inconsistente que requiere un esfuerzo por nuestra parte. Puede que los suplementos alimenticios, las dietas, el ejercicio físico, los medicamentos y las visitas regulares al médico sean un seguro contra un diagnóstico grave, pero no nos garantizan la buena salud sin esfuerzo.

¿No deberíamos contentarnos con el bienestar? Hacer equilibrismos para seguir estando en el lado correcto de la frontera que separa la salud de la enfermedad es una táctica bastante extendida. Sin embargo, según parece, «Dios no tiene lado izquierdo, sólo derecho».[1] Y nosotros estamos hechos a imagen y semejanza de Dios. Entonces, ¿cómo deberíamos visualizar la plenitud? ¿Como una fuente incontenible, una cornucopia de bondad o una abundancia sin interrupciones de riquezas tanto físicas como espirituales? Ese, al parecer, era el bienaventurado destino de Job. Podía presumir de salud, riquezas, familia, casas, ganado y tierras. Agradecido a Dios por sus bendiciones, hizo una donación del 10 % de sus ganancias a la caridad. Sin embargo, algunas fuentes midráshicas lo sitúan en Egipto, como consejero del faraón en el momento de las plagas, justo cuando Moisés se estaba convirtiendo en una molestia para el faraón al insistir que dejara marchar a su pueblo. Esto implicaría que a Job le movía tanto el interés propio como el amor a Dios. ¿Y si lo perdiera todo? ¿Seguiría siendo una persona completa o simplemente estaría fingiendo serlo? Job era un hombre temeroso de Dios. Al oír la advertencia de Dios sobre el granizo (la séptima plaga), envió a guarecerse a sus trabajadores y su ganado. Pero ¿cómo podía zafarse del viento oscuro (tan negro que la luz se extinguió totalmente, novena plaga) que arrasó todas sus riquezas, casas, hijos y ganado? En su oscura desesperación, le brotaron forúnculos (sexta plaga) por todo el cuerpo, y su mujer le instó a

---

1. Zohar 3, 129a.

maldecir a Dios. La verdad había salido a la luz: la buena salud de Job en realidad sólo había sido bienestar, no plenitud, y al quedarse desposeído de todo, abrumado por la desesperación, terminó finalmente en la colonia de leprosos. Ya sea lenta o repentinamente, cuando la enfermedad golpea, como las diez plagas juntas, puede llevarse por delante todo aquello por lo que habíamos trabajado. Nos aleja de la tierra de la leche y la miel que dábamos por sentado y nos sitúa cara a cara con lo que realmente somos.

Aunque cueste creerlo, parece ser que fue Jacob, el tercer patriarca, quien le exigió a Dios que nos diera la enfermedad. «¿Por qué?», le pregunta Dios. «Para que sintamos la necesidad de poner orden en nuestra casa», responde Jacob. A Dios le pareció una buena idea y Jacob fue el primer hombre que murió de una enfermedad.[2] ¿Esto nos reconcilia? ¿Reconcilia a Job, el hombre común que es bueno, pero quizá no «muy bueno», pues aún no se ha sumergido en la misteriosa fuente de la plenitud? Como Job, somos capaces de enfrentarnos a adversarios menos feroces que la enfermedad y el desastre. Y mientras gozamos de buena salud, ignoramos alegremente que todos somos enfermos terminales. La complacencia, la esclavitud a nuestros propios intereses, comodidades y estatus son sacudidos por un adversario desconocido, nuestro *kenegdo,* que en la historia de Job recibe el nombre de Satán. Satán puede adoptar diversas formas y rostros anónimos que no siempre reconocemos. ¿Qué son las plagas sino señales catastróficas que iluminan nuestro exilio desde la plenitud?

Somos muy testarudos, como el faraón de rígida nuca. Nos cuesta aceptarlo pese a verlo escrito en la pared. Aunque nos duele la garganta, tenemos tos persistente, cada vez nos duele más la cabeza y nos crecen las cartucheras, seguimos avanzando por un camino que, como el faraón, nos sitúa en contra de la voz de Dios. «No voy a hacer dieta el resto de mi vida. Eso no es vivir», comentaba un hombre joven a quien le encanta pasárselo en grande, pero que tenía un grave problema de sobrepeso. Como le dije: «No se trata de lo que quieres,

---

2. Génesis Rabá 97.

sino de lo que tu cuerpo te pide». Si continúa comiendo alimentos grasos y bebiendo alcohol, sus arterias y venas acabarán por obstruirse, trayendo consigo las plagas. El colesterol alto, las palpitaciones o un ataque al corazón pueden ser el *in crescendo* de la voz de Dios en su cuerpo. Porque si, como dice Job, «en mi carne veré a Dios»,[3] entonces el Dios que hay dentro de su cuerpo le está pidiendo a gritos que recupere el equilibrio y el orden. En efecto, las advertencias del cuerpo son el impulso homeostático por recuperar el *tov meod,* el muy buen estado de *Adam haRishon,* el primer ser humano.

Muchos dirán que Dios castiga a este joven por haber caído en el pecado de la gula. Pese a tratarse de una suposición simplista basada en la causalidad, de hecho, el joven no entiende por qué le cuesta tanto dejar de comer y beber de una manera tan poco saludable. Job tampoco lo entiende: ¿Cuál era el motivo de su aflicción? Sus tres amigos lo tienen clarísimo: dado que, en su opinión, Dios no hace sufrir a nadie sin un motivo, eso demuestra que Job ha pecado y que está recibiendo un castigo justo. Dios reprocha a «esos miserables consoladores» por haber hablado mal y añadir más culpabilidad al dolor de la víctima. En la enfermedad, dejemos la moralidad fuera de la ecuación y centrémonos en las leyes naturales. La Torre, la decimosexta mejor carta del tarot, muestra lo que sucede cuando no estamos alineados con las leyes naturales. Truenos y relámpagos golpean la cúspide de la torre, derribando sus (nuestras) almenas y arrojándonos al vacío. Podría pasarle a cualquiera. Atribuir la culpa es añadir insulto a la injuria. Job se niega con vehemencia a arrepentirse, pues no tiene nada de qué arrepentirse, y tiene razón. Las razones por las que Dios decidió afligir a Job son inescrutables. Cuando los ríos se desbordan, las langostas prosperan, la peste mata y la oscuridad persiste más allá del amanecer, algo no anda bien. Quién sabe dónde empezó el desequilibrio. ¿Fue un trauma externo o interno? ¿Estuvo provocado por un patrón ancestral, un enredo emocional o una traición? Tenemos cinco cuerpos, desde el más denso al más energético: físico, emocional, mental, espiritual y más allá. Cualquiera de estos niveles, o múltiples niveles, podría haberse visto afectado y haber contribuido al desequi-

---

3. Job 19, 26.

libro de nuestro frágil ecosistema. Siempre que nos encontremos en presencia de alguien aquejado de una enfermedad, no debemos sacar conclusiones precipitadas, sino someternos a una complejidad que está más allá de nuestra comprensión. No existe una lógica conocida que pueda explicarnos por qué enfermamos; dos personas toman el sol y una desarrolla un melanoma y la otra no. Si existen razones subconscientes, las desconocemos; sólo el afectado lo sabe. A través de la imaginación, extendiéndonos para abrazar al otro con amor y convirtiéndonos en uno por un instante, podemos acercarnos al misterio del otro, pero nunca comprenderlo. Respetar el sufrimiento del otro, incluso cuando creemos saber lo que ha hecho mal (comía a todas horas, ¡por supuesto que ahora tiene diabetes!), es la única actitud que nos permitirá empezar el trabajo de curación. En el texto bíblico hay una especie de giro poético cuando declara que la causa de la *tzara'ath*, la lepra, son los chismorreos.

Todos estamos necesitados de curación, pues todos hemos chismorreado y despreciado el misterio. La enfermedad nos sitúa en la colonia de los leprosos, la angosta tierra de Egipto, donde el estrés, el trabajo duro y las limitaciones de tiempo agotan la fuerza vital y provocan el lento declive que lleva a la enfermedad. Todos hemos pasado por esa situación y puede que aún estemos inmersos en ese mundo caótico y constrictivo. Si queremos dejar atrás la opresión, como los hebreos, debemos ir ligeros de equipaje: ¿Qué es lo que más nos pesa? ¿De qué podemos prescindir? ¿Qué carga podemos soltar para facilitar el regreso a la tranquilidad y el bienestar? No puedes decir que sea una tarea desconocida. Llevas un tiempo deshaciéndote de viejos patrones y soltando amarras. En el capítulo 2 aprendiste a limpiar tus sueños aplicando el *tikún* (corrección) a las imágenes desordenadas. En el 7 arrojaste la duda por encima del hombro izquierdo para permitir la manifestación de las imágenes que ves en tus sueños. En el 8, deshiciste complicados nudos emocionales y en el 9, hiciste lo propio con los viejos patrones familiares. En el capítulo 10 dejaste atrás las emociones animales y las figuras parentales que te bloquean para volver a reencontrarte con el niño luminoso que hay dentro de ti. En el capítulo 11 dejaste atrás viejos rencores, resentimientos, la culpa y la ira y liberaste tu espacio interior para poder relacionarte con entusiasmo con tus compañeros sentimentales. En el capítulo 12 venciste las presiones del tiempo y aprendiste a sumergirte en el tiempo profundo. Todo este trabajo te orienta e informa hacia el modelo de plenitud: *Adam haRishon,* el primer humano.

Ejercicio 125
. . . .
Deja caer la ropa

Cierra los ojos. Exhala lentamente tres veces mientras cuentas del tres al uno. Visualiza el uno alto, nítido y brillante.

Imagina que estás frente a un pino altísimo y majestuoso cuyas ramas empiezan a crecer muy cerca del suelo.

Exhala. Comienza a trepar por el árbol. Sube cinco ramas y deja caer una prenda que lleves puesta.

Exhala. Sube cinco ramas más y deja caer otra prenda.

Exhala. Sube cinco ramas más y deja caer otra prenda.

Exhala. Continúa así hasta que estés completamente desnudo.

Exhala. Ahora deja caer tu primera capa de piel.

Exhala. Sube cinco ramas más y deja caer tu segunda piel.

Exhala. Sube cinco más y hazlo lo mismo con tu tercera piel.

Exhala. Si te queda algo en el cuerpo, sigue trepando y soltándolo (la musculatura, el esqueleto), hasta que tu cuerpo sea sólo luz.

Exhala. Sube al nido en la parte superior del árbol y siéntate en él. Mira 360 grados a tu alrededor.

Exhala. Levántate y atrapa un rayo de sol multicolor. Envuélvete con la luz del arcoíris.

Exhala. Baja del árbol con tu túnica iridiscente y aléjate sintiéndote renovado y sin cargas.

Exhala. Abre los ojos.

Tras haber establecido que todos somos personas corrientes que necesitan curarse, podemos aceptar, como los hebreos, que hay muchas pruebas o desafíos para la salud en la ineludible trayectoria que va del nacimiento hasta la muerte. Como hemos dicho anteriormente, el bienestar no es un estado estático, sino uno en constante movimiento.

Existen cuatro mundos, *Atzilut* (Emanación), *Briá* (Creación), *Yetsirá* (Formación) y *Asiyá* (Manifestación), y el cuerpo físico pertenece al mundo inferior, *Asiyá,* el mundo de la manifestación. El enfoque común para restaurar el bienestar y la salud comienza desde abajo, en *Asiyá,* con el cuerpo físico y sus enfermedades. Los síntomas exigen un remedio. Se trata de un enfoque lógico, representado por la medicina alopática, y también en parte por la medicina holística. Pero ¿podremos recuperar la plenitud simplemente curando los síntomas? Uno de los grandes errores de la medicina moderna es pensar que puede alcanzarse la curación eliminando los síntomas. El cuerpo no es un bloque de carne denso, sino un conjunto energético. Son muchas las cosas que pueden suceder desde el big bang (*Atzilut*), pasando por los primeros indicios de la consciencia (*Briá*) o el despliegue de los planos y las imágenes (*Yetsirá*), hasta llegar a la manifestación (*Asiyá*). Como has podido experimentar en el último ejercicio, el cuerpo es capaz de subir y bajar por la escalera, pasar de lo denso a lo energético y viceversa. El camino del retorno compromete a *Yetsirá* (las imágenes), *Briá* (las intenciones) y *Atzilut* (el deseo ardiente). Llamaremos a este enfoque curación del alma (en oposición a la curación del cuerpo). Necesitamos ambos enfoques. Para poder estar sanos y en plenitud, la curación debe producirse tanto a nivel del alma como a nivel físico. El camino del alma (descendente) es diferente del camino del cuerpo (ascendente). La plenitud es un territorio inexplorado; aquí no nos servirán de nada los síntomas. Sólo podemos sumergirnos y esperar la revelación instantánea y la restauración de nuestra auténtica naturaleza.

Dado que el cuerpo funciona fundamentalmente a nivel subconsciente, ambos enfoques (el ascendente y el descendente) se benefician de los remedios imaginarios. Lo que el cuerpo entiende es la experiencia, y las imágenes se la proporcionan.

Empecemos por el **enfoque ascendente**.

Ejercicio 126
· · · · · · · · · ·
Cortar un limón

Cierra los ojos. Exhala lentamente tres veces mientras cuentas del tres al uno. Visualiza el uno alto, nítido y brillante.

Imagina que cortas un limón por la mitad. Huélelo. ¿Qué notas en la boca?

Exhala. Abre los ojos.

❋

Mediante esta sencilla imagen, has conseguido activar las glándulas salivales. Esto demuestra dos cosas: la primera, que el cuerpo es consciente, y la segunda, que entiende el lenguaje de las imágenes. Utilizando las imágenes adecuadas, puedes indicarle a tu cuerpo que realice tareas específicas y bien definidas. Me gusta llamar a estos ejercicios *Peshat*, que significa «argumento simple» o «visualización».[4] En este caso, damos instrucciones sencillas al cuerpo mediante imágenes. No utilizamos sacudidas, ni se produce ninguna transformación. Simplemente le recordamos al cuerpo lo que tiene que hacer. El ejercicio nos ayuda a reforzar la trayectoria que el cuerpo ya conoce hacia la curación. Utilizamos la consciencia para estimular y potenciar su capacidad natural de curación. El Dr. Carl Simonton fue noticia cuando hizo que sus pacientes de cáncer visualizaran a un personaje de videojuego llamado Pac-Man recorriéndoles el flujo sanguíneo y devorando las células cancerosas. El ejercicio 31: «La cascada»[5] es un ejemplo de ejercicio *Peshat*. Se lo recomiendo a los pacientes de cáncer después de las sesiones de quimio para deshacerse de los productos químicos tóxicos. También puedes realizarlo cuando te pique un animal venenoso. Aunque no lo he probado con mordeduras de serpiente, dos personas que recibieron, respectivamente, la picadura de un erizo venenoso y de una raya que les provocaba terribles dolores lograron, gracias al ejercicio, un alivio inmediato y espectacular. Además, es uno de los favoritos de mi hijo y de sus amigos, así como de todos mis alumnos rusos, pues es muy eficaz para recuperarse de las resacas. A continuación, tienes algunos ejemplos de ejercicios *Peshat*.[6]

---

4. Nótese que hago una distinción entre visualización, lo que considero ejercicios de Peshat, y ejercicios con imágenes, los cuales contienen una sacudida.

5. *Véase* el capítulo 5.

6. En mi libro *DreamBirth*, encontrarás muchos ejercicios *Peshat* para indicarle al cuerpo lo que debe hacer durante el embarazo y el parto. Para más ejemplos, también puede consultarse el libro del Dr. Gerald Epstein (*Healing Visualizations*), antiguo alumno y colaborador de Colette Aboulker-Muscat.

Ejercicio 127

La escalera blanca (para bajar la presión arterial)

Cierra los ojos. Exhala lentamente tres veces mientras cuentas del tres al uno. Visualiza el uno alto, nítido y brillante.

Imagina que estás al pie de una larga escalera de mármol blanco. Llevas puesta la misma ropa que llevas ahora.

Exhala. A medida que subes por la escalera, tu ropa se vuelve cada vez más pálida, hasta que, al llegar a la parte superior de la escalera, se vuelve completamente blanca.

Exhala. Baja la escalera con la ropa blanca.

Exhala. Aléjate de la escalera con la ropa blanca.

Exhala. Abre los ojos. Con los ojos bien abiertos, mírate a ti mismo vestido de blanco.

He elegido este ejercicio porque puedes comprobar fácilmente si te ha bajado la presión. Es importante comprobarlo. Si no lo haces, nunca podrás convencerte a ti mismo de tu capacidad para transformar tu cuerpo usando imágenes. Practícalo tres veces al día durante tres días.[7] Recuerda que el cuerpo físico crea hábitos, por lo que un hábito debe ser sustituido por otro. Al enseñar a tu cuerpo a hacer esto de forma regular, estarás cambiando uno de sus malos hábitos y sustituyéndolo por otro mejor. A continuación, tienes un ejercicio para depurar la sangre, pues si debemos fiarnos del Talmud, «Yo, la sangre, soy la fuente principal de la enfermedad».[8]

Ejercicio 128

El caballo de luz

Cierra los ojos. Exhala lentamente tres veces mientras cuentas del tres al uno. Visualiza el uno alto, nítido y brillante.

Imagina que estás bajo un cielo lleno de estrellas. Busca entre los miles de estrellas y encuentra la tuya.

---

7. O más si es necesario.
8. Bava Batra 58b.

Exhala. Obsérvala refulgir en el cielo. Mientras la miras, una chispa de luz viaja de la estrella directamente a tu corazón.

Exhala. Observa cómo la chispa se convierte en un caballo de luz. Míralo galopar por todo tu sistema circulatorio, disolviendo todas las impurezas y dejando la luz de las estrellas allí por donde pasa.

Exhala. Mira cómo el caballo regresa a tu corazón, donde vuelve a convertirse en una chispa de luz.

Exhala. Observa tu torrente sanguíneo; ¿qué aspecto tiene ahora tu sangre?

Exhala. Abre los ojos.

Le recomendé este ejercicio a uno de mis alumnos. Su pareja había muerto de SIDA y él era seropositivo. Su caballo tropezaba continuamente con patatas podridas y las convertía en luz. Un día entró en mi despacho con una fotografía de una molécula de VIH y ¡era exactamente igual a una patata podrida! Me dijo que ahora entendía lo que habíamos estado haciendo y, después de aquello, se marchó en una misión para enseñar a los miembros de su comunidad a curarse a sí mismos.

A continuación, te presento un sencillo ejercicio para el corazón que ha ayudado a muchas personas con enfermedades cardíacas. Hazlo, aunque tengas un corazón sano. Funciona tanto a nivel emocional como físico. Presta atención a lo que sientes tanto en el interior como alrededor de tu corazón.

Ejercicio 129
. . . .
La hoja verde

Cierra los ojos. Exhala lentamente tres veces mientras cuentas del tres al uno. Visualiza el uno alto, nítido y brillante.

Imagina que un día de otoño estás caminando por un sendero rural. Ves una hermosa hoja seca en el suelo y te agachas para recogerla.

Exhala. Sostén la hoja seca entre las palmas de las dos manos. Siente cómo la humedad y el calor de tus manos reblandecen lentamente la hoja.

Exhala. Cuando sientas que la hoja está muy blanda, separa las palmas de las manos y comprueba que vuelve a ser una hoja verde y lozana.

Exhala. Coloca la hoja sobre tu corazón.

Exhala. Abre los ojos.

Todas las enfermedades comienzan con una obstrucción. Puede que hayas sufrido una traición amorosa, tengas un patrón ancestral de ataques al corazón o que estés sobrecargado de trabajo. Este sencillo ejercicio te ayudará a relajar el músculo cardíaco y las arterias que rodean al corazón.

Uno de los efectos secundarios más comunes de la enfermedad es el dolor. El dolor empieza con una sensación. Algo que viste, oíste, oliste, probaste o tocaste, puede desencadenar un malestar emocional o físico. Repite los ejercicios del capítulo 10 para despejar los sentidos. Aunque son ejercicios *Peshat,* funcionan, como todos los ejercicios, en muchos niveles a la vez. Las visualizaciones sencillas son muy útiles para los problemas de vista, oído, olfato, gusto y tacto. Restauremos las bondades del olfato como remedio homeopático para aliviar el dolor. Coge una bolsita de lavanda y pásala rápidamente bajo la nariz de la persona que sufre algún tipo de dolor. También puedes hacerlo con imágenes.

Ejercicio 130
· · · · · · · · · · ·
El campo de lavanda

Cierra los ojos. Exhala lentamente tres veces mientras cuentas del tres al uno. Visualiza el uno alto, nítido y brillante.

Imagina que estás frente a un inmenso campo de lavanda que se extiende hasta donde alcanza la vista. Deja que el color violeta llene toda tu visión.

Exhala. Ahora inhala el aroma de la lavanda. Siente cómo todas las células de tu cuerpo se impregnan del aroma y el color de la lavanda.

Exhala. Abre los ojos.

El gusto, el tacto, el sonido y las imágenes funcionan igual de bien para combatir el dolor. Otra forma de lograrlo es contar hacia atrás. Durante unos segundos, el cuerpo se libera. **El secreto de la curación es detenerse.** Apartarse del camino del cuerpo lo restaura a sí mismo, lo que le permite re-pararse a sí mismo. Volveremos sobre este concepto más adelante. Recuerda que cuando tu consciencia presta atención a tu cuerpo, éste empieza a reconfigurarse. Pero sólo puede reconfigurarse a aquello que *conoce* (Adán *conoce* a Eva) y recuerda de forma subconsciente. Regresa a su patrón azul, lo que el Zohar[9] denomina su sabiduría. *Lej lejá.* «Ve hacia ti mismo», le dice Dios a Abraham.

Ejercicio 131
. . . .
El cuerpo se reconfigura

Cierra los ojos. Exhala lentamente tres veces mientras cuentas del tres al uno. Visualiza el uno alto, nítido y brillante.

Mira dentro de tu cuerpo y localiza el dolor.

Exhala. Alarga imaginariamente el dedo índice hacia el sol y llénalo de luz.

Exhala. Vuelve a bajarlo. Con tu dedo índice luminoso, toca el punto de dolor. ¿Qué otro punto de tu cuerpo responde?

Exhala. Alarga imaginariamente el otro dedo índice hacia el sol y llénalo de luz.

Exhala. Con los dos dedos índices cargados de luz, toca simultáneamente los dos puntos. Observa qué se extiende y qué se reconfigura en tu cuerpo. No tengas prisa; observa detenidamente para después poder describir exactamente qué está cambiando dentro de ti.

Exhala. Observa la nueva configuración.

Exhala. Abre los ojos.

Utilicé este ejercicio con una mujer con una escoliosis grave a quien le costaba visualizar pero que podía ver dos puntos. Tras repetir el ejercicio una y otra vez con diferentes puntos a lo largo de la columna

---

9. *El libro del esplendor,* obra maestra de la cabalística española del siglo XIII.

vertebral, la mujer consiguió ganar unos cinco centímetros. Con la columna enderezada, parecía otra persona.

Ahora bien, ¿podrá mantener esos cinco centímetros? Habíamos atacado el síntoma, no la fuente. Observa que no estoy usando la palabra «causa». La enfermedad es un exilio de la plenitud. «La enfermedad (o cualquier tipo de aflicción) conlleva la desconexión total con la Fuente de la Vida de la persona que sufre».[10] Como la mujer tenía dificultades con las imágenes, el objetivo nunca fue la fuente. A pesar de todo, conservó los cinco centímetros.

Permíteme establecer claramente la distinción entre ambos enfoques con otro ejemplo. Un hombre vino a verme para preguntarme si sólo soñamos de noche o lo hacemos durante todo el día. Yo le respondí que todo el día. Entonces me pidió que se lo demostrara. Él mismo se ofreció como conejillo de indias. Así que utilizando uno de sus sueños y su morfología, le hablé de sí mismo. Terminé la sesión con estas palabras: «Por cierto, tienes una plaga de ratones en tu casa». Los veía corretear por todo su campo onírico. Aquello fue una sacudida tal para el hombre que salió de su cuerpo o, mejor dicho, su cuerpo onírico salió de su cuerpo físico y flotó hasta el techo (mi despacho tiene unos techos muy altos). «¡Baja!», le dije. «Te contaré cómo puedes deshacerte de ellos». Pero el hombre estaba demasiado asustado para oírme y salió corriendo de mi despacho. ¿Iba a decirle que barriera todos los excrementos de ratón, lavara y limpiara todos los objetos de la casa, tirara todos los alimentos que podían atraerlos y que llamara a un exterminador? Por supuesto que sí, siempre es bueno recurrir a los medios alopáticos. Pero con eso sólo conseguiría combatir los síntomas. Puede que eso lo alejara de la colonia de leprosos, pero todavía estaría en la sala de recuperación, suplicándole a los poderes ocultos para que la plaga no reapareciera. El bienestar no elimina la ansiedad: la lógica dice que, si ha ocurrido una vez, puede volver a ocurrir. ¿Sería exagerado decir que los ratones acudieron a su casa atraídos por su forma energética, un campo onírico cuyas emanaciones encajaban a la perfección con la colonia de ratones? Carl Jung denominó *sincronicidad* a este tipo de sucesos no causales. Podríamos decir que el exterior reflejaba perfectamente, de una forma energética a

---

10. Ginzburgh: *Body, Mind and Soul.*

otra, lo que sucedía en su interior. Para deshacerse de una vez por todas de la plaga, tenía que suceder algo radical. No tuve ocasión de ayudarle con el problema de los ratones porque el hombre no volvió más. Vendió la casa y se marchó. Ahora bien, ¿reparó la grieta de la fuente que había permitido la llegada de los ratones? Para pasar del precario bienestar a la plenitud es necesario un desprecio anarquista por la lógica. Para alcanzar la plenitud es necesaria una zambullida revolucionaria o un salto a la alteridad.

El enfoque descendente

Volviendo a la historia de Moisés, el faraón representa nuestro lado obstinado que se aferra con fuerza a sus malos hábitos. Cuando esa parte de nosotros se libera, es como si de repente nos expulsaran de un útero obstruido y cayéramos en una extensión desértica.

Aquí no hay señales que nos indiquen por dónde ir: izquierda, derecha, atrás, adelante, arriba o abajo. ¿Cómo llegamos al territorio inexplorado? Simjá Benyossef, alumna de Colette, escribió lo siguiente en su notable libro, *Reversing Cancer Through Mental Imagery*:

> Si me preguntaran por el concepto más importante para entender el notable éxito de Colette en la curación de enfermedades incurables, respondería inmediatamente: revertir para recuperar la plenitud. En pocas palabras, revertir significa dar un giro radical a tu vida, alejarte de las actitudes habituales y las emociones angustiosas y abrirse a nuevas posibilidades. Vivir «sur-nature» o por encima de nuestra naturaleza.[11]

Al pie del monte Horeb,[12] en medio del estruendo y el humo, sucede algo extraordinario: seiscientas mil personas[13] miraron hacia arriba y

---

11. Benyossef: *Reversing Cancer Through Mental Imagery*.
12. También conocido como Monte Sinaí, donde Moisés recibió los Diez Mandamientos y la Biblia hebrea. Horeb significa «desolación» o «sequedad». También se traduce como «resplandor» o «calor» y está asociado con el sol, mientras que el Sinaí, a veces identificado como otro monte cercano, está asociado con la luna.
13. Según el censo, seiscientos mil hombres, además de todas las mujeres, niños y an-

«vieron las voces».[14] ¡Un encuentro sinérgico de los sentidos! Durante unos instantes todo el mundo olvida sus aflicciones. Más allá de la monotonía de la causa y el efecto, el velo se desgarra para revelar una realidad hasta entonces oculta, *sur-nature*. La curación plena es instantánea. Nos re-par-amos a nosotros mismos: Yo y Tú nos convertimos en uno. La revelación es un acontecimiento completamente nuevo que crea y cura a la vez. La revelación no requiere un gran espectáculo de luz y sonido. Lo único que necesita es desordenar las cosas y crear lo inesperado. La risa nace de las yuxtaposiciones inesperadas. La siguiente es una muy divertida que me contó Rodger Kamenetz, que estudió con Colette un verano:

Rodger: «¿Puedo ser tu alumno?».
Colette: «Sólo trabajo con enfermos terminales... Ven el próximo miércoles».

Veinticinco años después, Rodger sigue dándole vueltas a esto.

A los poetas se les da muy bien catapultarnos desde un lugar común a la esfera radiante.

Tus ojos son como palomas detrás de tu velo; tus cabellos, como manada de cabras que se recuestan en el monte de Galaad.[15]

Es la poesía la que saca a Job de su letargo, no la razón.

¿Quién encerró con puertas el mar,
cuando se derramaba saliéndose de su seno,

cuando yo le puse nubes por vestidura
y oscuridad por faja?
Yo establecí para él los límites;

cianos, presenciaron en Horeb la entrega de los Diez Mandamientos y de la Biblia hebrea.
14. Éxodo 20, 18.
15. Cantar de los Cantares 4, 1 y 4, 4; 6, 7.

le puse puertas y cerrojo,
y dije: «Hasta aquí llegarás y no pasarás adelante;
ahí parará el orgullo de tus olas».[16]

Asombro, admiración y estremecimiento son la respuesta de Job.

«Y nada entendía; eran cosas demasiado maravillosas para mí, que yo no comprendía».[17]

Todo lo que había perdido Job le es devuelto, y aún más, pues Dios duplicó sus bendiciones. ¿Qué debemos entender aquí? Pues que ahora goza de más creatividad, más vida, más abundancia, porque ha obtenido mayor consciencia, humildad y una gratitud que no tenía antes. La historia sigue siendo vigente, cinco mil años después. Dos queridas amigas enfermaron al mismo tiempo, una de cáncer y la otra de leucemia. La que tenía cáncer maldijo a Dios. ¿No había dedicado todo su tiempo y todas sus atenciones a su marido enfermo? ¿Por qué no era recompensada con algo de tiempo para ella ahora que él había fallecido? Sentía una gran amargura. Pese a estar familiarizada con los ejercicios, se negaba a hacerlos. ¿Por qué? Porque Dios la había traicionado.

Mi otra amiga, sin embargo, veía la vida con nuevos ojos. Cada instante se había convertido en algo valioso. Los sencillos objetos que la rodeaban adquirían un brillo especial, y las personas que la ayudaban eran ángeles de la misericordia. Ella sí hacía los ejercicios gustosamente. Su corazón estaba lleno de gratitud y no le costaba expresarlo. La primera murió dos meses después del diagnóstico. La segunda sigue viva cinco años después. ¿La actitud lo es todo? No, no puedes simplemente decidir ser agradecida, pero los ejercicios te permitirán llegar allí por ti misma. Los ejercicios que nos sacuden poseen un movimiento emotivo que traen consigo su propia transformación. Al transformarte, accedes a la fuente de la creatividad; de hecho, reconectas con «la Fuente de la Vida». **Lo que cura es la creatividad**. No

---

16. Job 38, 8-11.
17. Job 42, 3.

podemos forzarnos, por supuesto. La mayoría de la gente ni siquiera sabría cómo hacerlo.

Al perder de vista todo lo que nos hacía felices antes del diagnóstico, nos centramos excesivamente en las rígidas rutinas prescritas por los médicos.

Las risas, el asombro y la alegría desaparecen. Cubiertos de hollín y cenizas, los sentidos adormecidos, la energía apagada, olvidamos que existen las zapatillas mágicas, los carruajes y los príncipes en la cornucopia de nuestro subconsciente.

Revertir 1. Taponando fugas

Cuando alguien experimenta un acontecimiento traumático es como si la puerta del plexo solar se abriera de par en par y la fuerza vital escapara como un río caudaloso. Muchos describen el acontecimiento como precipitarse al abismo o quedarse a oscuras. Como he explicado anteriormente, lo primero que debes hacer tras sufrir un trauma es cerrar el plexo solar. Es algo muy fácil de hacer, sólo necesitas colocar una almohada, un abrigo doblado o tus propias manos sobre él. Utiliza lo que tengas a mano.[18]

Más adelante, puedes enseñar a la persona a hacerlo por su cuenta de forma imaginaria. Si eres alguien a quien las impresiones externas te abruman fácilmente o que tiene un exceso de energía nerviosa, coloca las manos sobre el plexo solar por la noche, justo antes de quedarte dormido.

Ejercicio 132
· · · · · · · · · ·
Cerrar el plexo solar

Cierra los ojos. Exhala lentamente tres veces mientras cuentas del tres al uno. Visualiza el uno alto, nítido y brillante.

Imagina que estás en un prado. Recoge hierba del suelo y rayos de sol y entrelázalos para formar una almohada verde y dorada.

---

18. Obviamente, no te interpongas en la tarea de los paramédicos. Si no puedes acercarte a la persona, visualiza que colocas una almohada dorada, o las manos llenas de luz, sobre su plexo solar.

Exhala. Teje una cinta con la hierba.

Exhala. Coloca la almohada sobre el plexo solar y asegúrala con la cinta alrededor del pecho.

Exhala. Abre los ojos.

✳

Cualquier trauma grave abrirá un agujero en el campo energético del cuerpo. Haz que la persona inhale la luz azul del cielo mientras observa cómo llena suavemente todo su cuerpo y emana por todos los poros de su piel.[19] Si la persona no puede hacerlo por sí misma, imagina que te llenas las manos de luz azul y recorres con ellas todo su cuerpo, desde la cabeza a los pies, a un centímetro de la piel. También puedes hacerlo físicamente mientras visualizas la luz azul en tus manos.

Revertir 2. Reconstruir la fuerza vital

Una vez resuelto el peligro energético inmediato, la siguiente tarea consiste en reconstruir la fuerza vital que se ha visto mermada y constreñida por el diagnóstico médico o el suceso adverso. Los sentidos, como ya sabes, se bloquean y el mundo exterior se torna oscuro y apagado. Cuando una amiga que acababa de perder a su pareja vino a verme, unas amigas y yo la llevamos a un restaurante que ofrecía un menú degustación. Probamos diecisiete platos distintos. Destapar las papilas gustativas significó para ella un modesto impulso (aunque modesto es mejor que nada cuando hablamos de alejarnos de la oscuridad) para superar el proceso de duelo.

Ejercicio 133
· · · · · · · · · · ·
Preparar el té

Cierra los ojos. Exhala lentamente tres veces mientras cuentas del tres al uno. Visualiza el uno alto, nítido y brillante.

Imagina que estás en una tetería y que el dependiente te ha dado permiso para oler los diferentes tés.

---

19. El «ejercicio del jarrón azul» está descrito con detalle en mi libro *La cábala y el poder de soñar*.

Exhala. Elige los tés que más te gusten y pon una cucharadita de cada uno de ellos en una tetera. Vierte el agua caliente sobre las hojas de té y huele su fragancia.

Exhala. Sírvete una taza de té. Huélelo y pruébalo.

Exhala. Si estás satisfecho, sirve otra taza de té y llévasela a un ser querido. Ofrécesela y observa cómo huele y saborea el té.

Exhala. Sentaos juntos, tomando el té en compañía.

Exhala. Abre los ojos.

❋

La fuerza vital puede reconstruirse de muchas formas distintas, pero los jardines, los árboles y los ríos pueden ser especialmente reconstituyentes. El ejercicio 32: «Respirar con el árbol»[20] es muy útil.

Revertir 3. Restaurar la luz

Abrir los sentidos significa abrirse a la luz. Todo empieza con la luz. La primera creación de Dios, «Hágase la luz», tiene lugar el primer día. Sin embargo, el sol, la luna y las estrellas aún no han sido creados (lo serán en el cuarto día). Entonces, ¿de qué tipo de luz estamos hablando? Dios crea mirando en Su interior y encendiendo Su propia luz, y eso es lo que también debes hacer tú. Dirigir la mirada hacia tu interior enciende la luz en la oscuridad. Los cabalistas llaman a esto la luz de la creación.[21] Continuamente nos estamos creando a nosotros mismos, por eso, si permitimos que la oscuridad nos domine, estaremos tentando a la muerte.

Colette, que sufría insuficiencia cardíaca, en una ocasión me dijo que siempre que tenía la sensación de que estaba a punto de morir, visualizaba un rayo de luz vertical en la oscuridad, se adentraba en él y se convertía en el rayo de luz. Para devolverle la vitalidad a alguien, incluso a las personas que están en coma, debes ayudarlas a visualizar la luz, ya sea un amanecer, una flor amarilla brillante, un florero azul lleno de luz o simplemente un prado donde la hierba sea muy verde y esté iluminada por el sol.

---

20. *Véase* el capítulo 5.
21. *Véase* el capítulo 1.

Era medianoche en el hospital Hadassá de Jerusalén. Estaba sentada junto la cama de una joven en coma que, según los médicos, no iba a pasar de aquella noche. Pese a que estaba en coma, le hablé y la ayudé a visualizar un prado verde. De repente, la chica se incorporó y, para horror y asombro de los presentes (dos médicos y su madre), exclamó: «¡La rana salta!» antes de volver a dormirse. A la mañana siguiente, cuando fui a verla, estaba sentada desayunando. Más tarde me contó que la rana en cuestión había salido de un espectáculo de marionetas que recordaba haber visto de niña. Cuando todas las marionetas eran derrotadas por el villano, la rana aparecía de un salto y las rescataba.

Ejercicio 134
. . . .
La columna de luz

Cierra los ojos. Exhala lentamente tres veces mientras cuentas del tres al uno. Visualiza el uno alto, nítido y brillante.

Imagina que estás en un prado, el cielo sobre tu cabeza y la tierra bajo tus pies.

Exhala. Ahora imagínate que abarcas el cielo y la tierra.

Exhala. Imagina que te conviertes en una columna hueca de luz.

Exhala. Siente y ve cómo la luz azul del cielo se vierte en el interior de la columna.

Exhala. Siente y ve el fuego rojo de la tierra elevándose desde el interior de la columna.

Exhala. ¿Qué sucede cuando la luz azul y el fuego rojo se encuentran? ¿En qué parte de tu cuerpo lo hacen? ¿Qué sucede?

Exhala. Recupera tu tamaño y tu forma corporal mientras mantienes la luz en tu cuerpo.

Exhala. Abre los ojos.

Revertir 4. Teshuvá, retorno o arrepentimiento

Cuando una alumna me contó que había soñado que se frotaba sal en una herida, no me sorprendí (por muy desagradable que pueda ser la imagen), ya que, por desgracia, es un sueño bastante común. Del mismo modo en que la gente no puede dejar de rascarse una picadura, tampoco puede dejar de obsesionarse con la culpa. Y si... Pero sólo puede revelarse algo nuevo cuando dirigimos la mirada en otra dirección. Otra vez me refiero a la *teshuvá,* retorno. Aunque suele traducirse como arrepentimiento, es importante no quedarse únicamente con el aspecto de *pecado*, el cual sólo sirve para fomentar la culpa. Debes hacer todo lo posible para corregir los errores que has cometido; si ya no es posible, la caridad siempre es útil para aliviar el peso de la culpa. Empieza por confesar tus pecados para poder deshacerte de ellos, y para crearte a ti mismo de nuevo.

Ejercicio 135
· · · · · · · · · ·
El carnero del sacrificio

Cierra los ojos. Exhala lentamente tres veces mientras cuentas del tres al uno. Visualiza el uno alto, nítido y brillante.

Imagina que llegas a un desierto con una cinta roja y un bolígrafo negro en las manos.

Exhala. Escribe todos tus pecados, grandes y pequeños, con el boli negro sobre la cinta roja.

Exhala. Cuando termines, léelos en voz alta en mitad del desierto.

Exhala. Un poderoso carnero aparece del calor palpitante.

Exhala. Enrolla la cinta roja alrededor de uno de sus cuernos. Dale las gracias y envíalo de vuelta.

Exhala. Mira cómo su imagen chisporrotea y se disuelve en el calor del desierto.

Exhala. Sal del desierto.

Exhala. Abre los ojos.

Revertir 5. Distanciándote de la enfermedad o del trauma

La gran tragedia de tu herida está atrayendo todas las miradas, como si fuera el actor principal en un escenario. *Teshuvá* significa «alejarse». Lo que tienes que hacer es alejarte de la tragedia.

Ejercicio 136
Alejarse de la tragedia

Cierra los ojos. Exhala lentamente tres veces mientras cuentas del tres al uno. Visualiza el uno alto, nítido y brillante.

Imagina que estás en un escenario junto a otros actores y atrezo, representando tu obra.

Exhala. Camina hacia atrás y sal del escenario.

Exhala. Camina hacia atrás por el pasillo. Cuando encuentres la puerta, empújala para abrirla con la espalda.

Exhala. Cruza la puerta y sal al vestíbulo del teatro.

Exhala. Date la vuelta y sal del teatro. Aléjate.

Exhala. Abre los ojos.

No siempre es fácil dar media vuelta. Una vez visité a un soldado israelí que había resultado herido por una bomba de racimo durante la guerra del Líbano. Me informaron que llevaba tres semanas sin dormir y que ni siquiera cerraba los ojos. Cuando le pregunté qué estaba protegiendo con tanto ahínco, me respondió que la foto de su mujer y sus hijos. Cuando le hirieron, la foto pasó por delante de sus ojos, y estaba convencido, me dijo, de que, si los cerraba, nunca volvería a verlos. «Si pusiéramos la foto en un lugar seguro –le pregunté–, ¿cerrarías los ojos?». A lo que él me respondió: «Sí, durante un rato». Pusimos la foto en la cámara secreta de su corazón y su cuerpo aceptó dormir durante dos horas. Después de eso mejoró rápidamente.

Revertir 6. Disolviendo la enfermedad
Ya no eres la víctima cuya tiránica necesidad de ser el centro de atención os tiene hechizados, tanto a ti como a tu público. Estas recuperando lentamente la libertad. Ha llegado el momento de disolver la enfermedad. Aunque tienes muchos ayudantes dentro de ti, hay uno que jamás te pierde de vista.

Ejercicio 137

. . . .

Intercambiando partes con tu ángel de la guarda

Cierra los ojos. Exhala lentamente tres veces mientras cuentas del tres al uno. Visualiza el uno alto, nítido y brillante.

De pie en medio de un prado, levanta la vista al cielo azul. Deja que tus ojos recorran todo el cielo hasta encontrar el azul más intenso del firmamento.

Exhala. Deja que tus ojos contemplen ese azul más intenso e invoca a tu ángel de la guarda.

Exhala. Observa a tu ángel de la guarda en la gloriosa luz de la que está compuesto.

Exhala. Pide permiso para intercambiar tus partes enfermas con las de tu ángel de la guarda.

Exhala. Observa cómo tus partes enfermas se elevan y se transforman en luz, y cómo las partes luminosas de tu ángel de la guarda descienden para reemplazar las partes de tu cuerpo.

Exhala. Contempla cómo tu cuerpo se llena de la bondad que emite la luz de tu ángel de la guarda.

Exhala. Abre los ojos y observa todo esto con los ojos bien abiertos.

Si has perdido una parte de tu cuerpo debido a la cirugía o por culpa de una enfermedad, no la abandones en la oscuridad. Tu cuerpo está hecho de luz. Puedes re-crear las partes físicas de tu cuerpo con luz, del mismo modo en que re-creas los cuerpos emocionales o mentales. El dolor de miembro fantasma nos cuenta una importante verdad acerca de nuestro cuerpo: aunque perdamos una parte física, el plano original sigue vivo y continúa emitiendo luz e impulsos nerviosos. Quizá algún día aprendamos a regenerar las partes que nos faltan, como hace el lagarto con la cola. He tratado a muchos amputados y pacientes que han perdido un miembro, ya sea un órgano, un seno o un diente. La luz disminuye o elimina por completo el dolor de miembro fantasma. Reconstruye siempre con luz una parte perdida de tu cuerpo.

Ejercicio 138

Cómo revertir el dolor de un miembro fantasma

Cierra los ojos. Exhala lentamente tres veces mientras cuentas del tres al uno. Visualiza el uno alto, nítido y brillante.

Estás de pie en medio de un prado. Mira el radiante cielo azul bañado de luz.

Inhala la luz azul por la nariz. Llénate la boca con luz azul.

Exhala la luz que hay dentro de tu cuerpo para reconstruir con ella el miembro o el órgano. Observa cómo se reconstruye completamente sólo con luz.

Exhala. Abre los ojos y obsérvalo con los ojos bien abiertos.

Si el problema es emocional, retrocede a través de tu pasado hasta encontrar la raíz del problema.

Ejercicio 139

La flecha envenenada

Cierra los ojos. Exhala lentamente tres veces mientras cuentas del tres al uno. Visualiza el uno alto, nítido y brillante.

Imagina que retrocedes a través de tu vida hasta la primera vez que experimentaste la emoción que te perturba.

Exhala. Imagina que es un altísimo cíclope que se interpone en tu camino.

Exhala. Mírate en un espejo e imagina que tienes una flecha venenosa clavada en el corazón.

Exhala. Arráncatela lentamente con la mano izquierda. Colócala en la cerbatana que sostienes con la mano derecha.

Exhala. Inhala la luz azul, sóplala a través de la cerbatana y clava la flecha en el ojo del cíclope. Mira cómo se derrumba y se disuelve.

Exhala. El camino está despejado; ya puedes perseguir lo que desea tu corazón. Imagínate a ti mismo cumpliendo ese deseo.

Exhala. Abre los ojos.

Revertir 7. Volver a la fuente de la vida

Dios curó a Job haciendo que dirigiera su mirada a la impresionante belleza y majestuosidad de la naturaleza. La naturaleza es tanto *olam,* el mundo visible, como *neelam,* el mundo oculto. Contemplar el mundo natural y su misterioso orden, saber que formas parte de él y sentir por un momento que formáis una unidad es algo asombroso en sí mismo. Pero lo que Dios le muestra a Job es que hay un misterioso y fascinante poder oculto detrás de sus maravillas que crea y regula dicho orden.

Comprender esto significa volverse humilde. Tu cuerpo está hecho de la luz de Dios, y en tu interior, como en el interior de *Adam Kadmon,*[22] está todo el universo oculto. Si deseas experimentar la transformación, realiza el ejercicio 36: «Convertirse en los animales del jardín»,[23] o haz el siguiente ejercicio.

Ejercicio 140
· · · · · · · · · ·
Transformaciones

Cierra los ojos. Exhala lentamente tres veces mientras cuentas del tres al uno. Visualiza el uno alto, nítido y brillante.

Conviértete en una fuente y en cada una de sus gotas de agua.

Exhala. Conviértete en una roca y experimenta el movimiento infinitamente lento de sus átomos.

Exhala. Conviértete en un árbol. Extiende tus raíces en la tierra, absorbe los minerales y el agua. Extiende tus ramas hacia el sol y atrae la luz y el calor.

Exhala. Conviértete en ti mismo sentado al pie del árbol mientras escuchas los sonidos de la naturaleza. ¿Qué te dice la naturaleza?

Exhala. Abre los ojos.

La fuente de toda vida es un río misterioso y eterno que, según la tradición, se derrama del Jardín del Edén e irriga todas las formas de vida.

---

22. *Véase* el Glosario.
23. *Véase* el capítulo 6.

Al regresar a la fuente, no sólo estamos alimentando nuestro cuerpo físico, sino también nuestra alma.

Ejercicio 141
. . . .
Beber de la fuente (formal)

Cierra los ojos. Exhala lentamente tres veces mientras cuentas del tres al uno. Visualiza el uno alto, nítido y brillante.

Imagina que estás en la montaña. Llegas a un río, te quitas los zapatos y los calcetines, te arremangas los pantalones y te metes en el agua.

Exhala. Camina río arriba manteniéndote siempre dentro del agua. Si hay troncos o rocas, pasa por encima. Si hay cascadas, trepa por ellas.

Exhala. Observa cómo se transforma el paisaje a medida que avanzas.

Exhala. Sube hasta la fuente del río. Cuando llegues, coge agua con las palmas de las manos y bebe muy despacio el agua pura de la montaña.

Exhala. Observa cómo fluye el agua dentro de tu cuerpo, contempla su resplandor, siente su frescor y observa cómo irriga tu cuerpo.

Exhala. Ahueca las manos y bebe otra vez. Sigue el camino del agua dentro de tu cuerpo.

Exhala. Bebe una tercera vez y siéntete fresca y renovada.

Exhala. Echa un vistazo a tu cuerpo; ¿qué aspecto tienes ahora? Describe con precisión que aspecto tiene el color de tu piel, el pelo, la expresión de tu rostro y el cuerpo.

Exhala. Baja de la montaña por la orilla del río. No te metas en el agua. Desciende hasta donde dejaste los zapatos.

Exhala. Comprueba que tus viejos zapatos ya no están allí y que hay unos nuevos zapatos esperándote. Póntelos e intenta caminar con ellos.

Exhala. Vuelve a casa andando con tus nuevos zapatos.

(Si no has encontrado nuevos zapatos y vas descalza, también está bien).

✳

Revertir 8. Cambio de perspectiva

Podemos beber de la fuente, pero no podemos crear la fuente *ex nihilo*. Regresar para beber de la fuente significa que aceptamos un cambio de perspectiva. Soñar nos permite cambiar fácilmente de perspectiva. Podemos estar en una alfombra voladora contemplando el mundo desde arriba o en el fondo de un lago mirando hacia arriba a través de las aguas color esmeralda. Dios le enseña a Moisés, cuando éste está hablando con el faraón, a cambiar el orden natural de las diez creaciones. Las diez plagas alteran dicho orden. Cambiar de perspectiva puede transformar la situación en la que nos encontramos. Podemos viajar y ver el mundo desde muchas perspectivas distintas.

Ejercicio 142
· · · · · · · · · ·
Viajar sobre una nube blanca

Cierra los ojos. Exhala lentamente tres veces mientras cuentas del tres al uno. Visualiza el uno alto, nítido y brillante.

Estás tumbado sobre un prado de hierba muy verde, contemplando el cielo azul. Te sientes muy relajado y tu cuerpo pesa mucho.

Exhala. Una pequeña nube blanca pasa flotando por encima. Siente cómo abandonas tu cuerpo y empiezas a flotar hacia la nube blanca.

Exhala. Túmbate boca abajo sobre la nube y mira hacia abajo. Te ves a ti mismo encima de la nube, flotando sobre un cristalino lago azul. Ves tu reflejo en la nube blanca, mirándote a ti mismo desde el lago.

Exhala. Siéntete en los dos lugares a la vez.

Exhala. La pequeña nube blanca desciende hasta el suelo y te devuelve a tu cuerpo físico.

Exhala. Mira hacia arriba desde tu cuerpo físico y observa cómo la nube blanca se eleva hasta el cielo y se aleja.

Exhala. Abre los ojos.

Moisés hace trucos de magia delante del faraón. Transforma su vara de madera en una serpiente, pero cuando la recoge, vuelve a ser una vara. Dado que el orden de la creación establece que los árboles son creados antes que los animales que se arrastran, la vara viene antes que la serpiente. Tírala al suelo y se convierte en una serpiente. Sin embargo, cuando la recoges, vuelve a convertirse en una vara. ¿Tiene sentido? En realidad, no, al menos no en el mundo de *Asiyá,* el mundo manifestado. Pero sí lo tiene en el mundo de la imaginación, en el mundo de *Yetsirá.* Jugar con las formas es *hacer* (es decir, moldear las formas que se nos han dado), de ahí que se nos ordene que hagamos, *laasot.*[24]

Ejercicio 143
· · · · · · · · · · ·
Dos manos

Cierra los ojos. Exhala lentamente tres veces mientras cuentas del tres al uno. Visualiza el uno alto, nítido y brillante.

Imagina que en la palma de la mano sostienes un objeto onírico que representa tu cuerpo físico y sus necesidades.

Exhala. En la palma de la otra mano sostienes un objeto onírico que representa las necesidades de tu alma.

Exhala. Junta las dos manos, como si fueras a rezar. Siente su calor y su humedad. Siente cómo las dos manos se convierten en una.

Exhala. Abre las manos. ¿Qué tienes en ellas?

Exhala. Abre los ojos.

✳

Revertir 9. Cambiar el tiempo

El pasado quedó atrás; el futuro no existe. Aprender a vivir en el presente significa regresar a una presencia en plenitud donde la enfermedad no existe. Los ejercicios 119: «Tiempo vertical» y 120: «La gota solar»[25] te ayudaron a estar en el Ahora. Aquí tienes otro ejercicio que te mostrará cómo es el Ahora.

---

24. Génesis 2, 2.
25. *Véase* el capítulo 12.

Ejercicio 144
. . . .
Un viaje en tren

Cierra los ojos. Exhala lentamente tres veces mientras cuentas del tres al uno. Visualiza el uno alto, nítido y brillante.

Imagina que has dejado atrás tu antigua vida. Has subido a un tren con una maleta que contiene las pocas pertenencias que te llevas.

Exhala. Observa cómo el tren se detiene en distintas estaciones donde van bajando los pasajeros.

Exhala. Eres el único pasajero que queda en el tren. Baja en la última estación.

Exhala. Estás en un lugar abierto. No hay edificios, ni árboles, ni arbustos, ni ríos. Estás solo entre la tierra y el cielo.

Exhala. Lanza la maleta abierta hacia el cielo y observa cómo tus pertenencias salen volando hacia el cielo. Observa qué ocurre.

Exhala. Abre los ojos.

Revertir 10. Dicha

Los antiguos rabinos decretaron que ningún tullido o enfermo podía entrar en el templo. Esto puede interpretarse como una norma profundamente injusta o como una metáfora. Como metáfora, tu tarea consiste en devolver todos tus cuerpos (el físico, el emocional, el mental, el espiritual y el de más allá) a lo que Najmán de Breslavia, el gran maestro jasídico del siglo XVIII, denominaba el canto (*nigún*) profundo de los diez ritmos vitales. ¿Por qué diez? Porque diez es la plenitud que hemos estado buscando, la imagen especular del uno (el cero no cuenta; volvemos al uno). Cuando los dos se encuentran cara a cara, Yo y Tú se re-paran (se convierten en uno a imagen de Dios) y hay dicha. «La dicha es un gran remedio. Uno debe encontrarla en uno mismo, un único punto positivo que nos haga felices, y adherirnos a ella».[26]

---

26. Najmán de Breslavia, citado en Greenbaum: *The Wings of the Sun.*

Ejercicio 145

La música de las profundidades

Cierra los ojos. Exhala lentamente tres veces mientras cuentas del tres al uno. Visualiza el uno alto, nítido y brillante.

Imagina que estás sentado en la playa viendo la puesta de sol. Observa todos los colores e imagina que son las cuerdas de un instrumento musical.

Exhala. Alarga los brazos y toca las cuerdas de colores de tu instrumento celeste.

Exhala. Siente la música vibrar en todas las células de tu cuerpo. Escucha el canto de tus células: «Aleluya, Aleluya, Aleluya».

Exhala. Escucha como todas las criaturas de la tierra y del cielo se unen a tu canto: «Aleluya, Aleluya, Aleluya».

Exhala. Abre los ojos mientras atesoras la dicha en tu corazón.

Dios dijo: «Te he dado a elegir entre la vida y la muerte, entre la bendición y la maldición. Elige, pues, la vida».[27] Cuando buscas la dicha en la calamidad, le estás diciendo no a la muerte. Estás eligiendo activamente la vida. La dicha vendrá a ti y te re-par-ará, como dice el profeta: «Sáname, Señor, y seré sanado».[28] Aunque «caminemos por el valle de la sombra de la muerte»[29], conociendo la lepra y el bienestar, nuestras almas pueden elegir adherirse al reino de la plenitud. Y si lo hacemos, prolongaremos nuestra vida, no necesariamente en días, semanas o años, pero sí en vitalidad, dicha y gratitud.

Le preguntaron sus alumnos: «¿Qué es *Jolem*?».

Él respondió: «Es el alma, y su nombre es *Jolem*».

Si la escucháis, vuestro cuerpo será vigoroso (*Jalam*) en el futuro definitivo. Pero si os rebeláis contra ella, habrá enfermedad (*Jolé*) sobre tu cabeza y enfermedades (*Jolim*) sobre la suya.

---

27. Deuteronomio 30, 19.
28. Jeremías 17, 14.
29. Salmos 23, 4.

También dijeron: «Cada sueño (*Jalom*) está en el *Jolem*. Cada valiosa piedra blanca está en el *Jolem*». Así está escrito con respecto al pectoral del Sumo Sacerdote (Éxodo 28, 19), «Y en la tercera fila... una piedra blanca (*aHLaMah*)».[30]

La luz de la creación que trae consigo tu sueño lo cura todo. Al estar en plenitud, te sitúas en el núcleo mismo, en el corazón de tu relación con el ser. Estás permitiendo que la *sur-nature*, la gran bestia de las profundidades, el Leviatán, se eleve en todo su esplendor radiante. El velo se descorre y lo oculto es revelado. Tu alma revelada es el Leviatán.

---

30. Aryeh Kaplan: *El Bahir*.

TERCERA PARTE

Despertar al Leviatán

La serpiente de las profundidades, la superconciencia
o, como dicen los franceses, tu sur-nature

«¡Cuán innumerables son tus obras, Oh Señor!
Hiciste todas ellas con sabiduría;
¡la Tierra está llena de tus beneficios!
He allí el grande y ancho mar,
en donde se mueven seres innumerables,
seres pequeños y grandes.
Allí lo surcan las naves;
allí este Leviatán que hiciste para que jugara en él».

SALMO 104, 24-26

Hasta ahora has aprendido algunas técnicas sencillas para acceder al subconsciente y aprovechar sus poderes. Durante el proceso, has respondido a la necesidad de tus imágenes y despejado el segundo nivel de tu consciencia, la basura acumulada en el subconsciente. Estás domando a la bestia. Las aguas del subconsciente se están aclarando y por fin puedes asomarte y empezar a consolidar la experiencia de la tercera capa del subconsciente: la superconciencia o *sur-nature*. Estás vislumbrando a tu alma en acción.

El alma, tu parte inmortal entretejida en el vasto océano del campo onírico sobre el cual se crea el mundo, y que los textos llaman «Leviatán»,[31] necesita que despiertes y empieces a brillar.

Al flotar sobre la masa incipiente del Leviatán, la bestia imponente de las profundidades, estás poniendo orden en el caos. Y al responder a la necesidad de las imágenes que aparecen, estás propiciando una creatividad mucho más fluida y activa. El objetivo final, sin embargo, no es ni limpiar ni consolidar una imagen de tu alma. Estas técnicas básicas abren el camino para la consecución de un logro mucho mayor insinuado por la idea de Dios jugando con el Leviatán.

---

31. «Él es el principio de los caminos de Dios», Job 40, 19.

Olvida la razón y la lógica. ¡Córtate la cabeza! La tercera capa del subconsciente te está pidiendo a gritos que recuperes la alegría, que participes en el juego de dar y recibir de forma incondicional. Y como muestra el jeroglífico egipcio, el corazón es un jarrón cuyas asas son orejas. Escucha a tu corazón, pues habla el lenguaje subterráneo del ritmo. ¿El ritmo de tu corazón es armonioso o discordante? En cualquier caso, el corazón suscita en tu mente primordial colores, olores, formas e imágenes. ¡Juega con todo eso! El mayor logro es jugar. Déjate llevar, fluye, acepta, relájate, disfruta, sé feliz y ríe. Aprende a retozar en las olas con la hidra de numerosas cabezas de tu Leviatán personal hasta que, como el Mundo, la figura danzante de los veintiún Arcanos del tarot, se eleve hasta convertirse en tu *axis mundi,*[32] en sustento para tu deleite y placer. En su interacción, tanto el sinuoso Leviatán femenino, «que rodea al mundo entero»,[33] como el Leviatán masculino renacido, «vertical como una reja»,[34] sostienen paradójicamente tu luminosa y auténtica presencia cada vez de una forma más fluida y cohesionada.

---

32. Eje de rotación de las esferas planetarias.
33. Ben Meir: Comentario sobre Baba Batra 74b.
34. *Ídem.*

14

EL CAMINO DEL CORAZÓN

«Un corazón roto y humillado puede abrir de par en par todas las puertas y todos los palacios celestiales».

Baal Shem Tov

¿Hemos pedido nacer? ¿Nos hemos inscrito en la agridulce aventura que es la vida? Caemos en este mundo y debemos apañárnoslas con lo que se nos da, ya sea salud o enfermedad, belleza o fealdad, inteligencia o simplicidad. Desde el principio, debemos enfrentarnos a circunstancias desgarradoras. ¿Y no tenemos derecho a preguntarnos por qué, y lo que es más conmovedor, por qué a mí? La Biblia nos dice que «Tomó, pues, el Señor a Adán y lo puso en el Jardín del Edén».[35] ¿Por qué? Si Adán no fue creado en el Jardín, ¿por qué ponerlo allí? «Él (Dios) lo tomó (a Adán) con palabras hermosas y lo **sedujo** para que entrara en el jardín».[36] ¿Está Dios enamorado y anhela a la amada? ¿Está Dios seduciéndonos a todos, como hizo con Adán, para que entremos en Su corazón y juguemos con Él? Imagina que te ofrecen todo lo que siempre has deseado —abundancia, flujo, dicha, todas las creaciones de Dios— para que disfrutes de ello sin pedirte nada a cambio. Salvo que, ahora que has sido seducido, pasas a estar involucrado, para bien o para mal, en el juego del amor. «Me abrí a mi amado, pero él se había ido».[37] El juego del amor es peligroso.

---

35. Génesis 2, 15.
36. Rashi: Comentario sobre el Tanaj.
37. Cantar de los Cantares 5, 6.

Del fruto del árbol que hay en medio del Jardín, «no comeréis de él, ni lo tocaréis, para que no muráis»,[38] no sea que se te rompa el corazón y no puedas recomponerlo, como los hombres del rey con Humpty Dumpty.[39] «¿Dónde estás?», exclama Dios después de que Adán y Eva hayan reventado la burbuja de la dicha y la fusión perfecta. Es una llamada que resuena en los pasillos del tiempo y llama a la puerta de nuestros corazones. ¿Pondrás en peligro tu pequeño corazón para llegar al gran corazón de Dios? Los sueños, y un anhelo que ni siquiera comprendes, te están despertando. ¿Podrás soportar el caos, la confusión, el miedo, las heridas y la pérdida del ser? ¿Podrás sobrevivir al torbellino de incertidumbre que promete el paraíso?

En hebreo, el Jardín del Edén se llama PRDS (pronunciado «pardes»). Ya hemos visto que estas cuatro letras indican el camino que lleva de vuelta al Jardín, al amado, pues «mi amado descendió a su jardín».[40] P es *Peshat,* el argumento, el mundo visible; R es *Remez,* el patrón, las pistas ocultas en el argumento; D es *Drash*, la pregunta, la búsqueda del significado profundo, y S es *Sod,* el tesoro oculto entre los pliegues y curvas del mundo velado. Si tocas ese tesoro oculto, te llenas instantáneamente de dicha. La caída y el exilio del Jardín del Edén es la herida original, y tú has emprendido la búsqueda del tesoro para volver a tu amada en el Jardín, para aferrarte al núcleo ardiente del amor. Cuando el caos se convierta en juego y los juegos del amor en deleite, habrás alcanzado el superconsciente. Cada instante es un dichoso retozar con Dios, en completa seguridad y confianza. La gran bestia de las profundidades, que ya no es caótica, rabiosa ni destructiva, se ha convertido en un cachorro manso que te mira con ojos tiernos y conmovedores.

La primera letra de la Torá es B, *bet,* y la última es L, *lamed.* LB se lee *lev* y significa «corazón». El texto de la Torá, cada una de sus letras, se considera que es el gran nombre de Dios. Dios es amor. Cuando llegamos al final de la Torá, nos apresuramos a empezarla de nuevo. ¿Qué

---

38. Génesis 3, 3.
39. Nana inglesa.
40. Cantar de los Cantares 6, 2.

ocurre entre la última letra de la Torá, *lamed*, y la primera, *bet*? Pues que se abre el abismo, *tehom*, de la ignorancia. Todos los viajes del corazón deben cruzar el *tehom*, también conocido como el *tohu va'bohu*, el gran abismo del subconsciente que ya hemos conocido anteriormente. Al cernirnos sobre él en nuestros sueños, ayudamos a poner orden en el caos. La *lamed* ilustra nuestra esperanza, pues se eleva en espiral hacia el cielo y sobresale por encima de todas las otras letras del alfabeto, recordándonos que el viaje nunca es el mismo. Al emprender el viaje una y otra vez, tenemos la oportunidad de exponernos al corazón de Dios y acercarnos cada vez más al candente centro. Como nos dice la traducción de Avivah Zornberg de Bereshit Rabá, «un hombre viajaba de un lugar a otro cuando vio un castillo en llamas. Dijo: "¿Dirías que el castillo no tiene señor?" El señor del castillo se asomó y le dijo: "Yo soy el Señor del castillo"».[41] El midrash nos dice que, si queremos llegar al Jardín, el corazón de la creación de Dios, la fuente de toda creatividad y dicha, debemos emprender el viaje.

¿Qué nos impide completar el viaje? Hasta que PRD no encuentra su última letra, la S, *Sod*, su tesoro, sólo es PRD, *parad*, que suena como «pahad», miedo.[42] En todas las grandes historias de amor el miedo hace acto de presencia. Cruzar el espacio que separa el Yo del Tú es cruzar el *tehom*, la morada de las grandes bestias de las profundidades. ¿El movimiento las despertará? ¿Me atraparán las furias de la existencia? ¿Atraparán también mi ansiedad, el miedo al rechazo, los celos, la ira, la envidia y la culpa? ¿Podré soportar el no saber si me aceptas o me rechazas? Seducidos para recalar en el jardín, entramos de puntillas en una relación amorosa con nuestro creador, en un mundo de dicha y comunión del que, como en todas las relaciones amorosas, sabemos que seremos expulsados, ya que no podemos tolerar la unidad durante mucho tiempo. Volvemos a caer en la separación y debemos reemprender el viaje una y otra vez, hasta que aprendamos a vivir simultáneamente en la unidad y en la separación. Sólo después de pasar del mundo consciente (separación) al subconsciente (unidad) y viceversa,

---

41. Bereshit Rabá 19, 1-2, citado en Zornberg: *The Murmuring Deep*.
42. Aunque en la palabra *pahad*, la R, *resh*, es sustituida por la H, *het*, en hebreo *parad* y *pahad* suenan igual.

343

«viajando de un lugar a otro», seremos capaces de dominar el miedo que nos embarga al contemplar el castillo en llamas.

El miedo es nuestro mayor enemigo. Es el Leviatán enredando al durmiente con sus espirales de pesadilla, la dama roja consultando sus archivos para encontrarse con el gran visir esta noche en Samarcanda o la Esfinge exhalando su cálido aliento a Edipo. «¿Quién es el que camina a cuatro patas al amanecer, con dos al mediodía y con tres al atardecer?». No respondas si no quieres que la muerte acuda a tu encuentro para devorarte vivo. El miedo mortal acorta la esperanza de vida y diluye nuestra dicha en el presente. Aunque es cierto que vivir en una trayectoria lineal añade drama a las historias de amor, también es verdad que ignora otras realidades, igual de poderosas, que renuevan, trazan espirales y expanden el tiempo y nos ayudan a deshacernos del miedo. La mente lógica sabe que moriremos, pero el subconsciente tiene algo más que ofrecernos.

Los viajes cíclicos, renovados de forma estacional, nos recuerdan que lo que muere volverá a florecer. Los ciclos sugieren que, como la naturaleza, nuestras vidas florecen, se marchitan y después desaparecen en lo desconocido para volver a renacer en una nueva primavera. El tiempo cíclico nos permite poner nuestras esperanzas en el renacimiento, mientras que con su *lamed* final en espiral, la Torá nos está diciendo que tenemos otra oportunidad, en ésta o en otra vida, para elevarnos cada vez más y así estar más cerca de nuestro amado. La decisión de enfrentarnos a nuestros miedos nos lleva de los tormentos del infierno a la dicha celestial, en un viaje que los escritores franceses del siglo XVII llamaron *la carte du Tendre*, el mapa del amor. A Osiris, que viaja al inframundo y resucita de entre los muertos, se lo conoce como el señor del amor. Jesús de Galilea, quien se pasa tres días en el infierno antes de resucitar, es el gran maestro y señor del amor. Dante, en *La Divina Comedia*, debe atravesar el infierno y el purgatorio para mostrarse merecedor de alcanzar la ciudad celestial donde le espera su amada. *El progreso del peregrino*[43] nos recuerda que todos empezamos en la Ciudad de la Destrucción. Sólo la decisión de dejar atrás el pecado y

---

43. Alegoría cristiana escrita por John Bunyan en 1678.

transformar nuestros corazones nos conducirá a la Ciudad Celestial. El motor de la transformación es el amor: amor a Dios, a la persona amada o, si prefieres llamarlo de otro modo, el amor a uno mismo que nos habla con su voz apacible y delicada en medio del torbellino, el terremoto o el fuego de nuestras emociones.[44] La intuición, que nos dice lo que es correcto y bueno para nosotros, es la voz de nuestro corazón. Si queremos encontrar el camino de regreso al Jardín, debemos escucharla.

¿Pero cómo lo hacemos? ¿Cómo puede ayudarnos el subconsciente a transformar las emociones espantosas en sentimientos? Hemos tratado el tema de la transformación de las emociones en sentimientos en el ejercicio 48: «Los caminos de la emoción»; el ejercicio 49: «Cambiar las emociones por sentimientos», y el ejercicio 85: «Emociones y sentimientos».[45] No obstante, me gustaría recordar aquí una historia que ilustra el viaje del amor, la historia de la tentación de José, el gran soñador de la Biblia y capataz de la casa de Potifar. La mujer de Potifar atrae a José con palabras seductoras y atrevidas[46] al interior de la casa cuando en ésta «no hay nadie».[47] Se acerca a él lo suficiente como para agarrarle de la ropa. En ese momento de gran peligro, cuando podemos suponer que el corazón le late en los oídos con el sonido de sus emociones, el midrash nos dice que José vuelve la cabeza hacia la ventana y ve a su padre. Jacob, su padre, está a kilómetros de allí, en la tierra de Canaán, mientras que José está en Egipto. El rostro de su amado padre le recuerda todo lo bueno y auténtico que ha perdido al ser vendido como esclavo. «El corazón sigue donde van los ojos».[48] Y José huye de la casa. La mujer de Potifar lo acusará y José será enviado a la cárcel, pero su infierno pronto vendrá seguido de un fenomenal ascenso a la corte y los jardines del faraón. Nuestro viaje está hecho de elecciones similares, algunas pequeñas, otras decisivas, pero que sólo nosotros podemos emprender. «Todo ser humano tiene la libertad de

---

44. 1 Reyes 19, 11-13.
45. En los capítulos 8 y 10, y en mayor detalle en mi primer libro titulado *La cábala y el poder de soñar*.
46. «Acuéstate conmigo».
47. Génesis 39, 11.
48. Bereshit Rabá 98, 20.

cambiar en cualquier instante».[49] La decisión de seguir avanzando nos impulsa hacia arriba en la espiral, hasta que finalmente la brecha que separa la pérdida del Jardín y el retorno a él se recorre en un abrir y cerrar de ojos.

Ejercicio 146
. . . .
La búsqueda

Cierra los ojos. Exhala lentamente tres veces mientras cuentas del tres al uno. Visualiza el uno alto, nítido y brillante.

Ve y comprende que ser un explorador significa estar siempre buscando algo más.

Exhala. Comprende y ve que lo que estás buscando no es algo desconocido, sino algo que has perdido u olvidado.

Exhala. Escucha el acorde que has perdido. Siéntelo resonar en ti y comprende que la restauración de tu plenitud es posible.

Exhala. Abre los ojos.

✳

Podremos entender mejor el viaje si nos fijamos en Adán, ADM, el primer humano. A es la letra hebrea *álef*, cuyo valor numérico es uno; una letra impronunciable y misteriosa. DM, leído «dam», significa «sangre».

Los cabalistas, al interpretar el nombre de Adán, suelen añadir una letra al final, ADMH, que se lee «adamá», tierra. La sangre viaja entre el misterio y la tierra, uniendo nuestros dos mundos, el alma y el cuerpo. Se trata de un circuito cerrado cuya única ventana se abre a los pulmones, donde deposita dióxido de carbono y recoge oxígeno. Lo interior conecta con lo exterior a través de los latidos del corazón y la respiración. Si nos concentramos en la interconexión entre el circuito cerrado de la circulación sanguínea y el circuito abierto de la respiración, estimularemos nuestra energía vital.

---

49. Viktor Frankl: *El hombre en busca de sentido*.

Ejercicio 147

Circulación abierta y cerrada

Cierra los ojos. Exhala lentamente tres veces mientras cuentas del tres al uno. Visualiza el uno alto, nítido y brillante.

Observa el color de tu sangre.

Exhala. Ve, siente y experimenta el circuito cerrado de tu circulación sanguínea.

Exhala. Experimenta el circuito abierto de la circulación del aire.

Exhala. ¿De qué color tienes ahora la sangre?

Exhala. Abre los ojos.

La intensa alegría de la vitalidad se llama *nefesh*, vivacidad. Tanto la vitalidad como la resistencia dependen de esta doble circulación, de la sangre y del aire. El ritmo cardíaco y el respiratorio transmiten energía e información, dan órdenes a las células y nos indican cómo estamos. Una fuerte impresión altera nuestro ritmo respiratorio y cardíaco. Se trata de un fenómeno que denominamos «emoción», del latín *emovere*, impulso que induce a la acción. Actuamos como reacción a un cambio, una transformación o un estímulo exterior. Nuestra mejor amiga nos traiciona, nuestro cónyuge nos abandona, un ser querido muere o un profesor de confianza nos humilla delante de toda la clase. La respiración y los latidos del corazón aumentan su ritmo habitual, modificando el canto profundo (*nigún*) de nuestros ritmos que nos mantiene sanos y enérgicos.

¿Por qué tenemos emociones? ¿Para qué sirven? Según Charles Darwin (1809-1882), el naturalista inglés famoso por la teoría de la evolución, las emociones nos ayudan en la lucha evolutiva por la supervivencia. Son un mecanismo de defensa frente a la percepción de un peligro, y lo conocemos por el nombre de reacción de lucha o huida (ira o miedo). Pero William James (1842-1910), filósofo y psicólogo estadounidense, nos recuerda que el cuerpo tiembla incluso antes de que seamos conscientes del miedo. Entonces, ¿el cuerpo percibe el peligro antes de que nuestro cerebro pueda registrarlo? Según James, las emociones son el resultado de un cambio fisiológico, por lo que, *de facto*, James está reconociendo una gama más amplia de receptores corporales. Por el contrario, Epicteto (55-135 e. c), un filósofo estoico griego, asegura que nos emocionamos porque pensamos. Si dejamos de pensar en algo, las emociones desaparecen. Según Margaret Mead (1901-1978), antropóloga cultural, las emociones se adquieren en una etapa temprana de la vida y surgen del aprendizaje social. Para ella, la emoción no es un fenómeno universal.

Y tú, ¿para qué crees que sirven las emociones?

Ejercicio 148

· · · · · · · · · · ·

¿De qué sirven las emociones?

Cierra los ojos. Exhala lentamente tres veces mientras cuentas del tres al uno. Visualiza el uno alto, nítido y brillante.

Imagina que tu padre le ha dejado en herencia la casa a tu hermano y a ti no te ha dejado nada (Epicteto, piensa).

Exhala. Imagina que te ataca un tigre (Darwin, supervivencia del más fuerte).

Exhala. Imagina que estás temblando y no sabes por qué (William James, fisiología).

Exhala. Imagina que eres un hombre chapado a la antigua y que descubres a tu mujer poniéndote los cuernos (Mead, cultural).

Exhala. Abre los ojos.

Tras haber experimentado las cuatro teorías de la emoción, estarás de acuerdo conmigo en que cada una de ellas tiene sus virtudes. Las reacciones del cuerpo son complejas. Todos los obstáculos, ya sean físicos, mentales, culturales, morales o espirituales, actúan en contra, *kenegdo,* del bienestar corporal y provocan una reacción que denominamos emoción.

Antes de continuar, es importante subrayar una vez más la diferencia entre emoción y sentimiento.[50] Los dos suelen confundirse, salvo

---

50. *Véase* el capítulo 8.

en la literatura bíblica. Observa en ti mismo la diferencia entre la ira y el amor.

Ejercicio 149

· · · · · · · · · ·

Airado

Cierra los ojos. Exhala lentamente tres veces mientras cuentas del tres al uno. Visualiza el uno alto, nítido y brillante.

Revive un momento en el que experimentaste una intensa ira. Sigue el movimiento de la ira dentro de tu cuerpo.

Exhala. Escucha las palabras del profeta Habacuc: «En la ira, acuérdate del amor».[51] ¿Cómo se mueve el amor en tu cuerpo?

Espira. Abre los ojos.

*

Para referirse a la ira, los franceses dicen: «*La moutarde me monte au nez*», la mostaza me sube a la nariz. La cólera sube y se proyecta hacia fuera, a través de un puño o de una explosiva ristra de insultos. Cuando pasas al amor, una serie de círculos concéntricos se expanden desde tu cuerpo hacia el exterior. Las emociones recorren el cuerpo de forma irregular. Los sentimientos son siempre expansivos.

Tras haber aclarado esto, me gustaría proponer otra teoría para la existencia de las emociones. Las emociones nos abren de par en par. Liberan nuestra energía, y si somos lo suficientemente rápidos como para captar el momento previo a que la emoción inicie su curso predestinado, podemos redirigir esa energía hacia el amor, la creatividad o hacia cualquier otra dirección que elijamos. Las emociones existen para liberarnos de la esclavitud, para empujarnos, *kenegdo*, a la transformación. «El único propósito de la creación, y de la interconexión de todos los mundos, es revelar Su totalidad exactamente desde su opuesto».[52] Como dijo Ilya Prigogine, Premio Nobel de Fisicoquímica, al alcanzar un punto de bifurcación, un sistema o bien se colapsa –debido a la ines-

---

51. Habacuc 3, 2.
52. Rav Menakem Mendel Morgensztern, citado en Raz: *The Sayings of Menahem Mendel de Kotsk.*

tabilidad, el estrés o el dolor– o se reorganiza de un modo novedoso.[53] Las emociones nos sirven para reorganizarnos y regresar al Jardín por unos instantes. «Mi amado, mi rey me ha traído a sus aposentos».[54]

No te rebeles contra tus emociones. No las reprimas. Acéptalas y utilízalas. Usa tu separación, tu corazón roto, tu agonía –«¿Por qué me has abandonado, Señor?»–[55] para volver tus ojos hacia lo que más amas y anhelas. De ese modo, el Jardín aparecerá ante ti en todo su esplendor y dicha. ¿Durará mucho? No, pero cada vez que te entregas a la emoción, estás ayudando a estabilizar dentro de ti la confianza de que el Jardín está aquí para ti ahora, en cualquier momento, todo el tiempo. Y entonces el cambio te resultará cada vez más fácil. Cuanto más practiques el cambio, más ampliarás y estabilizarás tu consciencia. Estás construyendo lo que Abraham Heschel llama «un templo de luz».[56] Tus emociones son la bestia caótica de las profundidades, pero al transformarlas en sentimientos, se estabilizan y despiertan al Leviatán. En otras palabras, el *tohu va'bohu* de tu subconsciente está siendo reconfigurado para revelar el magnífico orden del superconsciente que se eleva para tu deleite y placer. En eso consiste la gran tarea de la imaginación: poner orden en el caos.

Ejercicio 150
. . . .

El dolor, la chispa sagrada

Cierra los ojos. Exhala lentamente tres veces mientras cuentas del tres al uno. Visualiza el uno alto, nítido y brillante.

Experimenta que «todo lo que somos positivamente lo somos gracias a alguna limitación».[57]

Exhala. Ve y siente que en todo dolor hay una chispa sagrada de Dios.

Exhala. Abre los ojos.

---

53. Ilya Prigogine, citado en Sarbajit y otros: *«Ordered Complexity from Dissipative and Chaotic Systems»*.
54. Cantar de los cantares 1, 14.
55. Salmos 22, 2.
56. Heschel: *El Shabbat*.
57. Atribuido a José Ortega y Gasset.

El dolor no es bueno, pero puede utilizarse para el bien. Por eso es más importante tener una pesadilla que un sueño agradable. La pesadilla te abre el corazón de par en par y te deja al borde del abismo. El dolor, la confusión, la desesperación, la pena, la ira y el miedo te sacuden y te sacan de las emociones reprimidas y congeladas (frustración, tristeza, autodestrucción, ansiedad, culpa, resentimiento, celos, envidia, etc.). Son la clave para encender y poner en marcha lo que la Biblia hebrea llama *merkabá*, el vehículo o carro de tu cuerpo. Como dice el rabino Akiva en su gran sabiduría, cualquier contratiempo, por doloroso que éste sea, es para bien: *Gam zu letová.*

Ejercicio 151

. . . .

Tu peor pesadilla

Cierra los ojos. Exhala lentamente tres veces mientras cuentas del tres al uno. Visualiza el uno alto, nítido y brillante.

Experimenta tu pesadilla más profunda y persistente. Pregúntate a ti mismo: ¿hasta cuándo? ¿Hasta qué?

Exhala. Di: «Gam zu letová», eso también es para bien.

Exhala. Visualiza tu pesadilla como un huevo negro que se resquebraja y revela su tesoro.

Exhala. Abre los ojos.

Así vemos a Dios enviando un gran diluvio, el *tehom,* para destruir a todos aquellos atrapados en patrones repetitivos y emociones congeladas. Para construir un nuevo mundo, Dios recluta a Noé, cuyo nombre significa «consuelo» o «descanso».

Ejercicio 152

. . . .

En honor a Tagore

Cierra los ojos. Exhala lentamente tres veces mientras cuentas del tres al uno. Visualiza el uno alto, nítido y brillante.

Imagina que te tiran por la borda a un océano turbulento. Imagina que intentas mantenerte a flote.

Exhala. En lugar de luchar contra las olas, húndete en el océano. Húndete cada vez más hasta alcanzar el centro del océano.

Exhala. Conviértete en el océano.

Exhala. Reconfigúrate lentamente y sube hacia la superficie del océano.

Exhala. Cuando alcances la superficie, ¿cómo es el océano?

Exhala. Nada hasta la orilla. Sal del agua. Sécate al sol.

Exhala. Atrapa un rayo de luz y envuélvete con él.

Exhala. Abre los ojos.

Si te has convertido en el océano en toda su inmensidad y quietud y has vuelto a emerger, tu superficie oceánica debería estar ahora en calma y en paz. Esto dice mucho de las emociones (turbulentas) y de la paz (tranquila, concéntrica y expansiva). El *tohu va'bohu* se apacigua. La bestia de la ira se doma y se convierte en alegría.

Ejercicio 153
· · · · · · · · · · ·
Domando a la bestia

Cierra los ojos. Exhala lentamente tres veces mientras cuentas del tres al uno. Visualiza el uno alto, nítido y brillante.

Elige a alguien de tu vida cotidiana que represente para ti un obstáculo peligroso, como un jefe airado, un alumno rebelde, un empleado asustado o cualquier otro ejemplo que te resulte relevante. Encuentra el modo de domar a esa persona. Puedes utilizar el ejercicio del plexo solar58 o cualquier otro ejercicio que recuerdes. Observa el cambio.

Exhala. Abre los ojos.

Haz este ejercicio en la vida real. Practícalo una y otra vez, y observa cómo, al domar a las bestias externas, domas también a las internas.

---

58. Ejercicio 45: «El plexo solar».

Imagina que eres Moisés subiendo al monte Horeb para encontrarte con Dios. Has estado cuarenta días y cuarenta noches en la nube del desconocimiento. Otra parte de ti, impaciente y temerosa, da rienda suelta a las emociones reprimidas construyendo un becerro de oro, un dios macizo y visible para contrarrestar tu incertidumbre. Cuando por fin bajas de la montaña con las dos tablas de piedra en las que el mismísimo dedo de Dios ha inscrito las nuevas normas de la dicha, el gozo y la felicidad, te encuentras con lo que te has hecho a ti mismo y, llevado por la ira, rompes las tablas. Más tarde, vuelves a subir humildemente a la montaña para suplicar el perdón de Dios y escribir unas nuevas tablas.

El nuevo juego de tablas que Moisés escribió al dictado de Dios fue colocado en el interior del Tabernáculo, el *sanctasanctórum*. Las tablas rotas se guardaron en el mismo lugar, para asegurarnos de no olvidar jamás el valor de un corazón roto.

Ejercicio 154
· · · · · · · · · ·
Un corazón roto

Cierra los ojos. Exhala lentamente tres veces mientras cuentas del tres al uno. Visualiza el uno alto, nítido y brillante.

Ve, siente y experimenta que «no hay nada más completo que un corazón roto».[59]

Exhala. Abre los ojos.

✳

En el juego con el amado que has seducido, y que te ha seducido para entrar en el jardín del matrimonio, recuerda que rompiste una copa debajo de la *jupá* (dosel matrimonial) para recordaros que «las emociones nos brindan la oportunidad de practicar el buen comportamiento».[60]

---

59. Rav Menakem Mendel Morgensztern, citado en Raz: *The Sayings of Menahem Mendel of Kotsk.*
60. Alessandri: «*It's a Terrible Day in the Neighborhood, and That's OK*».

Tanto en el amor como en el matrimonio hay muchas emociones, y muchas oportunidades de practicar el buen comportamiento. Y aunque la nana es pesimista acerca del futuro de Humpty Dumpty, podemos imaginar un nuevo y más poderoso escenario donde todos los hombres del rey vuelven a recomponer al rey Humpty Dumpty. No puede re-pararse exactamente como era antes, pero puede salir de la experiencia con unas muy interesantes e ingeniosas grietas y cicatrices. Ya no es el huevo ingenuo de la nana, sino alguien que ha domado al Leviatán y puede jugar en el océano de la creatividad con su amada. Ha aprendido a confiar en que todos los hombres del rey, los ayudantes de Dios (o, si lo prefieres, sus ayudantes interiores) podrán recomponerlo. La confianza, la gratitud y la humildad de dejarse ayudar son nuestra última y más valiosa conquista.

15

LA ORACIÓN Y EL LEVIATÁN

«Cuando hagáis de los dos uno,
y hagáis el interior como el exterior
y el exterior como el interior,
y lo de arriba como lo de abajo,
y cuando establezcáis el varón con la hembra como una sola
    unidad
de tal modo que el hombre no sea masculino ni la mujer
    femenina,
cuando establezcáis un ojo en el lugar de un ojo,
y una mano en el lugar de una mano,
y un pie en el lugar de un pie,
y una imagen en el lugar de una imagen,
entonces entraréis en... (el Jardín o el reino)».

EVANGELIO DE SANTO TOMÁS 22

Érase una vez, no había tiempo ni lugar. «Levántate, amada mía, hermosa mía, y ven conmigo. El invierno de la esclavitud ha pasado, el aluvión del sufrimiento ha terminado».[61] Envuelto en un mudo esplendor, el Maestro del Jardín **te** espera para que, con tu oído, tu vista y todos los demás sentidos, reanimes Sus colores y reavives Su resplandor. *Shemá*, escucha con los oídos de tu corazón, ¿qué percibes, ves, sientes y sabes? El Maestro no puede prescindir de ti. «Oh paloma mía... muéstrame tu poderosa mirada, déjame oír tu voz suplicante».[62]

---

61. Cantar de los cantares 2, 10-11.
62. Cantar de los Cantares 2, 14-15.

El Maestro está llamando a su amada. ¿**Te** está rezando? ¿Te está suplicando? ¿Te está enseñando a tejer una guirnalda de oraciones, un puente tenue que cruce el *tehom*, el abismo, y te lleve hasta Él?

¿Para qué sirve la oración exactamente? ¿Es el arte de seducir al otro con dulces palabras, súplicas y miradas poderosas? ¿Es la oración un contrapunto, un dueto entre Yo y Tú? ¿Es una forma de coito, como decía el Baal Shem Tov, fundador del jasidismo? ¿La oración es Dios? Para la mayoría de la gente, la oración no es más que un conjunto institucionalizado y formal de palabras, recitadas a intervalos regulares en voz alta en comunidad o internamente.[63] La oración tiene una cualidad tranquilizadora y repetitiva, como una nana, y es un poderoso recordatorio de que debemos regresar a nosotros mismos. Sin embargo, tú, que ya has aprendido a dirigir la mirada hacia tu interior, que has desarrollado una relación con tu mundo interior y tus imágenes, ¿estarías dispuesto a hablarle a tu amada con fórmulas? La oración es *avodá she'balev*, el trabajo del corazón. Tu corazón no habla con palabras memorizadas, sino con ritmo e imágenes. Tu corazón canta, como lo hizo el de Miriam en agradecimiento después de cruzar el mar Rojo[64] o el de Hannah suplicando tener un hijo[65]. Tu corazón intercede, como Abraham o Moisés, que imploraron la misericordia y el perdón para su pueblo. La verdadera oración brota del manantial de la creatividad que es el amor que siente la criatura por su creador. Rezar con palabras es una experiencia intensa, pero rezar con todo tu ser, con movimientos corporales, canciones o imágenes que surgen de las profundidades del subconsciente, es lo que se conoce como «despertar al Leviatán».

«Servirás a Dios con todo tu corazón».[66] ¿Y cómo lo hacemos? Rezar, *hitpalel*, en hebreo es un verbo reflexivo que deriva de la raíz PLL (*palal*) que significa «juzgar». La función de la oración es juzgarse a uno mismo, que es exactamente lo que hemos estado haciendo hasta ahora

---

63. Normalmente, tres veces al día.
64. Éxodo 15, 1-18.
65. 1 Samuel 1, 10-18 y 2, 1-11.
66. Deuteronomio 11, 13.

en este libro. Rezar es el acto de ver surgir las imágenes, juzgarlas según su necesidad y transformarlas mediante el *tikún*. La oración transforma el campo onírico, primero el tuyo y después el de las personas que están conectadas a ti por la sangre. En última instancia, la gran tarea de transformación aclara el campo onírico universal. A esto se lo denomina *tikún olam,* la corrección del mundo. La cábala considera que cada uno de nosotros tiene una función específica que desempeñar en la reparación del mundo. Si has hecho los ejercicios, has cumplido con tu trabajo de *tikún* personal, familiar y mundial; ahora que estás limpio, despejado y desnudo, puedes levantarte para la *Amidá,* la oración que se recita de pie. Tras haber domado a tus bestias (las emociones) y calmado tus profundidades oceánicas (el subconsciente), ahora ya puedes contemplar el burbujeante manantial creativo que hay dentro de ti, tu Dios interior, el que te habla en imágenes y a través de la voz apacible y delicada que te dice todo lo que necesitas saber. En este punto, la tarea no es hacer, pues has eliminado todos los obstáculos, sino dejar ir y permitir que Dios, o si lo prefieres, tu superconsciente, tu burbujeante fuente creativa, tome el control y te guíe.

Ejercicio 155
· · · · · · · · · · ·
El Jardín del Edén

Cierra los ojos. Exhala lentamente tres veces mientras cuentas del tres al uno. Visualiza el uno alto, nítido y brillante.

Estás caminando hacia el este, hacia el sol naciente. Observa a lo lejos los colores parpadeantes de la gran espada giratoria que sostiene el ángel que protege la entrada del Jardín del Edén.

Exhala. Acércate y encuentra en tu corazón la palabra que, una vez susurrada al oído del ángel, te conceda paso.

Exhala. Entra en el Jardín y camina hasta el centro de este, donde brota la fuente primordial del flujo creativo. Observa la fuente.

Exhala. Aléjate y vuelve sobre tus pasos hasta la entrada del Jardín.

Exhala. Sal del Jardín. Da las gracias al ángel al pasar.

Exhala. Abre los ojos.

✳

Estaba caminando por las montañas con el Sr. Oshino, abad de los monjes ermitaños Yamabushi, en Japón. Aunque yo tenía un problema en la rodilla, él no echó la vista atrás ni una sola vez. Se limitaba a soplar en su caracola y a animarnos a seguir adelante. No había otro sitio adónde ir, así que le seguí montaña arriba por los 2446 escalones que llevan al santuario principal. Cuando se nos hacía cuesta arriba, nos ordenaba que gritáramos «*UKETAMO*», acepto. En voz baja yo grité «*HEKABEL*», de la palabra «cábala», rendirse o recibir. Recibí el escalón debajo del pie, recibí los árboles que me rodeaban, recibí el aire que vibraba con las oraciones y los cánticos de los peregrinos y el sonido de la caracola. Recibí el campo vibratorio de la Montaña de la Luna, el monte del subconsciente, el monte de la muerte. Al día siguiente, tras haber asegurado la aniquilación del ego, la pequeña muerte que experimenté en el ascenso a la Montaña de la Luna, ascendería al monte de la resurrección, el Monte del Sol.

Más tarde, el Sr. Oshino y yo nos dedicamos a comparar tradiciones. Él entrena a sus alumnos a través de los rigores del cuerpo: escalando montañas, resistiendo bajo poderosas cascadas o aceptando la lluvia y la roca. Me mostró las plantas de sus pies; no tenía ni un solo callo. De hecho, las tenía suaves y blancas como las de un bebé. «Es una historia de amor —me dijo—, una danza entre la montaña y el escalador». Le dije que la cábala también es una historia de amor. Nos entregamos a la enseñanza, y la enseñanza consiste en crear un círculo (utilizando la inducción del sueño) a través del cual los estudiantes se sumergen en lo desconocido, entregándose al *Ein Sof,* el vacío. No es fácil dar el salto mortal, confiar en que «Tú abres la mano y colmas de bendición a todo ser viviente».[67] Por mucho que estemos condicionados a temer el frío y los peligros de la naturaleza, también estamos condicionados a esforzarnos y a luchar por alcanzar nuestros objetivos. Nos han lavado el cerebro para que creamos que el sufrimiento producirá el efecto deseado. Por desgracia, no nos han enseñado que el subconsciente nos proporcionará «todo lo que deseamos». No sabemos, u olvidamos, que no estamos al mando. Dios (o si lo prefieres, el universo o el subconsciente) es quien está al mando.

---

67. Salmo 145, 16.

La tarea de los estudiantes de la cábala es alinearse con la verdad de Dios, como los alumnos del Sr. Oshino se alinean con la verdad de la montaña o de la cascada.

En la Biblia hebrea Dios tiene muchos nombres. Uno de ellos es *Elohei Tzevaot,* el «Dios de los ejércitos». ¿Qué ejércitos? Los ejércitos de ángeles, las galaxias, las estrellas, los planetas, las estaciones, la vida y la muerte, que giran en un orden perfecto que refleja el orden de la divinidad. ¿Quieres formar parte de los ejércitos de Dios? Ya lo haces. Ahora bien, se te ha otorgado libre albedrío. Puedes decidir rebelarte, desviarte de tu auténtico camino. Cuando dejas de seguir el rumbo que marca tu voz interior o tus imágenes, todo se hace más difícil. El Tarot (Torá leído al revés) nos dice que, si no nos alineamos con el propósito de Dios, que también es el propósito de nuestra alma, estaremos desequilibrados, como se muestra en el decimosexto Arcano Mayor, la Torre. El único objetivo (de tu alma) debería ser encajar en el propósito de Dios (del universo, del subconsciente) como una mano en un guante. Dios está al mando, no tú. ¿Qué crees que puedes controlar? Relájate y deja que Él te mueva. Dios vive dentro de ti. Él es la voz apacible y delicada, la revelación que se eleva al encuentro de tus encandilados ojos, la luz, la dicha, la alegría, la presencia del amado en sus múltiples formas. Hazlo y todo se volverá fácil. La vida fluye repleta de sorpresas dichosas. De modo que no luches; aprende a retozar, como el Leviatán, con tu amado.

Dios es oración. La oración te coloca en una relación de fe con lo desconocido. La oración es un cambio radical de consciencia. Reza en imágenes, reza con los sentidos, reza con alegría, con lágrimas, con súplicas, con sacudidas, con inspiración. «¿La oración es absurda? Sí, pero también lo son todas las emociones del corazón, y el corazón tiene ojos a través de los cuales la mente no puede ver».[68]

Érase una vez un hombre analfabeto. Nunca iba a la sinagoga porque se avergonzaba de su ignorancia. Sin embargo, Dios respondía a todas sus oraciones. En la sinagoga, los sabios rabinos estaban perplejos, pues sus oraciones no eran escuchadas. Finalmente, decidieron visitar al hombre. «¿Cómo lo haces?», le preguntaron. El hombre es-

---

68. Michaelson: *Todo es Dios.*

taba avergonzado. «No soy más que un hombre humilde que no sabe leer. Así que lanzo todas las letras sagradas del alfabeto al cielo y pido: "Dios, en tu infinita misericordia, ordena las letras en la configuración que más te agrade"».

La oración es tu acto más creativo, un acto en el que no necesitas hacer nada más que mirar al *Ein Sof*, el vacío, y esperar a que se forma la nada y se eleve como el *axis mundi*, la gran bestia de las profundidades, el Leviatán, dejando a su paso «un camino luminoso».[69] Cuanto más mires a tu interior, más luminoso se volverá tu Leviatán, hasta que incluso «sus estornudos lancen destellos, y sus ojos sean como los párpados del alba».[70]

Ejercicio 156
· · · · · · · · · · ·
El cuenco vacío

Exhala lentamente tres veces mientras cuentas del tres al uno. Visualiza el uno alto, nítido y brillante.

Imagina que sostienes entre las manos un cuenco vacío. Mira dentro y espera.

Exhala y abre los ojos.

No obstante, el mundo material es tan seductor en su variedad y desafíos que nos olvidamos de mirar hacia nuestro interior. Es algo que requiere dedicación. Debemos doblegar conscientemente nuestra voluntad una y otra vez, día tras día y noche tras noche, como Jacob, quien se quedó en la tienda (una metáfora de mirar hacia dentro) mientras su hermano Esaú salía de caza. Debemos mirar hacia nuestro interior cada día y declarar **con imágenes, pues las palabras no bastan,** nuestra intención de servir a Dios (al universo, al subconsciente).

---

69. Job 41, 24.
70. Job 41, 18.

Ejercicio 157

Compromiso

Cierra los ojos. Exhala lentamente tres veces mientras cuentas del tres al uno. Visualiza el uno alto, nítido y brillante.

Imagina que sueltas todas tus cargas y empiezas a subir una montaña escarpada antes del amanecer. Te has puesto una túnica blanca y vas descalzo. Nota el esfuerzo, el agotamiento, los pies y miembros doloridos.

Exhala. Encuentras un pequeño valle muy verde a medio camino de la cumbre. En el valle hay una fuente burbujeante.

Exhala. Sal del camino y pisa la espesa hierba verde. Siente la reconfortante humedad de la hierba bajo tus pies.

Exhala. Acércate a la fuente. Mete las manos y los brazos hasta los codos en las frías aguas del manantial. Levanta las manos y ponlas bajo los primeros rayos del sol. Usa tus manos para hacer obras bondadosas y de vida.

Exhala. Mete las manos en el agua y tócate los ojos para limpiarlos. Usa la vista para traspasar el velo de la ocultación y para ver sólo bondad y vida.

Exhala. Mete las manos en el agua, tócate los oídos y siente cómo el agua limpia todos los sonidos discordantes. Usa tus oídos para la bondad y la vida.

Exhala. Mete las manos en el agua, tócate las fosas nasales y siente cómo el agua limpia tus conductos de todas las impurezas. Usa tu respiración para el flujo espiritual que entra en tu cuerpo, lo recorre y vuelve a salir al mundo para servir sólo a la bondad y a la vida.

Exhala. Mete las manos en el agua y tócate los labios para limpiar todo lo que entra y sale, y usa tanto la boca como la garganta para la bondad y la vida.

Exhala. Mete las manos en el agua y rocía toda tu piel para limpiar los poros y usar las sensaciones y el tacto para la bondad y la vida.

Exhala. Aléjate de la fuente. Regresa al camino polvoriento y continúa tu camino montaña arriba.

Exhala. Abre los ojos.

Cada noche, durante al menos un minuto, saca todas las lágrimas que hay en tu cuerpo, lávate los ojos con las lágrimas, suénate la nariz para despejar el camino para el espíritu, desatáscate los oídos, límpiate la lengua con canciones de amor, mueve el cuerpo rítmicamente de adelante para atrás, de izquierda a derecha, de arriba abajo. «Dichoso es aquel que encuentra refugio en ti... Oh, Señor de los ejércitos, dichoso aquel que confía en ti».[71] En otras palabras, mira hacia tu interior y reza fervientemente pidiendo ayuda, y la recibirás.

Ejercicio 158
. . . .
Rendición

Exhala lentamente tres veces mientras cuentas del tres al uno. Visualiza el uno alto, nítido y brillante.

Asciende a lo más alto de la montaña. Llega a un prado mientras los primeros rayos del sol lo iluminan. Observa cómo el prado se convierte en luz radiante.

Exhala. Camina por el prado de una forma tan sutil que las briznas de hierba ni siquiera se doblen. Observa y siente cómo tu cuerpo se convierte en luz iridiscente.

Exhala. Ve al centro del prado. Saca un trozo de tiza blanca del bolsillo y dibuja un círculo en la hierba.

Exhala. Entra en él. Llama a todos tus seres angelicales, guías, protectores y ancestros para que hagan por ti lo que deben hacer.

Exhala. Observa y ríndete ante su ayuda. No hagas nada; déjate llevar y permite hacer a Dios.

Exhala. Cuando todo haya terminado, borra el círculo. Dale las gracias humildemente a tus ayudantes.

Exhala. Abre los ojos.

Del mismo modo que no puedes curarte a ti mismo con la fuerza de voluntad, sino sólo a través de la alineación interior, tampoco puedes curar a los demás. Sólo puedes crear el espacio para que la otra persona

---

71. Como hizo el rey David en el Salmo 84, 6 y 84, 13.

lo ocupe. Dibuja el círculo y retírate. Llama a la persona que ha pedido la oración e indícale que entre en el círculo. A continuación, llama a sus ayudantes. Observa lo que ocurre dentro del círculo. Tú eres el que llama y el testigo, pero no el que hace; esa es tarea de los ayudantes.

Nota de advertencia: nunca emprendas esta oración formal a menos que la otra persona te lo pida expresamente. Siempre debe respetarse su libre albedrío. Evidentemente, puedes incluirla en lo que yo denomino bolsillo de oraciones, un espacio secreto situado dentro de tu corazón o en la nuca. Está permitido enviar, de vez en cuando, un poco de luz a los demás. De hecho, muchas veces rezamos sin darnos cuenta: Oh, Señor, ayuda a fulano de tal y tal… No obstante, la oración formal es un ritual poderoso que hay que respetar.

Ejercicio 159
Oración de intercesión

Exhala lentamente tres veces mientras cuentas del tres al uno. Visualiza el uno alto, nítido y brillante.

Imagina una tienda de campaña hecha de luz azul. Indica a la persona por la que estás intercediendo que entre en la tienda.

Exhala. Llama a sus ayudantes angelicales, guías, protectores y antepasados. Observa cómo van entrando en la tienda colmados de luz. Tú no entres en la tienda.

Exhala. Comprende que los ayudantes se encargarán de todo lo que necesite la persona por la que intercedes.

Exhala. Abre los ojos. Sabes que la persona saldrá de la tienda cuando todo haya terminado. Siéntete agradecido por la ayuda a la que siempre puedes recurrir.

Exhala. Abre los ojos.

Hace muchos años que formo parte de un grupo que se dedica a rezar de forma regular por otras personas. Para nuestras oraciones no utilizamos palabras, sino imágenes que se despliegan de forma natural ante nuestros ojos desde el campo onírico subconsciente del suplicante. Nuestra única contribución es ofrecer nuestra presencia y atención para que el suplicante pueda realinearse con su verdad. Durante años hemos podido comprobar la eficacia de la oración. Para que ésta funcione, sólo debe emprenderse cuando seamos conductos diáfanos y humildes que sólo busquen ponerse al servicio de la verdad ajena. En nuestro grupo también rezamos por las familias y por el mundo.

El cabalista debe mostrar una inclinación piadosa, esperar con las manos y la mente vacías y no tener ningún propósito. Según la tradición, para llegar a ser un experto cabalista, uno debe convertirse en mujer. Es decir, convertirnos en útero y ofrecer nuestro espacio vacío para el consuelo y el crecimiento ajeno. Sé una mujer ante Dios, tu amado. Déjate llenar completamente por la presencia divina.[72] Y nunca, en ningún momento del día o de la noche, olvides a tu amado.

Somos dos hasta que somos uno. Cuando somos uno, dejamos de existir. El éxtasis nos llena completamente. Como los santos en el gran banquete dado en su honor en el mundo venidero, recibimos un anticipo de las delicias del Leviatán. Tan dulce, tan celestial es su carne. A esto se le llama *devekut,* apegarse a lo Divino. Saborear la Unidad.

Ejercicio 160
· · · · · · · · · ·
Unidad

Exhala lentamente tres veces mientras cuentas del tres al uno. Visualiza el uno alto, nítido y brillante.

Ve y experimenta que eres la parte más pequeña del círculo mayor que conforma lo Divino.

Exhala. Abre los ojos.

Como escribió una vez Colette:

Yo te necesito
Dios

---

72. De nuevo, si el término te incomoda, piensa en el universo o en la presencia subconsciente.

Tanto como Tú me necesitas a mí
Nuestra no-separación
Es la Unidad...
Pues tú estás en todas partes
Y lo eres todo,
Aquí y ahora
Tú eres yo.[73]

Te deseo una buena inmersión. Tu corazón te revelará tesoros que superan con creces los tesoros de la mente. Confía en tu subconsciente, porque siempre te mostrará la Verdad. Cuando la S (*Sod*) vuelve al PRD, el miedo se convierte en un éxtasis que irradia en todas direcciones, que difunde su calor, su luz y su amor al mundo y que exige lo propio para sí mismo. Y entonces puedes jugar y retozar en las olas del subconsciente con tu bestia amada, la cual se ha convertido en tu compañera de juegos. Dios te bendecirá y tu vida se hará ligera.

---

73. Aboulker-Mouscat: *Alone with the One*.

GLOSARIO

ad ko, עד-כה –más allá, a lo lejos.

Adam haRishon, אדם הראשון –el primer humano.

Adam Kadmon, אדם קדמון –el primer Mundo espiritual que surgió tras la contracción de la luz infinita de Dios. En la cábala luriana, las descripciones de este mundo están antropomorfizadas. En el concepto de los cuatro Mundos, *Adam Kadmon* representa un quinto Mundo más allá o por encima del de *Atzilut.*

adamá, אדמה –la Tierra, o más generalmente, la tierra (o suelo).

ahavá, אהבה –amor; devoción.

ashkenazí, אשכנזי –judería europea descendiente de las comunidades judías de Francia y Alemania. El nombre geográfico deriva del nombre bíblico Ashkenaz, hijo de Gomer, en Génesis 10, 3.

avodá she'balev, עבודה שבלב –adoración contemplativa, es decir, *tefilá* (oración, por ejemplo, en la *Amidá*). *Lev* significa «corazón», pero como el corazón se creía el hogar de la mente, esta referencia al corazón sugiere esfuerzo mental.

bará, ברא –(como en *bereshit bará Elohim*), «en el principio de la creación de Elohim» en Génesis 1, 1. *Bará* suele traducirse como «crear»; es decir, *ex nihilo*, lo que establece una posición teológica. La traducción más literal sería «dar forma» en su sentido más orgánico, especialmente en relación con el crecimiento de los seres vivos a lo largo del tiempo, como frutas y niños, árboles y seres humanos.

benoni, בינוני –promedio, común. Un *benoni* es una persona común, poco notable, ni excepcionalmente justa ni malvada.

bikurim, בכורים –primeros frutos, específicamente en el contexto de la fiesta agrícola de Shavuot (también llamado Pentecostés).

biná, בינה –comprensión. En la cábala, la *sefirá* opuesta a la de *jojmá,* sabiduría.

benei ha-neviim, בני-הנביאים –discípulos de los profetas, grupo al que se hace referencia en 2 Reyes 4, 38 y 2 Reyes 6, 1.

cábala, קבלה –«(tradición oculta) recibida». El término deriva de la raíz, קבל (*kibel*), «recibir», es decir, la tradición oculta recibida dentro (o transmitida en paralelo al) judaísmo rabínico. Se trata de una tradición que en parte abarca interpretaciones innovadoras, derivaciones creativas, e incluso, a través de prácticas especializadas, comunicaciones de entidades numinosas (por ejemplo, *Eliyahu haNavi*). Desde el punto de vista académico, el término se refiere a un judaísmo esotérico que comenzó a revelarse públicamente a finales de la Edad Media a través de las enseñanzas de eruditos judíos del siglo xiii en Girona, España, tras la muerte de su maestro, Moshé ben Najmán (Najmanides, 1194-1270). Popularmente, el término es sinónimo de las enseñanzas esotéricas judías en su conjunto, transmitidas desde la época de Adán y parte integrante de la Tradición Oral (*Torá she'bijtav*) recibida por Moisés en el Monte Sinaí. En esta última acepción, la cábala incluye obras cosmogónicas, midráshicas y mágicas anteriores, como la literatura de Hekhalot, el Sefer Yetsirá y el Sefer Bahir. A los transmisores de la cábala se les denomina *mekubalim.*

Cam, חם –uno de los tres hijos de Noé (Génesis 5, 32). Cam es uno de los supervivientes de la humanidad tras la generación del Diluvio y, por tanto, uno de los padres comunes de la humanidad en la Biblia hebrea.

Canaán (K'naan), כנען –también conocido como Canaán, hijo de Cam y antepasado epónimo de los cananeos.

daat, דעת –conocimiento; en la cábala, integración de sabiduría y comprensión.

deyo partzuf panim, דיו פרצוף פנים –en Eruvin 18a: «El rabino Yirmeya ben Elazar también dijo: Adán (fue creado primero con) dos caras [*deyo*], (una masculina y la otra femenina)». Compárese Eruvin 18a con el relato de Aristófanes de la primera persona como hermafrodita en el Simposio de Platón.

drash, דרש —una lectura de la Torá derivada de interpretaciones entretejidas de las escrituras, sus primeras traducciones y glosas. *Véase* PaRDeS.

devekut, דבקות —acercamiento a la divinidad, estado aspiracional de amor a Dios mediante el cual el aspirante se alimenta y sostiene. De la raíz דבק, «adherirse».

ehié asher ehié —nombre divino introducido en Éxodo 3, 14. Literalmente, significa «Seré el que seré», pero ha sido traducido de diferentes maneras. Por ejemplo, Rashi explica en su comentario sobre el versículo: «Yo estoy (con Israel en su sometimiento en Egipto) el que estará (con Israel bajo futuros opresores)».

Ein Sof, אין-סוף —el Infinito, un epíteto divino en la cábala; literalmente, «sin fin».

ejad, אחד —uno, único, inimitable.

Elohei Tzevaot —epíteto divino, *elohá* de los ejércitos (o legiones); se refiere a los vastos poderes angélicos numinosos que comanda YHVH.

etzev, עצב —el dolor de la tristeza, la pena y el pesar.

gam zu letová, גם זו לטובה —«esto también (*gam zu*) es para bien», respuesta habitual de Najum de Gamzu al escuchar incluso malas noticias. Para la historia completa del Talmud, *véase* Taanit 21a.

guilgulim, גלגולים —metamorfosis, derivado de *galgal* (rueda). En la terminología cabalística posterior, *guilgulim* se refiere al reciclaje (transmigración) de las almas demasiado justas o deficientes para ser procesadas de forma normal. El destino del alma de los extraordinariamente justos (*tzadik*) es volver a la vida como un individuo justo, ya que sus acciones continuas ayudan a mantener la existencia de un mundo en constante amenaza por el mal. El destino del alma de los deficientes es convertirse en un *guilgul,* cuyo espíritu renace en el cuerpo de una criatura no-humana para humillarlos a través de esa experiencia y para que su espíritu pueda seguir siendo procesado en el Gehena después de su fallecimiento.

hatabat jalom, הטבת חלום —lit. la mejora, o perfeccionamiento, de un sueño perturbador por medio de un ritual y unas oraciones específicas. Para el texto del Talmud *véase* Berajot 55a.

hineni, הנני –«Aquí estoy», como, por ejemplo, en respuesta a la llamada de Dios en Génesis 22, 1.

hitpalel, התפלל –orar, adorar; confiar.

Horeb חרב –sequedad, aridez. Monte *Horev* podría traducirse como «monte del desierto».

ish, איש –hombre.

ishá, אשה –mujer.

ivri, עברי –en la Torá, referido a una persona perteneciente al pueblo hebreo. El término se aplica por primera vez en Génesis 14, 13 a *Avram ha-Ivri* (Abram el hebreo), quien moraba en los terebintos de Mamré el Emori.

jalom, חלום –sueño.

jamor, חמור –asno.

Java, חוה –también conocida como Eva, el nombre que el primer hombre dio a su compañera («porque ella era la madre de *kol jai»* –todos los vivientes o toda la vida) durante la expulsión del Jardín del Edén, en Génesis 3, 20. Antes de esto, es llamada simplemente *Ishá* (mujer), distinta de *Ish* (hombre) y de *ha-Adam* (el terrícola).

jayá, חיה –criatura viviente. Una criatura salvaje, es decir, una criatura que sobrevive sola (a diferencia de un *behemá* –animal domesticado); pl. *jayot.*

jojmá, חכמה –sabiduría. En la cábala, la *sefirá* opuesta a la *Biná,* entendimiento.

jomer, חמר –materia, sustancia.

jupá, חפה –dosel nupcial utilizado en las ceremonias matrimoniales judías.

kavaná, כונה –intención (también, concentración y convicción), derivado de *kiven,* כִּוֵּן –apuntar, dirigir hacia un objetivo. Puede ser una declaración de intenciones, como ocurre con muchas *kavanot* (pl.) –declaración de intenciones previa a la realización de una *mitzvá* o ritual. Las kavanot son una parte habitual de la explicación cabalística de la literatura piadosa que proporciona una explicación esotérica a oraciones exotéricas y actividades rituales.

kerub, כרוב –un tipo de ángel, la manifestación angélica de las nubes (*Patai*). Aunque aparecen habitualmente en parejas (*keruvim*), en Salmos 18, 11, lo hace en singular.

kesher, קשר –nudo, conexión, relación.

kibutz, קבוץ –en hebreo moderno, asentamiento colectivista. En hebreo bíblico, un kibuts es una reunión, una colectividad (*kevutsá* significa grupo). En el siglo xx, los *kibutzim* (pl.) se fundaron como comunidades socialistas-comunistas para colonizar la tierra de Israel y proporcionar al mismo tiempo una economía agrícola sostenible para el nuevo Estado de Israel.

ki tov, כי-טוב –«que era bueno», como exclamó Dios en (casi) todos los días de la creación, Génesis 1. *Véase,* por ejemplo, Génesis 1, 4.

kenegdo, כנגדו –lit. «contra él», en el contexto de Génesis 2, 18-20, la creación de Java (Eva).

laasot, לעשות –lit. «hacer»; es decir, una afirmación de *poiesis,* producción.

lejem, לחם –pan.

lej lejá, לך-לך –tómate o vete; en Génesis 12, 1, las primeras palabras comunicadas por YHVH a Avram (más tarde, Abraham).

levaná, לבנה –(la) Luna.

Leviatán, לויתן –Heb. *Livyatan,* criatura mítica primordial de enormidad cósmica, posiblemente sinónimo de *Tiamat.* En el libro de Job, relacionado con otra criatura de similares características: *Behemot* (el *Behemoth*). En un mito conservado en el Talmud, ambos están destinados a matarse mutuamente cuando llegue el fin del mundo, para después ser servidos en el Festín de los Justos. Sin embargo, otras fuentes sugieren la existencia de al menos dos leviatanes, uno masculino y otro femenino, que pueden ser diferenciados por su forma, uno enroscado y el otro estirado. En el Zohar se explora a fondo la especulación sobre el significado de estas distinciones.

majshavá, מחשבה –pensamiento, filosofía.

merkavá, מרכבה –el carro divino.

midrash, מדרש –en sentido amplio, los *midrashim* (pl.) son ampliaciones de la narración bíblica (midrash hagadá) o del texto legal (midrash halajá) por medio de la exégesis. Parte de la Torá Oral en el judaísmo rabínico, los *midrashim* pueden derivarse mediante reglas exegéticas, pero el término se utiliza a menudo como sinónimo de *hagadot* (historias) y textos no jurídicos en general.

Mitsraim, מצרים –Egipto.

neelam, נעלם –desconocido, en el sentido de oculto o escondido. De la misma raíz que *olam*.

nefesh, נפש –espíritu, persona, cuello. En el concepto del alma tripartito y pneumático del judaísmo esotérico, *nefesh* es sinónimo del nivel más inmanente y animado del espíritu.

neshamá, נשמה –aliento, alma. En la metáfora pneumática del alma tripartita del judaísmo esotérico, la *neshamá* es el aspecto más distante del alma, pero que aún forma parte del ser físico animado (a través de *ruaj* y *nefesh*), por lo que es necesario un esfuerzo para poder experimentarla directamente y, a través de ella, la evocación de los reinos superiores donde es más habitual.

nigún, נגון –melodía utilizada como oración o canto litúrgico; también puede referirse a una simple melodía sin palabras (pl. *nigunim*).

Noah, נח –también conocido como Noé, de *nah*, consuelo, alivio. Hijo de Lamec, Noah se convierte en el padre común de toda la humanidad tras la tragedia de la generación del Diluvio.

olam, עולם –mundo, pero en un sentido que también connota un período de tiempo con un principio y un fin establecidos; es decir, un cosmos.

Olam asiá, עשיה –en el concepto de los cuatro mundos de la cábala, el mundo de la acción, el más bajo de los cuatro. Basado en Isaías 43, 7.

Olam atzilut, אצילות –en el concepto de los cuatro mundos de la cábala, el mundo de la emanación, el más elevado de los cuatro.

Olam briá, בריאה –en el concepto de los cuatro mundos de la cábala, el mundo de la creación, el penúltimo de los cuatro mundos, por debajo de *Atzilut*. Basado en Isaías 43, 7.

Olam yetzirá, יצירה –en el concepto de los cuatro mundos de la cábala, el mundo de la formación, el mundo por encima del de la acción. Basado en Isaías 43, 7.

PaRDeS, פרדס –Pardes (el Huerto), tal y como aparece en el Cantar de los Cantares 4, 13; aquí, sin embargo, se trata de un acrónimo mnemotécnico que hace referencia a las cuatro formas de obtener significado mediante el estudio de la Torá: a través de *Peshat* (el significado explícito), *Remez* (alusiones), *Drash* (la exégesis intertextual) y *Sod* (el significado esotérico o secreto). El uso del acrónimo «*PaRDeS*» aparece por primera vez en los escritos de Moisés de León, el autor central o redactor de los textos zoháricos a finales del siglo XIII.

pataj, פתח –abrir.

patar, פתר –resolver, descifrar.

penei tehom... penei hamaim, פני המים ...פני תהום –la cara o superficie del abismo (o las profundidades), las aguas primordiales; término cosmológico que aparece en Génesis 1, 2.

poter, פותר –el que resuelve (acertijos, enigmas, etc.).

Peshat, פשט –el significado explícito o la interpretación simple. *Véase PaRDeS.*

ra, רע –individuo malvado, perverso o infame. *Ra* también describe cualquier cosa mala o maliciosa.

Remez, רמז –pista. En hermenéutica rabínica, una alusión literaria. *Véase PaRDeS.*

ruaj, רוח –viento, espíritu. En la metáfora pneumática del alma, *ruaj* es la porción intermedia, situada entre la porción animada inmediata (*nefesh*) y la porción distante y enrarecida conectada con el reino espiritual (*neshamá*).

safar, ספר –enumerar; *safur,* contado.

sefer, ספר –libro, pergamino o tablilla; *sefarim* (pl.)

Sefardí, ספרדי –judería de la Península Ibérica, España y Portugal, que sobrevivió tras la expulsión de 1492 en diversos territorios del mundo. El nombre deriva del nombre bíblico Sefarad, en Abdías 1, 20.

shalom bait, שלום בית –lit. «paz del hogar», se trata de un eufemismo para referirse a las relaciones (sexuales) domésticas felices.

Shemá, שמע –una de las oraciones centrales de la liturgia judía, el íncipit de Deuteronomio 6, 4, «Escucha Israel..».

shemesh, שמש –(el) Sol.

shnei panim, שני פנים –dos caras.

sipur, ספור –cuento, historia; *sipurim* (pl.)

sod, סוד –secreto o misterio; término común en los escritos cabalísticos para describir una actividad divina, así como la descripción de esa actividad utilizando a menudo terminología especializada.

tafar, תפר –sastre.

tehom, תהום –(el) Abismo. V*éase* Génesis 1, 2.

tikún, תקון –reparación, corrección. De la raíz *tiken* תקן, reparar, arreglar.

tohu va'bohu, תהו ובהו –caos y vacío primordiales, la materia creadora a partir de la cual se organizó el mundo en la cosmología descrita en Génesis 1, 2.

tov meod, טוב מאד –lit. «muy bueno» o «excelente». En Génesis 1, 31 aparece la declaración de Dios al final del sexto día de la creación.

tzadik, צדיק –individuo especialmente justo o piadoso.

tzaraath, צרעת –aflicción cutánea descrita en Levítico 13, 2 que requiere la inspección e intervención de un *cohen* (sacerdote).

tzela, צלע –costilla, costado. Para una explicación rabínica alternativa del significado de *tzela, véase* Eruvin 18a.

Teshuvá, תשובה –arrepentimiento, lit. «volver».

yejidá, יחידה –unificación.

yeridá, ירידה –descenso. La práctica del «ascenso» parece ir precedida de una experiencia del «descenso». Los *Yordei haMerkavá,* descendientes del carro, una de las primeras escuelas de práctica esotérica judía y autores de la literatura de Hekhalot, describieron dichos ascensos.

yetzer, יצר –disposición.

yod, יוד –(también pronunciada «yud»), décima letra del alefato hebreo.

BIBLIOGRAFÍA

ABOULKER-MUSCAT, C.: *Alone with the One.* ACMI Press, Nueva York, 1995.

—: *Life Is Not a Novel.* Black Jasmine, trad. Francoise Coriat. Sharon (Massachusetts), 2008.

ALESSANDRI, M. (2019): «*It's a Terrible Day in the Neighborhood, and That's OK*», *New York Times*, 11 de noviembre. Disponible en New York Times online.

BAUDELAIRE, C.: *Flowers of Evil.* [...] (Trad. cast.: *Las flores del mal.* Ediciones 29: Barcelona, 1993).

BENYOSSEF, S.: *Reversing Cancer Through Mental Imagery.* ACMI Press, Nueva York, 2017.

BETTELHEIM, B.: *The Uses of Enchantment: The Meaning and Importance of Fairy Tales.* Knopf, Nueva York, 1976. (Trad. cast.: *Psicoanálisis de los cuentos de hadas.* Editorial Crítica, Barcelona, 1997)

BLAKE, W.: «*From Blake's Engraving of the Laocoön*» en *The Prophetic Books of William Blake: Jerusalem.* Editado por E. R. D. Maclagan y A. G. B. Russell, A. H. Bullen, Londres, 1904.

BLOCH, A. y BLOCH C.: *Song of Songs: A New Translation.* University of California Press, Berkeley, 1995.

BLY, R.: *A Little Book on the Human Shadow.* HarperOne, San Francisco, 1988.

BONDER, N.: *The Kabbalah of Time: Teachings on the Inexistence of God.* Trafford Publishing, Bloomington (Indiana), 2009.

BUBER, M.: *I and Thou.* Traducido por Walter Kaufman, Touchstone, Nueva York, 1971 (Trad. cast.: *Yo y tú.* Caparrós Editores, Madrid, 1995).

Bunyan, J.: *The Pilgrim's Progress.* Aneko Press., Mineola (Nueva York), 2015. (Trad. cast.: *El progreso del peregrino.* Editorial Peregrino, Ciudad Real, 2006).

Campbell, J.: *The Hero with a Thousand Faces.* New World Library, Novato (California), 2008. (Trad. cast.: *El héroe de las mil caras: psicoanálisis del mito,* Fondo de Cultura Económica, Madrid, 2005).

Chesterton, G. K.: *The Illustrated London News, 1908-1910 (The Collected Works of G. K. Chesterton. Vol. 28).* Ignatius, San Francisco, 1987.

Crick, F. y Mitchison G. (1983): «*The function of dream sleep*», *Nature,* vol. 304, pp. 111-114.

de Ronsard, P. (2004): «*Sonnet to Marie*», *Sonnets to Helene.* Trad. A. S. Kline. Disponible en *Poetry in Translation online.*

Dickens, C.: *The Adventures of Oliver Twist.* HardPress Publishing, online, 2013. (Trad. cast.: *Las aventuras de Oliver Twist,* Alfaguara, online, 2010).

Foucault, M.: «*Dream, Imagination and Existence*», *Dream and Existence,* Ed. Keith Hoeller, Humanities Press, Atlantic Highlands, Nueva Jersey, 1993.

Frankl, V.: *Man's Search for Meaning.* Beacon Press, Boston, 2006. (Trad. cast.: *El hombre en busca de sentido,* Herder Editorial, Barcelona, 2005).

Franklin, B. (1798): «*Advice to a young tradesman*», *American Instructor or Best Man's Best Companion,* Ed. George Fisher, Dublín.

Gikatilla, R. J.: *Le Secret du Mariage de David et Bethsabé<e,* Ed. Charles Mopsik, Editions de l'Éclat, París, 1994.

Ginsburgh, Y.: *Body, Mind and Soul: Kabbalah on Human Physicology, Disease, and Healing.* Gal Einai Institute, Jerusalén, 2003.

—: *The Mystery of Marriage: How to Find True Love and Happiness in Married Life.* Linda Pinsky Publications, Jerusalén, 1999. Trad. cast. *El misterio del matrimonio,* Ediciones Obelisco, 2004, Barcelona.

Ginzburg, L.: *Legends of the Jews,* Vol. II, The Jewish Publication Society of America, Filadelfia (1925), 1953.

Greenbaum, A.: *The Wings of the Sun: Traditional Jewish Healing in Theory and Practice.* Breslov Research Institute, Jerusalén, 1995.

GRIFFITHS, J.: *Pip Pip: A Sideways Look at Time*. Harper Collins, Londres, 1999.

HASS, R.: *«Misery and Splendor», Human Wishes*, HarperCollins, Nueva York 1989.

HESCHEL, A. J.: *The Sabbath*. Farrar, Straus and Giroux, Nueva York, 2005.

HILL, N.: *Think and Grow Rich*. Penguin Putnam, Los Ángeles, California, 2005. (Trad. cast.: *Piense y hágase rico*, Ediciones Obelisco, Rubí, 2022).

HOBSON, A. y MCCARLEY R. (2006): *«The Brain as a Dream State Generator: An Activation-Synthesis Hypothesis of the Dream Process», The American Journal of Psychiatry, vol.* 134, nº 12, pp. 1335-48.

JODOROWSKY, A. y COSTA M.: *The Way of Tarot: The Spiritual Teacher in the Cards*. Destiny Books, Rochester (Vermont), 2009. (Trad. cast.: *La vía del tarot*, Siruela, Madrid, 2004).

JUNG, C. G: *Aion: Researches into the Phenomenology of the Self (Collected Works of C. G. Jung.* Vol. 9 Parte 2). Trad. Gerhard Adler y R. F. C. Hull, Princeton University Press, Princeton, 1979.

KAPLAN, A.: *The Bahir*. Samuel Weiser, Inc., Nueva York, 1979. (Trad. cast.: *El Bahir*, Equipo Difusor del Libro, Madrid, 2005).

—: *Jewish Meditation: A Practical Guide*. Schocken Books, Nueva York, 1985.

KELEMAN, S.: *Myth & the Body - A colloquy with Joseph Campbell*. Center Press, Berkeley (California), 1999.

—: *Your Body Speaks Its Mind*. Center Press, Berkeley (California), 1981.

MICHAELSON, J.: *Everything Is God: The radical path of nondual Judaism*. Trumpeter, Boston, 2009. (Trad. cast.: *Todo es Dios: la corriente radical del judaísmo no-dual*, Gaia Ediciones, Madrid, 2010).

MOORE, G. (1965): *«Cramming more components onto integrated circuits», Electronics 38*, vol. 8.

MOPSIK, C.: *Sex of the Soul: The Vicissitudes of Sexual Difference in Kabbalah*. Cherub Press, Los Ángeles, 2005.

NACHMAN OF BRESLOV: *Likutey Moharan*. Trad. Moshe Mykoff, Breslov Research Institute, Jerusalén/Nantuet (Nueva York), 1995.

NIETZSCHE, F.: *The Will to Power*. Trad. Walter Kaufmann, Vintage Publisher, Reino Unido, 1968. (Trad. cast.: *En torno a la voluntad de poder*, Planeta DeAgostini, Barcelona, 1986).

«Prayer of Saint Francis» (1912). *La Clochette. La Ligue de la Sainte-Messe*, París.

PUSHKIN, A.: *«The Tale of the Fisherman and the Fish», Russian Magic Tales from Pushkin to Platinov*. Trad. Robert Chandler, Penguin, Reino Unido, 2012.

RAZ, S.: *The Sayings of Menahem Mendel of Kotsk*. Trad. Edward Levin, Jason Aronson, Inc., Northvale (Nueva Jersey), 1995.

ROSENBLIT, B. E.: *«Midrash on the Moon: In a Different Light»*. Disponible en la página web de David R. Blumenthal.

SARBAJIT, R.; PANDEY, S. K.; KUMAR, V.; KUMAR, P.; KUMAR, S.; KUMAR MANDAL, R.; KUMAR, R.; MISHRA, D. (2021): *«Ordered Complexity from Dissipative and Chaotic Systems, Including the human brain and society and the Universe; Relevance of the Second Law of Thermodynamics»*, International Journal of Innovative Science and Research Technology, vol. 6, n°. 8.

SCHOLEM, G.: *Kabbalah*. Plume, Nueva York, 1978.

–: *Major Trends in Jewish Mysticism*. Schocken Books, Nueva York, 1946.

SHAINBERG, C.: *DreamBirth: Transforming the Journey of Childbirth through Imagery*. Sounds True, Boulder (Connecticut), 2014.

–: *Kabbalah and the Power of Dreaming: Awakening the Visionary Life*. Inner Traditions, Rochester (Vermont), 2005.

Tales from the Thousand and One Nights. Trad. N. J. Dawood, Penguin Putnam, Inc., Nueva York, 1954, Penguin Classics Revised Edition, 1973. (Trad. cast.: *Las mil y una noches*. Destino, Barcelona, 2017).

Weizmann Institute of Science (1998): *«Quantum Theory Demonstrated: Observation Affects Reality»*, Nature, vol. 391, pp. 871-874.

WHITEHEAD, A. N.: *The Harvard Lectures of Alfred North Whitehead, 1924-1925: Philosophical Presuppositions of Science*. Ed. Paul A. Bogaard y Jason Bell, Edinburgh University Press, Edinburgh, 2017.

WINKLER, G.: *Daily Kabbalah: Wisdom from the Tree of Life*. North

Atlantic Books, Berkeley (California), 2004.

WOLFSON, E.: *A Dream Interpreted within a Dream: Oneiropoiesis and the Prism of Imagination.* Zone Books, Nueva York, 2013.

YEATS, W. B.: «*Kanva on Himself*», *The Academy*, vol. 35, J. Murray, Londres, 1889.

ZALMAN, S.: *Tanya, the Masterpiece of Hasidic Wisdom.* Trad. Rabbi Rami Shapiro, SkyLight Publications, Woodstock (Vermont), 2010.

ZORNBERG, A. G.: *The Murmuring Deep: Reflections on the Biblical Unconscious.* Schocken Books, Nueva York, 2009.

PARA PROFUNDIZAR EN EL TEMA

Si tienes dificultades con los ejercicios, no dudes en ponerte en contacto con el equipo de profesionales certificados de Saphire que trabajan en la Escuela de Imágenes (*School of Images*). Envíanos un correo electrónico a info@schoolofimages.com o llama al 212-627-5904. Nuestra página web es www.schoolofimages.com.

Al principio es difícil aprender a abrir sueños. Te recomiendo que participes en un taller de apertura de sueños en línea o con un profesor de Saphire de forma presencial. A partir de entonces, también te ayudará a profundizar en la práctica disponer de un compañero de sueños.

La Escuela de Imágenes

La Escuela de Imágenes (SOI) fue fundada por la Dra. Catherine Shainberg en 1982 como organización sin ánimo de lucro. Tiene su sede en Nueva York, donde atrae a alumnos de todo el mundo. La SOI enseña el lenguaje de las imágenes para lograr una visión y una transformación instantáneas. Las enseñanzas de la SOI pretenden catalizar la manifestación creativa a todos los niveles y en todos los ámbitos de la vida, ya sean personales o profesionales, comunitarios o globales. Si la persona lo desea, las enseñanzas pueden servir como base para la exploración de un camino sagrado.

Misión

La misión de la SOI consiste en enseñar el uso de la imaginación con fines transformadores. Creemos firmemente que dicho lenguaje global primario tiene la capacidad de unificar a las comunidades al tiempo

381

que empodera al individuo. Nuestro objetivo es situar esta oportunidad al alcance de todo el mundo. Los sueños, la visualización y la revelación, las claves del olvidado poder de la imaginación, son técnicas dinámicas que aportan claridad, sanación y renovación.

Estirpe

Las técnicas que se enseñan en la Escuela de Imágenes están basadas en las enseñanzas de la cábala de la luz. La estirpe se remonta a Isaac el Ciego, de la Provenza, Francia, y a Jacob Ben Sheshet, de Girona, España, en el siglo XIII. La última representante de la estirpe fue la venerada cabalista madame Colette Aboulker-Muscat, quien adaptó los antiguos métodos a las necesidades del mundo contemporáneo. La fundadora de la SOI, la Dra. Catherine Shainberg, estudió con ella durante diez años y también colaboró durante otros veinte años más. Colette adoptó a Catherine como su hija espiritual.

La cábala de la Luz

En la tradición de las enseñanzas de la cábala de la luz, la práctica de la SOI es experiencial. No se estudian ni analizan textos ni tampoco se utiliza la permutación de letras (gematría). A diferencia de otros estilos cabalísticos, esta práctica es pura cábala, que significa «recibir». Se trata de una experiencia que se recibe a través de la mirada interior, explorando las imágenes a través de un lenguaje universal.

Escuelas Internacionales SOI

Hay ocho escuelas internacionales de imágenes en Europa, Rusia y Asia.

LISTA DE EJERCICIOS

4. El acto creativo

5. Señales de la transformación: La gramática de la imaginación

6. Símbolo o metáfora

SEGUNDA PARTE
Domar al Leviatán

7. Jugando a manifestar

8. El campo onírico y los complejos

9. Patrones ancestrales

10. El niño interior: De la dualidad a la singularidad

11. Miseria y esplendor: Restaurando relaciones

12. Tiempo y elección

13. Curación: ¿Lepra, bienestar o plenitud?

TERCERA PARTE
Despertar al Leviatán

14. El camino del corazón

15. La oración y el Leviatán

ÍNDICE ANALÍTICO

L

La cábala y el poder de soñar 12, 50, 322, 345

lengua 72, 149, 154, 238, 259, 262, 362, 385

Leviatán 23, 24, 25, 30, 31, 32, 33, 37, 101, 103, 159, 161, 335, 337, 339, 340, 344, 350, 354, 355, 356, 359, 360, 364, 371, 383, 384, 388

Libro de Sueños 52, 53, 58, 62, 88, 117, 118, 144, 145, 177, 178, 304

limpieza 80, 81, 134, 219, 221, 236, 237, 243, 273, 386

luz 8, 9, 18, 23, 25, 26, 27, 29, 32, 33, 39, 42, 46, 48, 49, 52, 53, 60, 63, 71, 72, 74, 76, 77, 78, 79, 81, 82, 84, 87, 91, 102, 103, 104, 105, 107, 108, 111, 112, 113, 116, 129, 130, 133, 135, 140, 155, 156, 167, 169, 171, 172, 178, 179, 180, 184, 185, 186, 187, 203, 209, 230, 231, 232, 233, 235, 237, 239, 245, 246, 252, 268, 270, 273, 276, 277, 284, 290, 294, 297, 300, 301, 304, 305, 306, 307, 310, 313, 314, 316, 319, 321, 322, 323, 324, 327, 328, 329, 335, 350, 352, 359, 362, 363, 365, 367, 382, 383, 387

M

manifestar 161, 163, 166, 167, 168, 169, 173, 175, 176, 179, 180, 181, 262, 384

matrimonio 232, 257, 353, 354, 376

mente autoconsciente 53, 104, 105, 106, 107, 110, 113, 114, 115, 143, 151, 153, 163

método de la sacudida 116

miedo 41, 102, 104, 106, 119, 129, 132, 137, 139, 140, 141, 145, 152, 186, 189, 190, 209, 217, 234, 248, 258, 269, 271, 272, 275, 293, 294, 296, 299, 342, 343, 344, 347, 351, 365, 386

movimientos oculares rápidos (REM) 42

muerte 29, 55, 57, 83, 100, 108, 111, 183, 194, 206, 207, 220, 227, 230, 235, 266, 271, 287, 295, 296, 299, 310, 323, 334, 344, 358, 359, 368

N

nariz 237, 315, 328, 349, 362, 385

Navidad 231, 233, 292

Noé, historia de 24, 31, 103, 207, 208, 351, 368, 372

O

oído 9, 25, 92, 130, 158, 236, 295, 315, 355, 357

oídos 14, 89, 156, 184, 234, 236, 345, 355, 361, 362, 385

ojos 13, 14, 27, 29, 30, 34, 35, 45, 46, 49, 52, 53, 56, 71, 72, 73, 77, 79, 80, 86, 87, 89, 92, 94, 95, 96, 97, 98, 100, 104, 106, 107, 108, 110, 112, 114, 115, 116, 119, 120, 126, 127, 128, 130, 131, 133, 136, 139, 140, 141, 145, 150, 152, 153, 154, 155, 157, 158, 169, 170, 171, 172, 173, 180, 188, 189, 190, 192, 193, 195, 198, 199, 200, 201, 202, 203, 207, 210, 211, 212, 213, 214, 216, 218, 219, 221, 222, 223, 224, 225, 226, 229, 231, 232, 233, 234, 235, 236, 237, 238, 239, 240, 241, 242, 243, 244, 245, 246, 247, 248, 249, 250, 251, 252, 253, 262, 263, 264, 265, 266, 267, 268, 270, 271, 272, 273, 274, 275, 277, 278, 279, 286, 287, 288, 289, 290, 291, 292, 293, 294, 295, 296, 297, 298, 299, 300, 301, 302, 303, 310, 311, 312, 313, 314, 315, 316, 319, 320, 321, 322, 323, 324, 325, 326, 327, 328, 329, 330, 331, 332, 333, 334, 342, 345,

ÍNDICE

TERCERA PARTE
Despertar al Leviatán
La serpiente de las profundidades, la superconciencia
o, como dicen los franceses, tu sur-nature